汽车空调系统检修

主编：胡定杰 胡波勇

電子工業出版社
Publishing House of Electronics Industry
北京 • BEIJING

内容简介

本书根据汽车类专业教学标准及从事汽车相关职业的在岗人员对基础知识、基本技能和基本素质的需求，结合汽车专业人才培养的目的编写，内容主要包括汽车空调系统基础知识，汽车空调制冷系统，汽车空调暖风、配气与通风系统，汽车空调自动控制系统，汽车空调系统检测与故障诊断等。

本书讲解清晰、简明、直观。本书适合作为职业院校汽车专业的教材，也可作为汽车售后服务站专业技术人员的培训教材。

图书在版编目（CIP）数据

汽车空调系统检修 / 胡定杰，胡波勇主编 . — 北京 : 电子工业出版社， 2021.1

ISBN 978-7-121-39609-0

Ⅰ . ①汽… Ⅱ . ①胡…②胡… Ⅲ . ①汽车空调—检修 Ⅳ . ① U472.41

中国版本图书馆 CIP 数据核字（2020）第 178885 号

责任编辑：白　楠

印　　刷：天津千鹤文化传播有限公司

装　　订：天津千鹤文化传播有限公司

出版发行：电子工业出版社

　　　　　北京市海淀区万寿路 173 信箱　邮编 100036

开　　本：787 × 1 092　1/16　印张：15.5　　字数：396.8 千字

版　　次：2021 年 1 月第 1 版

印　　次：2021 年 1 月第 1 次印刷

定　　价：57.00 元

凡所购买电子工业出版社图书有缺损问题，请向购买书店调换。若书店售缺，请与本社发行部联系，联系及邮购电话：（010）88254888，88258888。

质量投诉请发邮件至 zlts@phei.com.cn，盗版侵权举报请发邮件至 dbqq@phei.com.cn。

本书咨询联系方式：（010）88254592，bain@phei.com.cn。

前言 Preface

随着我国科学技术和汽车工业的发展，汽车技术日新月异，特别是大量新技术的应用促使汽车的结构和性能发生了很大的变化，新的结构原理和电子控制装置不断出现。它们在大幅度提高汽车综合性能的同时，也使得汽车的故障诊断与维修问题日益突出。为提高职业院校汽车类专业学生及本行业技术人员的维修及故障诊断水平，提高汽车维修行业的整体工作效率，特编写本书。

为了适应新形势的发展需要，为汽车服务企业培养可用人才，本书力求贴近企业实际作业情况，融合编者多年教学与实践经验，力图体现学习与工作的完美结合。本着突出实践技能、理论知识够用的原则，本书在内容的编排上突出重点、新颖实用，力求构建具有职业教育特色的精品教材。

“汽车空调系统检修”在汽车运用与维修专业教学中是一门理论性与实践性都很强的专业核心课程。本书分为 5 个项目共 15 个任务，系统介绍了汽车空调系统基础知识，汽车空调制冷系统，汽车空调暖风、配气与通风系统，汽车空调自动控制系统，汽车空调系统检测与故障诊断等内容。通过本课程的学习，使学生具备一定的汽车空调系统检修知识，培养学生分析问题和解决问题的能力。同时，为了打造“互联网 +”新型教材，本书在传统纸质教材的基础上，加入了数字化教学资源，顺应了新形态一体化教材的建设趋势，为使用本书的师生、读者提供了更多的便利。

此外，本书在内容阐述上，力求简明扼要、层次清楚、图文并茂；在内容安排上，力求深入浅出、循序渐进；在内容设计上，强调典型性、实用性和可操作性。

由于编者水平有限，书中难免存在不妥与疏漏之处，恳请读者批评指正。

编 者

本书配套教辅资源

目录 Contents

项目一

汽车空调系统基础知识

项目描述

汽车空气调节系统简称汽车空调系统，其主要作用是在任何气候和行驶条件下，为乘员提供舒适的车内环境。一个完整的汽车空气调节系统通过调节温度、湿度、风速和换气等，来达到营造车厢内舒适环境的目的。本项目主要从汽车空调热力学基础知识、汽车空调系统、汽车空调制冷剂与冷冻润滑油等方面对汽车空调系统基础知识进行介绍。

任务一　热力学基础知识

任务目标

完成本学习任务后，学生在基础知识和基本技能方面应达到以下要求。

●知识目标

（1）掌握汽车空调基本物理量。

（2）了解热的传递形式。

●能力目标

（1）能够描述制冷系统工作过程。

（2）能够描述各物理量的意义。

任务引入

汽车空调是衡量轿车舒适性的重要标志。汽车空调不仅能改善驾驶舒适性、降低驾驶疲劳、提高汽车的安全性，而且是提高汽车等级、增强汽车市场竞争力的重要手段之一。在学习空调系统知识之前，我们先了解一下汽车空调基本物理量和制冷系统的原理。

相关知识

一、汽车空调基本物理量

1. 温度

温度是用来衡量物体冷热程度的物理量，用温标来表示。温度只反映物体冷热的程度，并不表示物体具有多少热量。物体温度的高低可用温度计来测量，温度计是利用某些物质的体积随温度的变化而改变的特性制成的。常用的温度计有水银温度计和酒精温度计。

1）温标

温度计上的标尺称为温标，工程上常用的温标有：摄氏温标，用℃表示；热力学开氏温标，用 K 表示；华氏温标，用℉表示。用这三种温标测得的温度分别为摄氏温度、热力学温度和华氏温度，如图 1–1 所示。

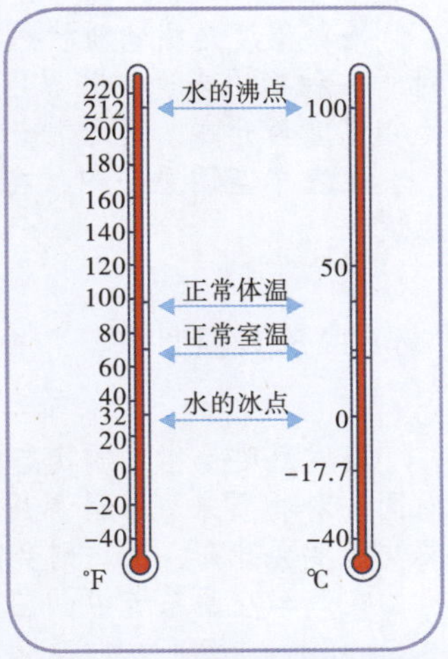

图 1–1 华氏温度计与摄氏温度计

（1）摄氏温标。

它将标准大气压下水的冰点（海平面）定为 0℃，水的沸腾点定为 100℃，间隔 100 份，每份为 1℃。用摄氏温标标定的温度称为摄氏温度，用符号 t 表示，单位为℃。

（2）华氏温标。

它将标准大气压下水的冰点定为 32 ℉，沸点为 212 ℉，间隔 180 份，每份 1 ℉。用华氏温标标定的温度称为华氏温度，用符号 θ 表示，单位为℉。

（3）开氏温标。

在开氏温标中，将分子完全不运动的温度定为 0K，这是可能存在的最低温度，用摄氏温标表示为 −273.15℃，华氏温标为 −459.67 ℉，开氏温标与摄氏温标的间隔相同。用开氏温标标定的温度成为开氏温度，用符号 T 表示，单位为 K。

在我国，表示温度通常使用摄氏温标；在欧美，华氏温标使用比较普遍。三种温标的比较换算关系见表 1–1。温标对照如图 1–2 所示。

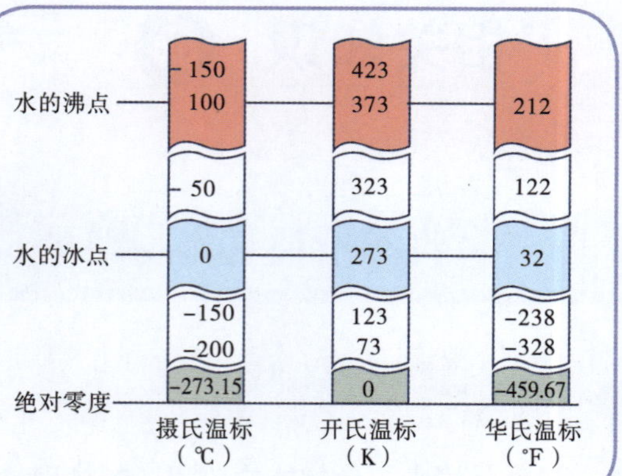

图 1-2　温标对照

表 1-1　三种温标的比较换算关系

温标名称	代号	单位	换算方法
摄氏温度	t	℃	$t = 5(\theta-32)/9$
华氏温度	θ	℉	$\theta = 9t/5 + 32$
开氏温度	T	K	$T= t + 273.15$

2）温度的类型

（1）冷凝温度。

冷凝温度是指物质状态由气态转变为液态的临界温度。不同的物质，其冷凝温度也不同。对同一种物质来说，外界压力的变化也会导致冷凝温度的变化。一般来说，外界气压增大，冷凝温度会升高，反之则会降低。

在汽车空调系统中，在冷凝器中制冷剂在一定高压下由气态变为液态时的温度称为冷凝温度。

（2）蒸发温度。

蒸发温度是指物质状态由液态转变为气态的临界温度。不同的物质，其蒸发温度也不同。对同一种物质来说，外界压力的变化也会导致蒸发温度的变化。一般来说，外界气压增大，蒸发温度会升高，反之则会降低。

在汽车空调系统中，在蒸发器中制冷剂低压汽化时的温度称为蒸发温度。

2. 湿度

湿度用来表示空气中水蒸气的含量。湿度较高时，人就会感到不舒适。空气常因含有一定数量的水蒸气而呈现为湿空气。

1）饱和空气和未饱和空气

在一定温度下，空气所含的水蒸气量（水蒸气分压力）有一个最大限度，这个最大限度就是空气湿度所对应的水蒸气饱和压力，超过这一限度，多余的水蒸气就会从湿空气中凝结出来。

凡水蒸气含量未达到该温度下的最大限度的空气均称为未饱和空气。未饱和空气具有吸收和容纳水蒸气的能力，如湿衣服挂在空气中能够被晾干，就是这个道理。

2）露点

对未饱和空气，如在含湿量不变的条件下，使其温度下降，当降到相应于该含湿量的饱和空气温度时，它就变成饱和空气。如果温度再下降，空气中的一部分水蒸气就会凝结成露珠而被析离出来，这一临界温度称为露点。

露点是指空气中所含水蒸气由当时温度下降而达到饱和（开始结露）时的温度。显然，湿度越高，露点温度和当时温度之差就越小。例如，当气温为 30℃时，湿度为 60%，露点温度为 20.9℃；而当湿度为 90%时，露点温度则上升到 28.1℃。

3）相对湿度和绝对湿度

通常空气中水蒸气的最大含量，随温度不同而异；空气温度较高时，水蒸气的最大含量要比温度较低时大。湿度大小有两种表示方法，一种叫相对湿度，另一种叫绝对湿度。

相对湿度是在某一温度下，空气中实际含水蒸气量（以重量计）与空气在该温度下所能含水蒸气量（重量）之比。通常随着温度的升高，空气中所能含的水蒸气量会增加，如果空气的实际含水蒸气量不变，温度升高，则空气的相对湿度下降，如图 1-3 所示。它常用百分比表示，100%称为饱和空气，0%称为干空气。空气的相对湿度是衡量制冷系统工作性能的一个重要指标，实验表明，在 26℃相对湿度为 30%和在 22℃相对湿度为 90%这两个环境里，人体的感觉是一样的。

绝对湿度是空气中所含水蒸气的量（重量）与干燥空气量之比。

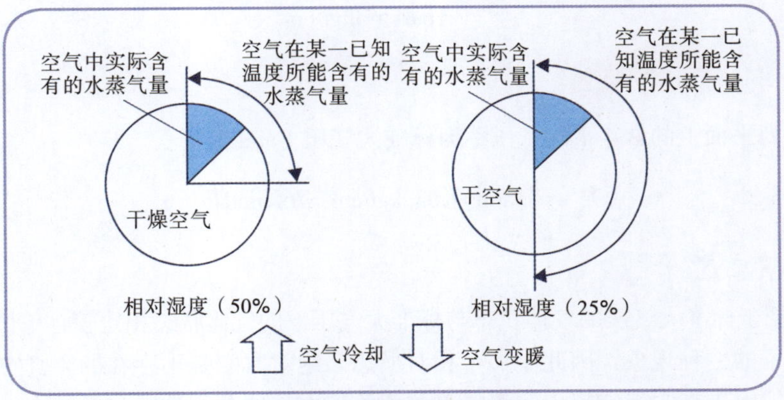

图 1-3　空气的相对湿度

4）湿度的测量

湿度的测量通常用干湿球温度计，干球温度计就是普通的温度计，湿球温度计是将干球温度计的玻璃球处包上纱布，再将纱布浸在水中（图 1-4），水便在毛细管的作用下湿润温度计，由于在湿球处的水分蒸发带走一部分热量，使湿球处的温度降低，这样就形成了湿球温度，通过计算干球温度和湿球温度的差值，就可以算出空气的湿度。干湿球温差越大，表明空气越干燥；反之，空气越潮湿。测量标准湿球温度时应保证感温球周围有 3~5m/s 的风速。

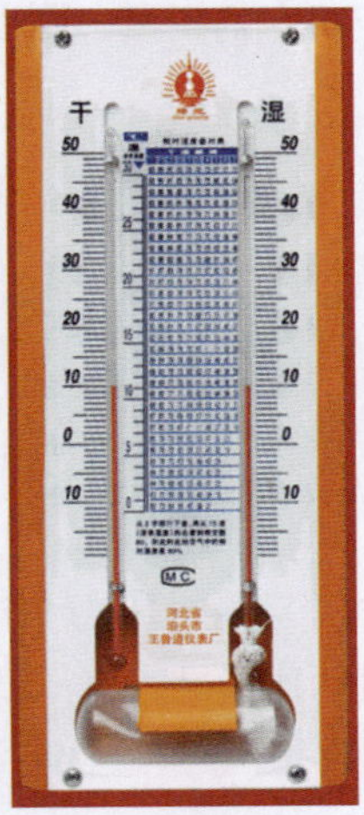

图 1-4　干湿球温度计（干湿计）

3. 压力与真空

1）压力单位

压力（压强）是指单位面积上所承受的均匀分布且垂直于该表面的力。在工程上俗称压力，压力的法定计量单位是“帕斯卡”，单位符号为“Pa”。物理意义是 1 平方米（m^2）的面积上作用有 1 牛顿（N）的力。由于此单位较小，常用的单位是千帕（kPa）和兆帕（MPa）。

$$1MPa=1000kPa=10^6Pa$$

在实际工程中还有几个常用的压力单位，如工程大气压（kgf/cm^2）、毫米汞柱（mmHg）、大气压（atm）及磅 / 平方英寸（psi）等。它们之间的换算关系见表 1-2。

表 1-2　常用压力单位之间的换算关系

kPa	kgf/cm^2	mmHg	psi	atm
1	1.02	7.50	0.145	9.87 × 10−3
9.81	1	7.36×10^2	14.2	0.98
0.133	1.36×10^{-3}	1	1.93×10^{-2}	1.32×10^{-3}
6.89	7.03×10^{-2}	51.72	1	6.80×10^{-2}
101.32	1.03	760	15.97	1

此外，还有些地方采用巴（bar）作为压力单位，它与工程大气压的换算关系为：

$$1bar \approx 1kgf/cm^2$$

2）标准大气压

纬度 45° 海平面上的常年平均气压称为标准大气压（atm）。

$$1atm=1.033kgf/cm^2=760mmHg$$

3）真空与真空度

真空是指低于标准大气压的气体状态与标准大气压下的气体状态相比较，单位体积中气体的分子数目减少了的一种现象，因此是一个相对概念。绝对真空是不存在的。真空度用来表示实现真空的程度。由于真空程度越大，意味着单位体积中气体分子数减少得越多，也就是说压力随之减小得也越多，所以真空度是以气体压力大小来表示的。压力越低，表示真空度越高；反之，压力越高，表示真空度越低。若以汞柱高度来表示，当压力高到 760mmHg 时，则意味着真空“消失”了，若压力继续升高，即超过标准大气压时，则用“正压”表示；相反，低于标准大气压，即真空状态的压强，则以“负压”来表示。

4）压力的表示方式

常用的压力表示方式有绝对压力、表压力和真空度三种。

绝对压力表示作用于单位面积上压力的绝对值，指完全真空状态下测出的压力；表压力是指用压力表测出的压力，表示比标准大气压高出的压力数值，即：

绝对压力 = 表压力 +1 个标准大气压

为了与绝对压力相区别，常在表压力的具体数值后面加上“（G）”，如 10kPa（G）。真空度表示比标准大气压低多少的具体数量。它们之间的基本关系如图 1-5 所示。

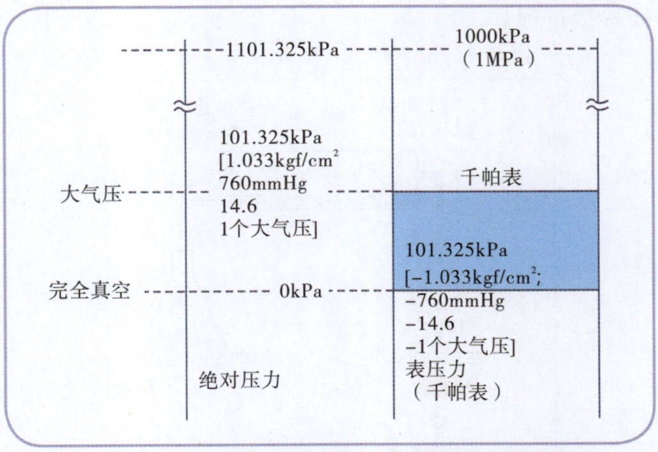

图 1-5　绝对压力、表压力和真空度的关系

4. 汽化和冷凝

1）物态变化

物质的存在状态称为物态。对于同一种物质，当其状态参数（温度、压力等）发生变化时，物质的存在状态就可能发生变化，即发生物态变化。大部分物质存在三种状态，即固态、液态和气态。

如图 1-6 所示，在压力一定的条件下，物质由液态转变为气态时，物质要吸收热量；物质由气态转变为液态时，物质要散发热量。

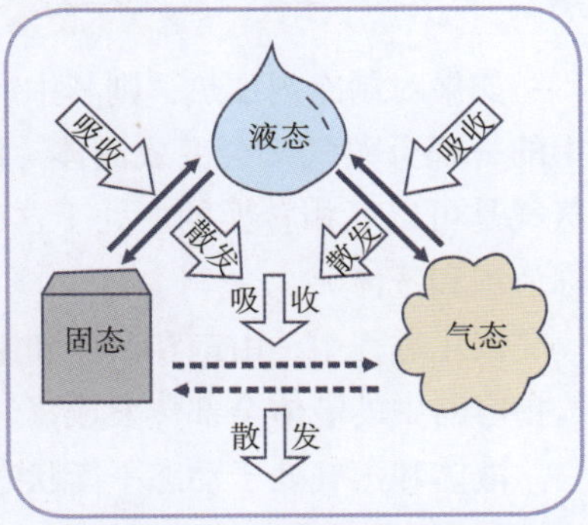

图 1-6　物体热量变化与热量转移

2）汽化

物质由液态变为气态的过程称为汽化。1kg 物质由液体转变为气体需要的热量（单位为 J 或 kJ），称为该物质的汽化热。汽化过程有两种形式，即蒸发和沸腾。

蒸发是指在任何温度下液体表面上所发生的汽化过程，蒸发过程一般为吸热过程。

沸腾是一种在液体表面和内部同时进行的汽化现象。任何一种液体只有在一定的温度下才能沸腾，沸腾时的温度称为沸点。在一定压力下，蒸发可以在任何温度下进行，而沸腾只能在一定温度下发生。制冷剂在蒸发器内吸收了热量后，由液态汽化为蒸气，这个过程就是沸腾。

在制冷技术中，对蒸发一词通常理解为液体的沸腾过程。

在汽车空调制冷系统中，主要是利用制冷剂在蒸发器内的低压下，不断吸收周围空气的热量进行汽化的过程来实现制冷的。

这种过程通常是在蒸发器中以沸腾的方式进行的，但习惯上仍称其为蒸发过程，并把沸腾时的温度称为蒸发温度，沸腾时所保持的压力称为蒸发压力。

3）冷凝

冷凝是指气态物质经过冷却（通过空气或水等热交换方式）转变为液态的过程（图 1-7）。

冷凝过程一般为放热过程。在制冷技术中，制冷剂在冷凝器中由气态凝结为液态，同时放出热量，放出的热量由冷却空气带走。在汽车空调制冷系统中，制冷剂在冷凝器中由气态变成液态的变化过程就是一个冷凝过程。

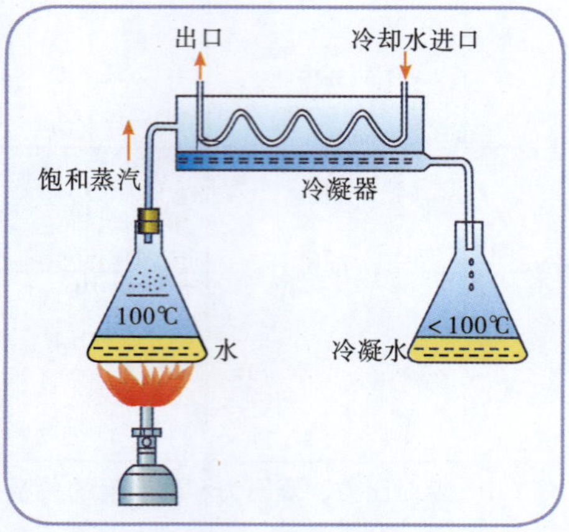

图 1-7　冷凝过程

5. 饱和温度与饱和压力

如果对制冷剂加热，则其中的一部分液体就会变成蒸气；反之，如果制冷剂放出热量，则其中的一部分蒸气又会变成液体（温度不变）。当制冷剂液体和蒸气处于共存的状态时，液体和蒸气是可以互相转换的。处于这种状态的制冷剂蒸气称为饱和蒸气，这种状态下的制冷剂液体称为饱和液体。

汽化过程中，由饱和液体和饱和蒸气组成的混合物称为湿饱和蒸气，简称湿蒸气。干饱和蒸气指容器中的液体全部蒸发成蒸气的状态。

液体和蒸气处于动态平衡状态，即饱和状态时所具有的温度称为饱和温度，所具有的压力称为饱和压力。

处于饱和状态时，液体和蒸气的温度相等。饱和温度一定时，饱和压力也一定；反之，饱和压力一定时，饱和温度也一定。温度升高时，会在新的温度下形成新的动态平衡状态，即物质的饱和温度和饱和压力是一一对应的。

通常所说的沸点是指液体在一个标准大气压下的饱和温度。对于不同的液体，在同一压力下，其饱和温度也是不同的，见表 1-3。

表 1-3　8 种液体在一个标准大气压下的沸点

液体名称	沸点 /℃	液体名称	沸点 /℃
水	100	R22	−40.8
酒精	78	R134a	−26.15
R12	−29.8	R142b	−9.25
氨	−33.4	R405a	−27.3

6. 过冷与过热

1）过冷

在制冷技术中，“过冷”是对制冷剂液体而言的。将冷凝后的液体制冷剂在压力不变的情况下继续冷却，其温度就会比冷凝时的饱和温度更低。当压力不变时，使液体制冷剂的温度低于该压力对应的饱和温度的热力过程称为过冷。处于过冷状态的液体称为过冷液体，其温度称为过冷温度。饱和温度与过冷温度之差称为过冷度。

例如，在表压力为 643. 32kPa 的状态下，制冷剂 R12 的饱和温度为 30℃，若在此压力下对制冷剂继续进行冷却，直至降温到 25℃，则此时液体制冷剂的过冷温度为 25℃，过冷度为 5℃。

2）过热

在制冷技术中，“过热”是对制冷剂气体而言的。使蒸发器中的干饱和蒸气继续定压吸热的热力过程称为过热。处于过热状态的干饱和蒸气称为过热蒸气。过热蒸气的温度称为过热温度，它比干饱和蒸气的饱和温度更高，两者之间的温度差值称为过热度。如果保持蒸气的温度不变，对饱和蒸气进行降压，也可以使干饱和蒸气转变为过热蒸气。

在蒸气压缩制冷系统中，压缩机吸入和排出的制冷剂蒸气都是过热蒸气。

7. 制冷能力与制冷负荷

1）制冷能力

制冷机就是把热量不断地从低温物体转移给高温物体的装置。制冷能力的大小是以单位时间内所能转移的热量来表示的，单位是 J/h。

2）制冷负荷

为了把车内的温度和湿度保持在一定的范围内，必须将来自车外太阳的辐射热和车内散发出的热量排到大气中。这两种热量的总和就叫制冷负荷。

汽车空调系统的制冷负荷较大。由于汽车在室外行驶且车壁较薄，受外界影响很大，在阳光直射下车内温度可达 50~60℃。在室外大气温度为 34℃的晴天，汽车在公路上放置 1h 后，车顶温度可达 75℃，车内温度前座可达 58℃，后座可达 54℃。同时，由于风窗玻璃面积较大，辐射量也大。由于车内空间所限、座位相邻、乘员体形各异，会形成许多小的区域，从而使气流受到不同程度的阻力。因此，汽车空调制冷负荷通常会受到外界大气温度、湿度、车速等客观条件和乘员数量的影响。

8. 节流膨胀

节流膨胀是较高压力下的流体（气体或液体）经多孔塞（或节流阀）后向较低压力方向进行的绝热膨胀过程。

在流体通路中，通道突然缩小，液体压力便下降，如果此时产生气体，则总体积还要增大。这种变化只是状态的变化，与外界没有热和功的交换，因此流体的热量不变，这种状态变化称为节流膨胀，如图 1–8 所示。

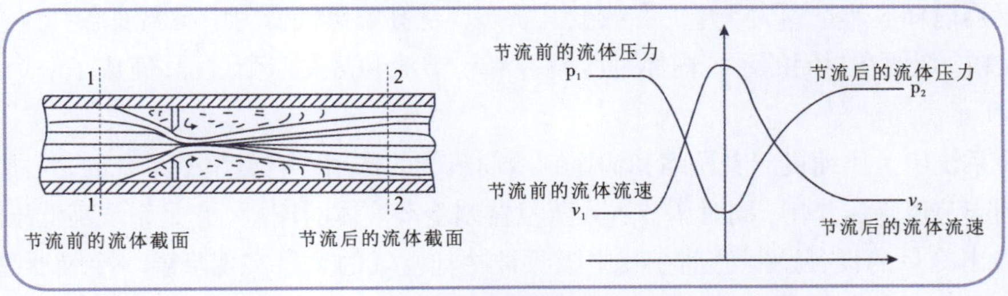

图 1–8 节流膨胀

在汽车空调制冷系统中，制冷剂在膨胀阀中的状态变化就是节流膨胀过程。制冷剂被膨胀阀节流后，如果压力下降得比饱和压力还低，部分液体将变成饱和蒸气，体积急剧增大，这时的蒸发热是由液体本身供给的，所以液体温度下降较大。

9. 制冷循环

制冷系统将车辆内部的热量传递到外部大气中，以提供除湿的凉爽空气给暖风机总成。该系统由压缩机、冷凝器、膨胀阀、空调管路和蒸发器等组成，如图 1-9 所示。该系统是一个填充 R134a 制冷剂作为传热介质的封闭回路。制冷剂中添加空调润滑油，以润滑压缩机的内部组件。

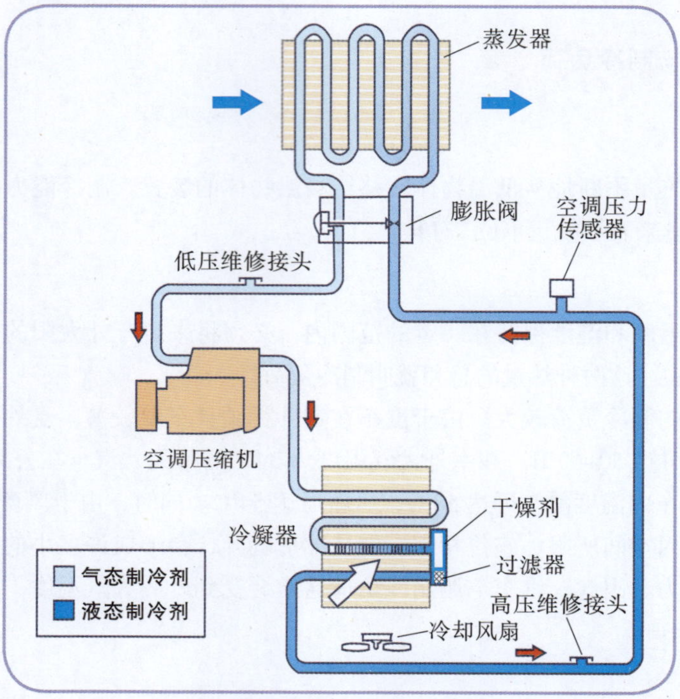

图 1-9　空调制冷系统示意图

为完成热量的传递，制冷剂在系统内循环。在系统内，制冷剂经历两种压力和温度模式。在每一种压力和温度模式下，制冷剂改变其状态，在改变状态的过程中，最大限度地吸收与释放热量。低压和低温模式从膨胀阀开始，经蒸发器到压缩机，在膨胀阀内，制冷剂降低压力及温度，然后在蒸发器内改变其状态，从中温液态变为低温蒸气，以吸收经过蒸发器周围空气的热量。高压和高温模式从压缩机开始，经冷凝器到膨胀阀，制冷剂在通过压缩机时升高压力及温度，然后在冷凝器内释放热量到大气中，并改变其状态，从高温蒸气变为中高温液态。

这样，制冷剂便在封闭的系统内经过压缩、冷凝、节流和蒸发四个过程，完成了一个制冷循环，如图 1-10 所示。

在制冷系统中，压缩机起着压缩和输送制冷剂蒸气的作用，它是整个系统的“心脏”。膨胀阀对制冷剂起节流降压作用，同时调节进入蒸发器制冷剂液体的流量，它是系统高低压的分界线。蒸发器是输出冷量的设备，制冷剂在其中吸收被冷却空气的热量实现降温。冷凝器是放出热量的设备，从蒸发器吸收的热量连同压缩机消耗功所转化的热量一起从冷凝器被冷却空气带走。

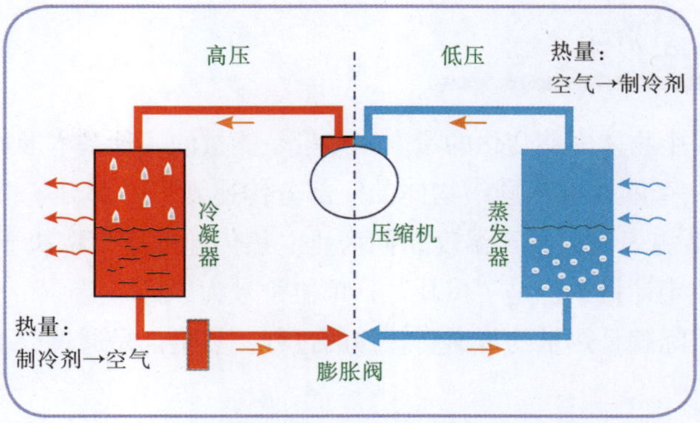

图 1-10 制冷循环

如图 1-11 所示，制冷系统工作时，制冷剂以不同的状态在这个密闭系统内循环流动，每个循环又分四个基本过程。

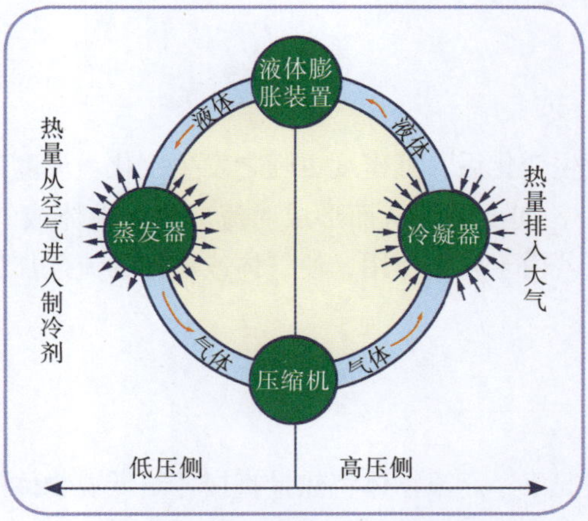

图 1-11 制冷系统的工作过程

1）压缩过程

压缩机吸入蒸发器出口处的低温低压制冷剂气体，把它压缩成高温高压的气体排出压缩机。

2）散热过程

高温高压的过热制冷剂气体进入冷凝器，由于压力及温度的降低，制冷剂气体冷凝成液体，并放出大量的热量。

3）节流过程

温度和压力较高的制冷剂液体通过膨胀装置后体积变大，压力和温度急剧下降，以雾状（细小液滴）排出膨胀装置。

4）吸热过程

雾状制冷剂液体进入蒸发器，此时，制冷剂沸点远低于蒸发器内温度，故制冷剂液体蒸发成气体。在蒸发过程中，大量吸收周围的热量，而后低温低压的制冷剂蒸气又进入压缩机。

上述过程周而复始地进行下去，便可达到降低蒸发器周围空气温度的目的。

二、热的传递形式

热量是热传递过程中物体内能变化的量度。热量是能量的一种基本形式，它不能消失，只能从一个物体传递到另一个物体或从同一物体的一部分传递到另一部分。根据科学定律，热量只能从高温表面传递到低温表面，直至温度相同为止。热传递的速度取决于高温表面与低温表面之间的温差。热量的法定计量单位是“焦耳”，单位符号为“J”。

空调的工作过程实际就是热量的传递和转移的过程，热量都是通过以下 3 个途径传递的。

1. 传导

在受热不均匀的物体中，通过分子运动，将热量由较热的一端传到较冷的一端的过程称为传导。这种交换方式将一直进行到整个物体的温度相等时为止，如图 1–12 所示。

图 1–12 传导

2. 对流

当液体或气体的温度发生变化后，其密度也随之发生变化。温度低的密度大，因重力作用而向下流动；温度高的密度小，向上升，从而形成对流。由于液体或气体本身的密度变化而形成的对流称为“自然对流”；若由于外力作用，使气体或液体的流速加快，则称为“强制对流”，如图 1–13 所示。

3. 辐射

在物体之间不接触的情况下，高温物体将热量直接传给低温物体的传递方式，叫作辐射，如图 1–14 所示。

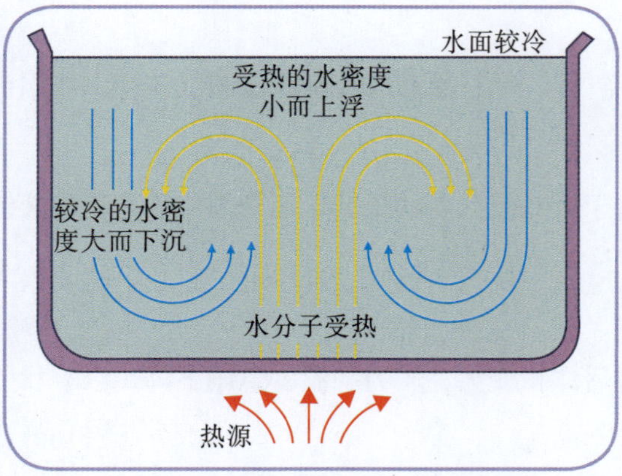

图 1–13 对流

图 1–14 辐射

任务练习

一、填空题

1. 温度计上的标尺称为 ______，工程上常用的温标有 ________，用 ________ 表示；________ 温标，用 ________ 表示；________ 温标，用 ________ 表示。

2. ________ 是指物质状态由液态转变为气态的 ________。

3. ________ 过程中，由 ________ 和 ________ 组成的混合物称为 ________，简称湿蒸气。

4. 冷凝是指 ________ 物质经过冷却使其转变为 ________ 的过程。

5. ________ 吸入蒸发器出口处的 ________ 制冷剂气体，把它压缩成 ________ 的气体排出压缩机。

6. ________ 是指 ________ 的过热制冷剂气体进入冷凝器，由于压力及温度的降低，制冷剂气体冷凝成 ________，并 ________ 大量的热量。

二、判断题

1. 温度计是利用某些物质的体积随温度的变化而改变的特性制成的。（　　）
2. 冷凝温度是指物质状态由液态转变为气态的临界温度。（　　）
3. 外界气压增大，冷凝温度会升高，反之则会降低。（　　）
4. 湿度用来表示空气中水蒸气的含量。（　　）
5. 压力越低，表示真空度越高。反之，压力越高，表示真空度越低。（　　）

三、选择题

1. 将标准大气压下水的冰点（海平面）定为 0℃，水的沸腾点定为 100℃的是（　　）。

A. 摄氏温标　　B. 华氏温标
C. 开氏温标　　D. 前三项都不正确

2. 下列不属于压力常用表示方式的是（　　）。

A. 绝对压力　　B. 表压力
C. 真空度　　D. 垂直压力

3. 冷凝过程一般为（　　）。

A. 冷冻过程　　B. 吸热过程
C. 放热过程　　D. 制冷过程

4. 下列不属于热量传递途径的是（　　）。

A. 传导　　B. 复制

C. 对流　　D. 辐射

四、问答题

1. 简述制冷系统的工作过程。

2. 空调系统中的节流膨胀是什么意思?

3. 制冷技术中的过冷与过热是什么意思?

任务二
汽车空调系统简介

任务目标

完成本学习任务后，学生在基础知识和基本技能方面应达到以下要求。

●知识目标

（1）了解空调技术的发展历程与发展趋势。

（2）了解汽车空调技术的功能与特点。

（3）掌握空调系统的组成与分类。

●能力目标

（1）能够描述空调系统的结构组成。

（2）能够辨别空调系统的型号及特点。

任务引入

汽车空调技术是随着汽车的普及和高新技术的应用发展起来的。由于汽车种类不同，与之相配的汽车空调系统也不一样。

相关知识

一、汽车空调技术的发展历程

汽车空调的功能是随着人们对汽车舒适性的要求不断提高，而从低级到高级、由功能简单向功能齐全方向发展的，其过程可以概括为以下五个阶段。

第一阶段： 单一供暖。1925 年首先在美国出现利用汽车冷却液通过加热器的方式取暖。到 1927 年发展到具有加热器、鼓风机和空气滤清器等比较完善的采暖系统。目前，在北欧、亚洲北部等寒带地区，由于气候特点，汽车空调仍然使用单一供暖系统。

第二阶段： 单一制冷。1939 年，美国通用汽车公司开始采用机械制冷降温的空调器，成为汽车空调的先驱。目前，在菲律宾、马来西亚等热带、亚热带地区，由于气候特点，汽车空调仍然使用单一制冷系统。

第三阶段： 冷暖一体化。1954 年美国通用汽车公司首先采用冷暖一体化的汽车空调系统。由此，汽车空调基本上具备了调节控制车内温度、湿度的功能。

随着汽车空调技术的发展，目前的冷暖一体化空调都具有降温、除湿、通风、过滤、除霜等功能。冷暖一体化汽车空调是目前使用量最大的一种形式。

第四阶段： 自动控制的汽车空调。冷暖一体化汽车空调需要人工操纵，这显然增加了驾驶人的工作量，影响行车安全，同时控制质量也不尽如人意。

1964 年，美国通用汽车公司开始在凯迪拉克汽车上安装自动控制的汽车空调。这种自动空调装置使用了电子控制方法，只要预先设定好温度，空调系统就能自动地在设定的温度范围内工作，达到调节车内空气参数的目的。

第五阶段： 微处理器控制的汽车空调。1973 年美国通用汽车公司和日本五十铃汽车公司联合研究、开发微处理器控制的汽车空调系统，1977 年开始安装在各自生产的汽车上。随着微电子技术、计算机技术的快速发展，微处理器控制的汽车空调系统功能不断丰富和完善，实现了控制显示数字化，制冷、采暖、通风三位一体化及故障诊断智能化。

目前，全自动汽车空调已经与车身计算机系统组成局域网络，计算机根据车内外的环境条件，自动控制空调系统的工作，实现了空调运行与汽车运行的协调、统一，极大地提高了调节效果，节约了燃料，从而提高了汽车的整体性能和乘坐舒适性。

二、汽车空调技术的发展趋势

纵观国际汽车空调市场的变化和汽车空调系统的研发动态，汽车空调技术呈现出以下发展趋势。

（1）汽车空调系统的控制方法向自动微调智能化方向发展。

（2）汽车空调系统的调控要求向个性化方向发展。可以根据乘员对环境空气质量的不同要求，在汽车内部的驾驶人侧、前排乘客侧和后排乘客侧空间范围内，营造个性化的气候条件。

（3）变排量压缩机将得到进一步的推广使用，电动机驱动（直接驱动）将成为未来汽车空调压缩机的主要驱动方式。

（4）有鉴于 CO_2 制冷剂在环境保护方面的显著优势和相关技术的逐步成熟，采用跨临界 CO_2 制冷技术将成为未来汽车空调制冷系统的主流。

（5）采用热泵技术的双向空调将在汽车空调领域逐步推广。与家用房间空调的工作原理相同，采用热泵技术的双向汽车空调系统在冬季正向工作（采暖），在夏季则逆向工作（制冷）。但由于热泵系统冬季供暖效率较低，往往需要增设一个水暖加热器，并由控制系统自动控制热泵系统的工作。当冷却液温度较高时，发动机冷却液进入水暖加热器进行供暖；当冷却液温度较低时，控制系统起动压缩机工作，制冷工质逆向流动，蒸发器起散热器的作用。

三、汽车空调的功能

汽车空调的功能主要是调节车内的温度、湿度、气流速度、空气洁净度和除霜等，从而为乘客和驾驶员创造新鲜舒适的车内环境，减轻驾驶员的疲劳度，提高行车安全性。

1. 车内温度的调节

驾驶员根据气候的变化，通过调节或设定空调控制面板上的温度调节开关，调节或设定自己适应的车内温度。这不仅能减少因冬季天气寒冷、手脚僵硬或动作不灵活而造成的行车危险，而且能在天气炎热、容易疲倦的夏天提供一个舒适的环境。

2. 车内湿度的调节

早前，普通的汽车空调不具备此功能，只有高级轿车上采用了冷暖一体化空调，才能对车内的湿度进行适度调节。它通过制冷装置冷却去除空气中的水分，再由取暖装置升温，以降低空气的相对湿度。

3. 车内气流速度的调节

空气的流速和方向对人体舒适性影响很大。夏天，气流速度快，有利于人体散热降温，但过快的风速也会使人感到不舒服（一般舒适的气流速度为 0.25m/s 左右）。冬天，风速快时会影响人体保温，因而采暖时的气流速度应尽量小一些（一般为 0.15~0.20m/s）。根据人体生理特点，头部对冷比较敏感，脚部对热比较敏感，因此，在布置空调出风口时，应采取上冷下暖的方式。

4. 车内空气过滤、净化

由于车内空间小、乘客密度大及车内维护少等原因，易出现缺氧和二氧化碳浓度过高的情况；再加上汽车发动机废气中的一氧化碳和道路的灰尘进入车内，造成车内空气污浊，影响乘客的身体健康。因此，必须要求汽车空调具有补充车外新鲜空气、过滤和净化车内空气的功能。其一般设有进风门、排风门、空气过滤器和空气净化装置等。

5. 除霜功能

冬天，前、后挡风玻璃容易结霜，这将导致驾驶员的视线模糊不清，增加行车危险性。这就需要汽车空调具有除霜功能，通过暖风除去挡风玻璃上的霜，以维持驾驶员视线清晰，提高驾驶的安全性。

四、汽车空调系统的组成

汽车空调系统一般由制冷系统、暖风系统和通风系统组成；除此之外，还有空气净化系统和控制系统。

1. 制冷系统

如图 1-15 所示，制冷系统主要由压缩机、冷凝器、储液干燥过滤器、膨胀阀、蒸发器、高低压管路等组成。制冷系统的作用是对车室内空气或由外部进入车室内的新鲜空气进行冷却或除湿，使车室内空气变得凉爽舒适。

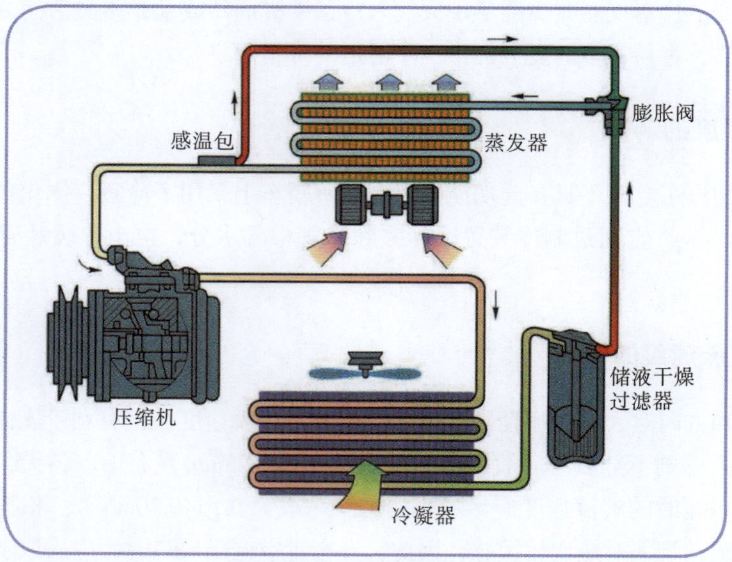

图 1-15　空调制冷系统

2. 暖风系统

如图 1-16 所示，暖风系统由暖风散热器和导风管等部分组成。暖风系统主要用于取暖，对车室内空气或由外部进入车室内的新鲜空气进行加热，达到取暖、除湿的目的。

汽车空调供暖工作过程是：水泵使发动机冷却水经暖风散热器循环流动，流经散热器的冷却水将热量传递给散热器附近的空气，通过鼓风机的作用将暖风送入车内取暖或用于风窗除霜。

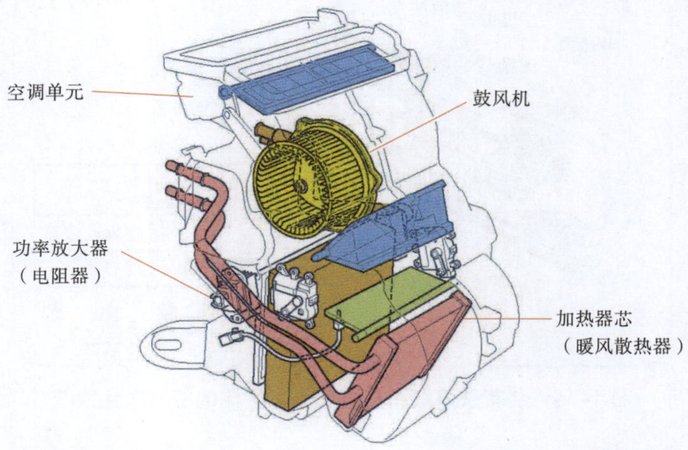

图 1–16 空调暖风系统

3. 通风系统

汽车空调的通风系统如图 1–17 所示，该系统主要是由鼓风机、空气入口、出风口、送风管道等组成的。

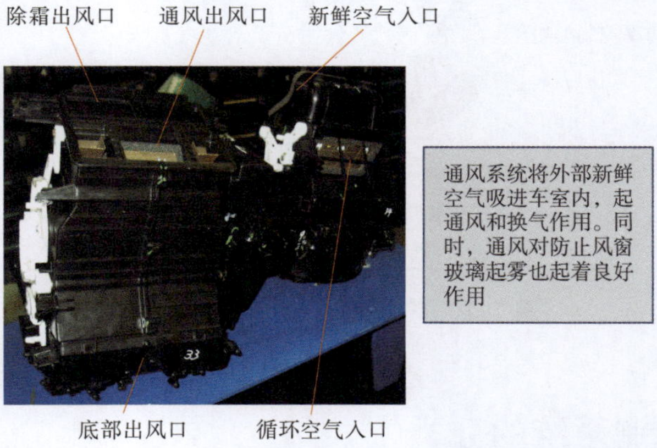

图 1–17 空调通风系统

4. 空气净化系统

空气净化系统（图 1–18）可以除去空气中的灰尘、异味及其他有毒气体，使空气变得清洁干净，有助于乘员的身心健康。高档车辆的空气净化系统中还有杀菌灯和负氧离子发生器（图 1–19）。

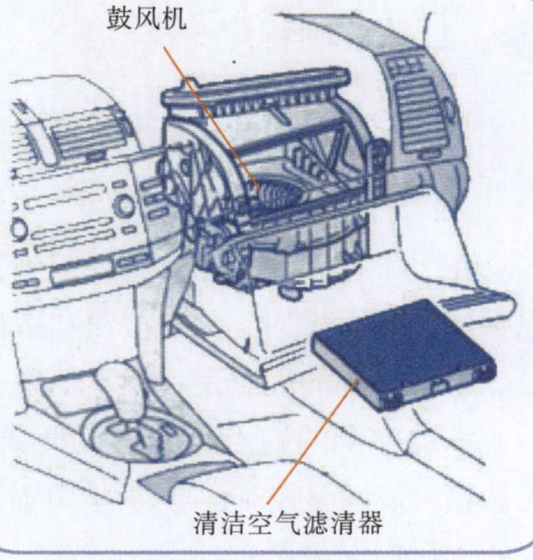

图 1–18 空气净化系统

5. 控制系统

控制系统是由温度传感器、压力传感器、控制单元、混合风门执行器、进气风门执行器、空气分配执行器等

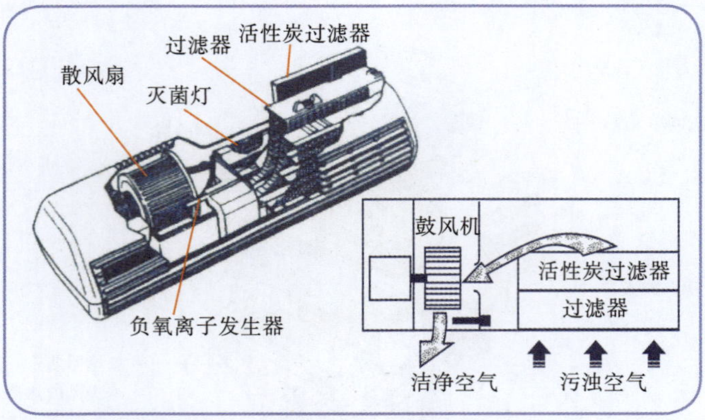

图 1-19 装有杀菌灯和负氧离子发生器的空气净化系统

组成的。其作用是对制冷和暖风系统的温度、压力进行控制，同时对车室内空气的温度、风量、流向进行控制，完善空调系统的正常工作。如图 1-20 所示为汽车空调控制系统示意图。

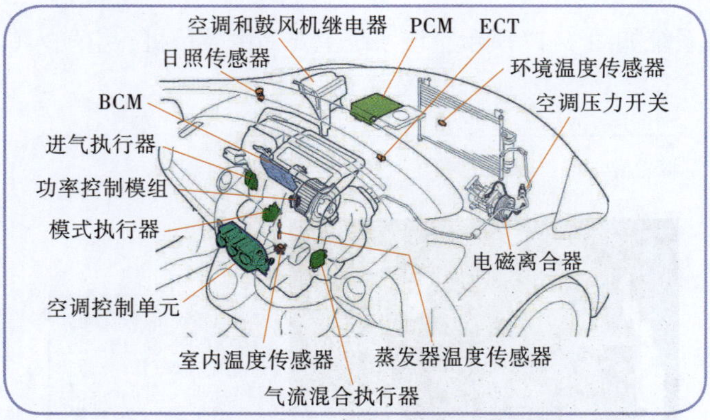

图 1-20 汽车空调控制系统示意图

五、汽车空调系统的分类

1. 按控制程度分类

汽车空调按控制程度可分为手动空调、半自动空调和自动空调三种。

1）手动空调

在电子控制的手动空调系统中，进气源、空气温度、空气分配及鼓风机速度等都是驾驶员操纵手动控制面板的旋钮、按钮和拨杆，借助拉索进行调节的。手动空调控制面板如图 1-21 所示。

手动空调的优点是：成本低廉，机械式操纵机构简单、可靠。

手动空调的缺点是：操纵负载大，手感差；乘员主观感受空调效果，对环境变化无响应，无法精确、恒温控制；与高档车内饰不协调；机械故障率高，塑料控制盘容易变形导致控制错位、卡死，风门漏风严重。

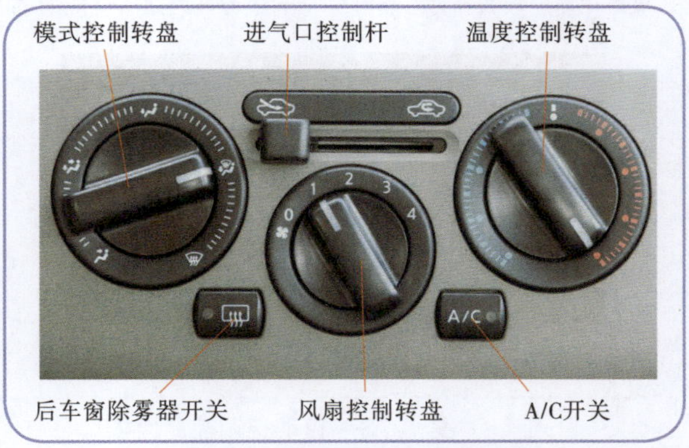

图 1-21 手动空调控制面板

2）半自动空调

所谓半自动空调，就是乘员操纵电动控制面板的旋钮和按钮，再将操纵指令转换成电信号通过线束输送至 HVAC 总成各风门的微型电动执行器，控制风门动作，完成进气、送风温度、空气分配的调节的一个半自动控制系统。如图 1-22 所示为半自动空调控制面板。

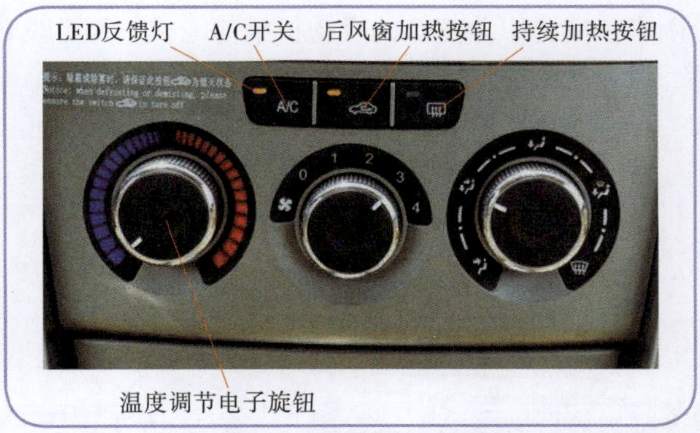

图 1-22 半自动空调控制面板

半自动空调的优点是：操纵负载小，手感佳；外形简洁、美观，操作简单；独立式电动执行器控制可靠、到位，风门漏风大为改善；成本适中。

半自动空调的缺点是：乘员主观感受空调效果，对环境变化无响应，无法精确、恒温控制。

3）自动空调

自动空调就是乘员操作自动控制面板的旋钮或按钮，设定所需的空调温度，由自动空调系统自动监控并调节温度、鼓风机速度和空气分配。自动模式提供了最适宜的系统控制，并且不需要手动干预。手动模式允许忽略单个功能的自动运行，以适应个人偏好。自动空调控制面板如图 1-23 所示。

自动空调的优点是：智能化恒温控制，空调舒适性极佳；人性化交互界面，操作和运行可视化；与中控台融为一体，协调美观；操纵负载小，手感佳。

自动空调的缺点是：成本高；可维修性差，即维修难度增大。

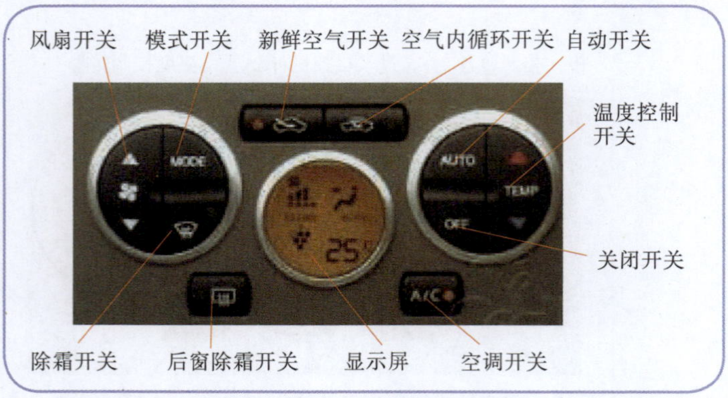

图 1-23　自动空调控制面板

2. 按动力源分类

汽车空调根据压缩机驱动力来源的不同分为独立式空调和非独立式空调两种。

1）独立式空调

独立式空调有专门的动力源（如第二台内燃机）驱动整个空调系统的运行，一般用于长途货运、高地板大中巴等车上。独立式空调由于需要两台发动机，燃油消耗高，同时造成较高的成本，并且其维修及维护十分困难，需要十分熟练的发动机维修人员，而且发动机配件不易获得，尤其是进口发动机；另外，设计和安装更容易导致系统质量问题的发生，而额外的驱动发动机更增加了发生故障的概率。独立式空调系统如图 1-24 所示。

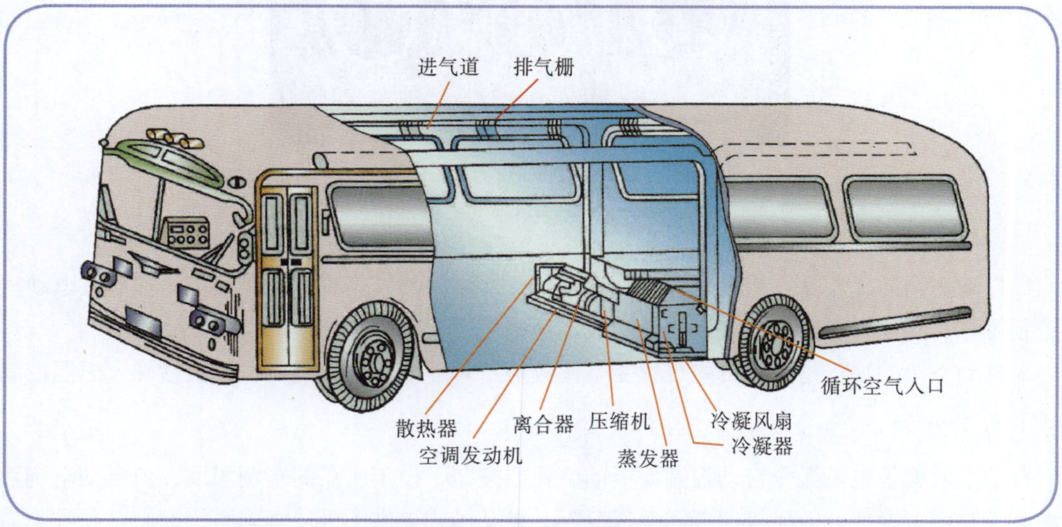

图 1-24　独立式空调系统

2）非独立式空调

非独立式空调直接利用汽车的行驶动力（发动机）来运转。

非独立式轿车空调系统如图 1-25 所示。

非独立式空调由主发动机带动压缩机运转，并由电磁离合器进行控制。接通电源时，离合器断开，压缩机停机，从而调节冷气的供给，达到控制车厢内温度的目的。

非独立式空调的优点是：结构简单、便于安装布置、噪声小。

非独立式空调的缺点是：由于需要消耗主发动机的动力，直接影响汽车的加速性能和爬坡能力。同时，其制冷量受汽车行驶速度影响，如果汽车停止运行，其空调系统也停止运行。

尽管如此，非独立式空调由于相对独立式空调成本较低、质量可靠，已逐渐成为市场的主导产品。目前，轿车、面包车、小巴都使用这种空调。

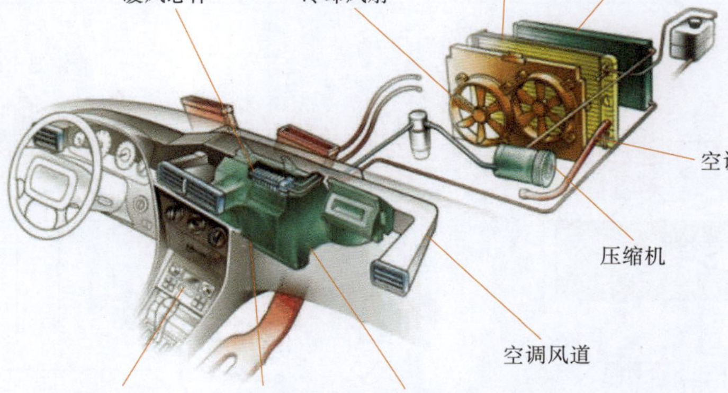

图 1–25 非独立式轿车空调系统

3. 按功能分类

汽车空调经历了由低级到高级的发展过程。最先进入汽车的是暖风机，它主要是向乘客供暖，以及为挡风玻璃内侧除霜。随着制冷技术的发展，冷风机也进入了汽车。

汽车空调按功能可分为冷暖分开型、冷暖合一型和全功能型。

1）冷暖分开型

制冷和采暖系统各自分开，由两个完全独立的冷风机和暖风机所组成，各有各的送风机，控制系统也是完全分开的。制冷时完全是吸入车内空气，采暖时既可吸入车内空气，也可吸入车外新风，如图 1–26 所示。这种结构占用空间，主要用在早期的汽车空调中。

2）冷暖合一型

在暖风机的基础上增加蒸发器芯和冷气出口，但制冷和采暖各自分开，不能同时工作。目前，许多轿车（如桑塔纳轿车等）还采用这种结构形式。此种形式虽然结构合一，但供冷和采暖的功能仍然是分开的，如图 1–27 所示。

3）全功能型

全功能型集制冷、除湿、采暖、通风和净化于一体，既可供冷气，又可供暖气，还可进行通风和除尘。

冷暖分开型和冷暖合一型的缺点是冷风机只能降温、除湿，不能调节送风的相对湿度。夏季，当汽车室内需要冷风时，风机抽入外界的湿热空气，经过蒸发器的冷却和除湿，变成冷风送入汽车室内。然而，这种脱去冷凝水而吹出来的冷风，尽管绝对含湿量减少了，但相对湿度却在 95% 以上，这种冷而湿的风直接吹到乘员身上并不舒适，因此，必须设法在冷风吹出来之前降低其相对湿度。简单的办法就是将冷却、除湿后的空气适当地再加热，北京切诺基吉普车就属于这种类型，图 1-28 为其空气处理系统示意图。它在蒸发器和加热器之间设置了一个可以连续调节的混合风门。从蒸发器流出来的空气可以随混合风门的开闭部分或全部通过加热器。流过加热器和不流过加热器的空气在空调器内先混合，再经风门送出。夏季，可以通过调节混合风门的开度来调节冷湿空气的再加热程度；冬季，可通过调节混合风门的开度调节暖风的温度。混合风门的设置大大改善了对空气相对湿度的调节能力。

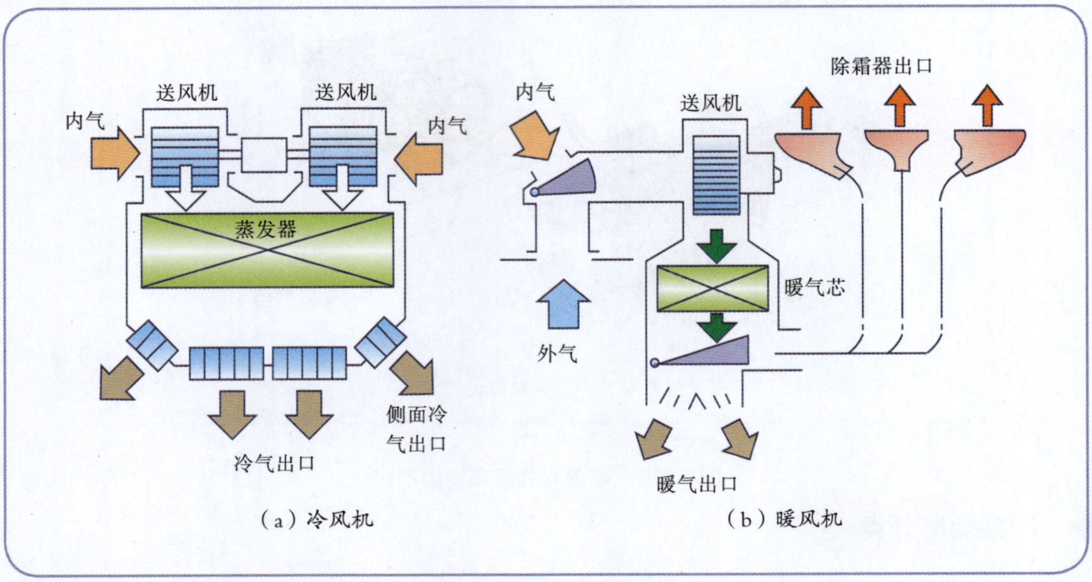

图 1-26　冷暖分开型汽车空调

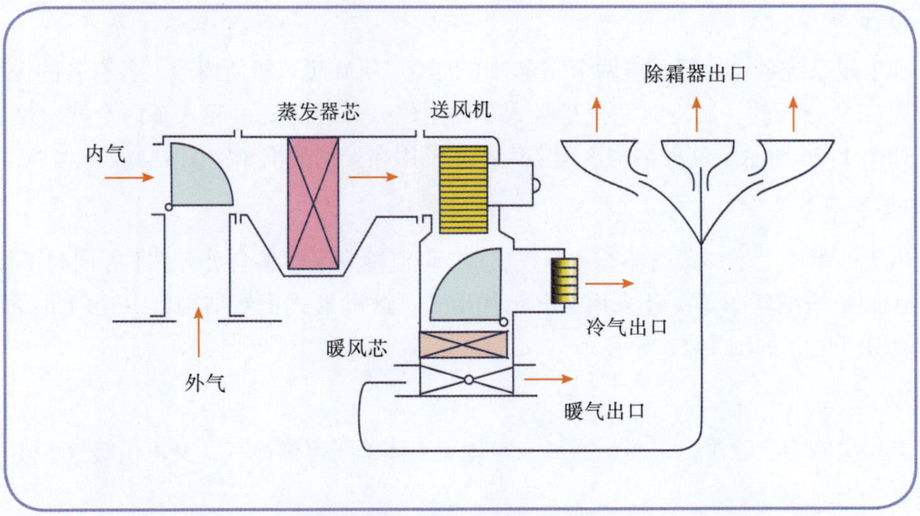

图 1-27　冷暖合一型汽车空调

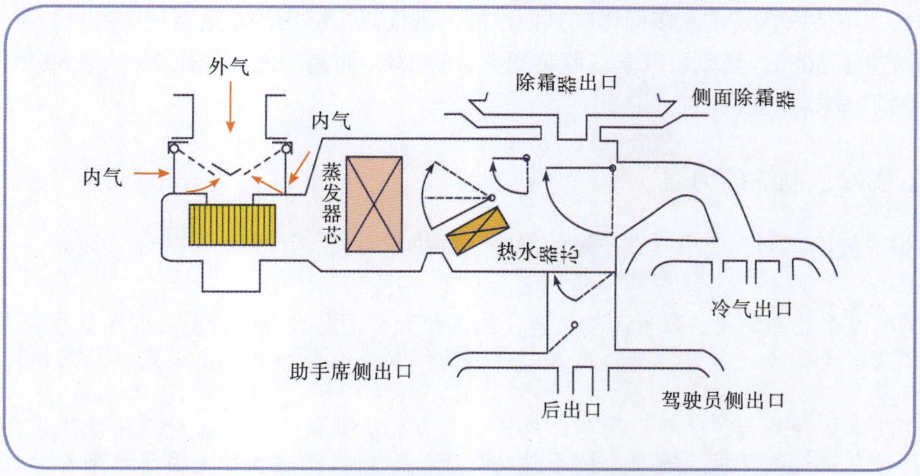

图 1-28 全功能型汽车空调空气处理系统示意图

六、汽车空调的特点

汽车空调大多数是通过发动机带动压缩机来工作的，所以汽车空调是以消耗发动机的动力来调节控制车内环境的。了解和掌握汽车空调的特点，有利于汽车空调的使用和维修。

汽车空调主要具有以下特点。

1. 动力源多样

空调系统所需要的动力来自发动机。汽车空调系统按驱动方式分为独立式和非独立式。

轿车、轻型车、中小型客车及工程机械，其空调所需要的动力和驱动汽车的动力都来自汽车本身的发动机，这种空调系统叫非独立式空调；对于大型客车和豪华大中型客车，由于所需制冷量和暖气量大，一般采用专用发动机驱动制冷压缩机和设置独立的采暖设备，故称为独立式空调系统。

非独立式空调会影响汽车的动力性能，但比独立式的设备成本、运行成本低。汽车安装了非独立式空调系统，耗油量平均增加 10% ~20%，发动机的输出功率减少 10% ~12%。

2. 抗冲击能力强

汽车在颠簸不平的路面上行驶时，汽车空调系统承受剧烈、频繁的振动和冲击，因此，汽车空调的各个零部件应有足够的强度和抗振能力，接头牢固并防漏。特别是汽车在颠簸不平的路面上高速行驶时，汽车空调各接头极易松动，导致制冷剂泄漏，破坏整个空调系统的工作条件，甚至破坏制冷系统的部件，如压缩机。所以，各部件的连接要牢固，要经常检查系统内的制冷剂量。根据维修人员统计，汽车空调制冷不良多数是由于制冷剂泄漏而引起的。

3. 结构紧凑、重量轻

由于汽车本身的特点，要求汽车空调的结构紧凑，能在有限的空间内进行安装，而且安装了空调之后，不使汽车增重太多而影响其他性能。现代汽车空调的总重量比20世纪60年代的同类型产品减少了50%，是原始汽车空调装置重量的1/4，而制冷能力却比20世纪60年代的同类型产品增加了50%。

4. 制冷、制热能力强

根据气候的不同，要求汽车空调的制冷、制热能力强，其原因在于：

①车内乘员密度大，产生的热量多，热负荷大，而冬天人体所需要的热量也较大。

②汽车为了减轻自重，隔热层薄；汽车的门窗多、面积大，所以汽车隔热性能差，热量流失严重。

③汽车在野外行驶，环境恶劣，气温千变万化。要使汽车空调能迅速地降温，在最短的时间里达到舒适的环境，就要求制冷量特别大。非独立式空调系统由于汽车发动机的工况变化频繁，所以制冷系统的制冷剂流量变化大。

任务练习

一、填空题

1. 汽车空调的功能主要是调节车内的________、________、________、__________和________。

2. 汽车空调系统一般由________、_______和_______组成；除此之外，还有________和________。

3. 制冷系统主要由_______、_______、_______、_______、_______、________等组成。

4. 汽车空调的通风系统主要是由_______、________、________、________等组成的。

二、判断题

1. 非独立式空调结构简单、便于安装布置、噪声小。（ ）

2. 手动空调成本低廉，操作简单、可靠。（ ）

3. 非独立式空调有专门的动力源驱动整个空调系统的运行。（ ）

4. 自动空调比半自动空调的维修难度小。（ ）

三、选择题

1. 下列空调形式不属于按功能分类的是（ ）。

A. 冷暖分开型　　B. 冷暖合一型

C. 半功能型　　D. 全功能型

2. 下列不属于汽车空调的特点的是（ ）。

A. 抗冲击能力强　　B. 制冷、制热能力强

C. 结构紧凑、重量轻　　D. 动力源单一

3. 下列不属于自动空调的优点的是（　　）。

A. 智能化变温控制，空调舒适性极佳　　B. 人性化交互界面，操作和运行可视化

C. 与中控台融为一体，协调美观　　D. 操纵负载小，手感佳

四、问答题

1. 手动空调和自动空调相比有何差异？

2. 独立式空调和非独立式空调相比有何差异？

3. 空调系统的功能有哪些？

任务三 汽车空调制冷剂与冷冻机油

任务目标

完成本学习任务后，学生在基础知识和基本技能方面应达到以下要求。

●知识目标

（1）掌握制冷剂的性能要求。

（2）掌握冷冻油的性能要求。

（3）了解制冷剂的分类和特点。

（4）了解制冷剂的使用注意事项。

（5）了解冷冻机油的作用与分类。

●能力目标

（1）能够合理选用汽车制冷剂。

（2）能够合理选用汽车冷冻机油。

任务引入

制冷剂是在制冷系统中不断循环并通过其自身的状态变化以实现制冷的工作物质；冷冻润滑油是制冷压缩机的专用润滑油，它是一种在高温、低温情况下均能正常工作的特殊润滑油。下面进入汽车空调制冷剂与冷冻润滑油的学习。

相关知识

一、制冷剂

制冷剂（Refrigerant）是制冷装置完成制冷循环的媒介，又称制冷工质，还有冷媒、雪种等俗称。汽车空调是在制冷循环中通过制冷剂的状态变化，进行能量转换，实现制冷的。

制冷循环的性能指标除与工作温度、压力有关外，还与制冷剂的性质密切相关。因此，了解制冷剂的性质对车用空调制冷系统的设计、使用和维修十分重要。

1. 热力性能要求

①要求制冷剂的临界温度高。这样有利于使用一般的冷却液和空气进行冷凝，同时可以使节流损失小、制冷系数高。

②要求制冷剂的单位容积制冷量大。制冷剂单位容积制冷量大可以使相同产冷量所需的压缩机尺寸较小。对离心式制冷机或某些小型制冷机，单位容积制冷量小些会使压缩机制造更容易。

③要求制冷剂的蒸发压力和冷凝压力适中。制冷剂冷凝压力不要太高，而蒸发压力不要太低，尤其不应低于大气压力。

④要求制冷剂的绝热指数小。这样有利于降低压缩机的排气温度，提高压缩机的效率。

2. 物理化学性能要求

对车用空调制冷剂物理化学性能的要求如下：

①黏度、密度小，以减少制冷剂在制冷系统中的流动阻力损失。

②热导率高，以提高热交换设备的传热系数，减少换热面积，降低材料消耗。

③使用安全。车用空调制冷剂应无毒、不燃烧、不爆炸。

④具有较好的化学稳定性和热稳定性。车用空调制冷剂与润滑油无亲和作用，对金属材料不腐蚀，在高温下不分解，可与冷冻机油以任意比例相溶。

⑤易于改变吸热与散热的状态，有很强的重复改变状态能力。

3. 环保性能要求

以前广泛使用的汽车空调制冷剂氟利昂（如 R11、R12）对大气中的臭氧有破坏作用，因此其生产和使用受到限制，已被禁止使用。目前，汽车空调均使用对大气臭氧无破坏、温室效应小的制冷剂。

（1）制冷剂对臭氧层的破坏作用。

大气中的臭氧层是同温层的一部分，其位于距离海平面 20~50km 处。臭氧层可以吸收太阳光中的大部分紫外线（Ultraviolet，UV），从而保护地球表面的生物，使之不受过于强烈的紫外线辐射。

紫外线可将臭氧(O_3)分解成氧分子(O_2)和氧原子(O)。而在复杂的大气物理化学反应中，氧原子和氧分子又会合成、还原为臭氧。臭氧的分解与还原过程在臭氧层中进行，并借此实现臭氧层对大部分紫外线的吸收。

传统制冷剂（如R12）的组成成分中有氯（Cl）。在操作不当时，R12分子就会进入臭氧层，紫外线辐射会使得R12分子释放出一个氯原子。从R12分子中游离出来的氯原子会与臭氧发生反应。于是，臭氧被分解，生成氧分子（O_2）和一氧化氯（ClO），随后ClO又与氧发生反应而释放出氯原子。再次游离出来的氯原子又继续与臭氧发生反应，如此周而复始（这个循环过程可能重复100 000次），不断地消耗大气中的臭氧，使得臭氧层日益稀薄，甚至形成空洞。

氟利昂（如R11、R12）对大气中臭氧的破坏作用可用相对臭氧破坏能力系数（Relative Ozone Depletion Potential）表征，简称RODP或ODP，并规定R11的ODP为1.0，从而用ODP表示相对于R11对大气臭氧破坏能力的大小。

（2）制冷剂的温室效应。

温室效应（Greenhouse Effect），又称花房效应，是大气保温效应的俗称。大气能使太阳光的短波辐射到达地面，但地表向外放出的长波热辐射线却能被大气吸收。这样，就使得地表与低层大气温度增高。因其作用类似于栽培农作物的温室，故名温室效应。

自工业革命以来，人类向大气中排放的二氧化碳等吸热性强的气体逐年增加，大气的温室效应也随之增强，已引发全球气候变暖等一系列严重问题，引起了全世界的广泛关注。

温室效应主要是由于现代工业社会过多燃烧煤炭、石油和天然气，这些燃料燃烧后放出大量的二氧化碳气体进入大气层造成的。二氧化碳气体具有吸热和隔热的功能，它在大气中增多的结果是形成一种无形的“玻璃罩”，使太阳光辐射到地球上的热量无法向外层空间散发，其结果是地球表面变得越来越热。因此，二氧化碳也被称为温室气体。

氟利昂类含氯氟烃产生的温室效应用温室效应能力系数(Global Warming Potential)表征，简称GWP，并规定R11的GWP为1.0，用GWP表示相对于R11对温室效应的作用。

由于二氧化碳(CO_2)是造成全球温室效应的主要因素之一，因此也常以CO_2作为比较基础。

二、制冷剂的分类和性能特征

1. 制冷剂的命名

制冷剂是用R后跟一组编号的方法来命名的，其中R是制冷剂（Refrigerant）的第一个字母，如R12、R134a、R22等。R后的数字或字母是根据制冷剂分子的原子构成按一定规则书写的。

也常采用CFC、HCFC或HFC来代替R以表示制冷剂分子的原子组成。CFC表示制冷剂由氯原子、氟原子和碳原子组成。HCFC表示制冷剂由氢原子、氯原子、氟原子和碳原子组成。HFC表示制冷剂由氢原子、氟原子和碳原子组成。

2. 制冷剂的分类

空调制冷剂的种类较多，可从不同角度进行分类。按组成成分不同，制冷剂可分为三类。

1）无机化合物制冷剂

属于无机化合物制冷剂的有 R717（NH_3）、R744（CO_2）、R764（SO_2）等。

2）氟利昂

R11（$CFCl_3$）、R12（CF_2Cl_2）、R22（CHF_2Cl）、R134a 等均属于氟利昂类制冷剂。氟利昂（Freon）是饱和碳氢化合物的氟、氯和溴的衍生物的总称，是 20 世纪 30 年代发现的制冷剂。氟利昂类制冷剂种类多，相互间热力学性质差别大，可适用于不同的场合。

氟利昂类制冷剂的商品名以 Freon 的第一个字母 F 开头。例如，R12 的商品名为 F12，即 R12 和 F12 是同一种制冷剂。

3）混合工质制冷剂

混合工质制冷剂是由两种或两种以上单一工质混合而成的。混合工质有共沸混合工质和非共沸混合工质之分。

① 共沸混合工质。

共沸混合工质是由两种或两种以上的单纯工质在常温下按一定比例混合而成的，具有与单一工质相同的性质，即气液相组分相同，在恒定压力下有恒定的蒸发温度，如 R502（由 R22 和 R115 以 48.8/51.2 的质量分数混合）等。

② 非共沸混合工质。

非共沸混合工质是由两种或两种以上不形成共沸溶液的单一工质混合而成的。由于非共沸混合工质不存在共同沸点，因此在定压下冷凝或蒸发时，其组分温度不同，气液相成分也不同。

按沸点温度 t_S 不同，制冷剂可分为高温低压制冷剂、中温中压制冷剂和低温高压制冷剂三类，见表 1–4。

早期在汽车空调上广泛使用的制冷剂 R12 和目前广泛使用的制冷剂 R134a 均属于中温（中压）制冷剂范畴。

表 1–4　制冷剂按沸点温度 t_S 分类

类别	沸点温度 t_S/℃	制冷剂举例	应用举例
高温低压制冷剂	>0	R11、R113、R114 等	空调热泵
中温中压制冷剂	−60~0	R717、R12、R134a 等	空调热泵
低温高压制冷剂	<−60	R13、R14 等	复叠机的低温级

3. 制冷剂的性能特征

汽车空调制冷剂最早广泛使用的是 R12（CF_2Cl_2），即二氟二氯甲烷，后来出现了 R12 的替代产品 R134a（HFC134a），即四氟乙烷。当前，R744（CO_2）和 R1234yf（四氟丙烯）又成为热门的制冷剂。R12、R134a、R744 及 R1234yf 制冷剂的物理化学特性见表 1–5。

表 1–5　R12、R134a、R744 及 R1234yf 制冷剂的物理化学特性

项目	R12	R134a	R744	R1234yf
学名	二氟二氯甲烷	四氟乙烷	二氧化碳	四氟丙烯
分子式	CF_2Cl_2	CH_2FCF_3	CO_2	$CF_3CF=CH_2$
相对分子质量	120.91	102.30	44.00	100.00
沸点（1 个大气压）/℃	−29.79	−26.19	−78.52	−29.00
凝固点 /℃	−157.8	−101	–	–

表 1-5 R12、R134a、R744 及 R1234yf 制冷剂的物理化学特性（续表）

项目	R12	R134a	R744	R1234yf
临界温度 /℃	111.80	101.14	31.10	95.00
临界压力 /MPa	4.125	4.065	7.380	0.673
临界密度 /（kg/m^3）	558	1207	–	1094
0℃蒸发潜热 /（kJ/kg）	151.4	197.5	–	–
水中溶解度（1 个大气压）/（质量分数，%）	0.28	0.15	–	–
燃烧性	不燃烧	不燃烧	不燃烧	弱可燃性
臭氧破坏能力系数（ODP）	1.0	0	0	0
温室效应能力系数（GWP）	3.05	1300	0	4

1）汽车空调制冷剂 R12

汽车空调制冷剂 R12（图 1–29）是一种中温制冷剂，无色，具有轻微芳香味，毒性小，只在 400℃时才会分解出有毒的气体。R12 不燃烧、不爆炸，是一种安全的制冷剂，只有在体积分数达 80%时才会使人窒息。

另外，R12 还具有制冷能力强、压力适中、化学性质稳定、与冷冻机油相溶性好和安全性好等优点。

但是，R12 的组成元素中含有氯，会破坏臭氧层，导致太阳光紫外线大量辐射到地面，使得人患皮肤癌、白内障和呼吸道疾病的概率大大增加，对人类和生物的生存环境带来很大危害。R12 的 ODP 为 1，GWP 为 3.05。

图 1–29 罐装汽车空调制冷剂 R12

因此，国际社会于 1987 年 9 月在加拿大缔结了《关于消耗臭氧层物质的蒙特利尔议定书》，明确规定禁用 R12 的期限为 2000 年。我国于 1992 年也制定了《中国逐步淘汰消耗臭氧层物质的国家方案》，该方案规定，国内各汽车制造商从 1996 年起在汽车空调中逐步用新制冷剂 R134a 替代 R12，2000 年以后生产的新车不得再使用 R12 作为汽车空调制冷剂。

2）汽车空调制冷剂 R134a

为了适应环境保护的需要，特别是为了适应保护臭氧层的需要，有必要采用不破坏臭氧层的制冷剂来替代 R12。目前，被广泛认可和使用的 R12 替代制冷剂是 R134a（图 1–30）。

R134a 具有与 R12 相近的热力性质，所以制冷系统的改型比较容易。R134a 具有较好的制冷性能，化学和热稳定性好，具有良好的安全性能（不易燃、不爆炸、无毒、无刺激性和无腐蚀性）。

同时，R134a 中不含氯原子，臭氧破坏能力系数低，温室效应能力系数也较低。但在蒸发温度低于 –21℃时，由于将产生高的压缩比，制冷量受到限制，其使用将受到影响。

此外，R134a 制冷系统的能效、工作可靠性等与 R12 相比还有一定的差距。

图 1–30 罐装汽车空调制冷剂 R134a

3）碳氢化合物制冷剂

碳氢化合物制冷剂具有以下优点：

①与日常使用的 R12、R134a 制冷剂润滑油具有兼容性，替代原汽车上使用的氟利昂制冷剂无须更换空调设备及附件，操作简单，灌装方便。

②比普通制冷剂节能 10%~20%，用量仅是 R12、R134a 的 1/3，对酷热气候具有独到的适应性，制冷效果优良，是解决汽车用空调氟利昂排放导致大气污染问题的理想替代品之一。

4）CO_2 制冷剂

制冷剂的种类很多，理论上只要能进行气液两相转换的物质，均可作为蒸发制冷系统的制冷剂。但寻找制冷效率高，且对环境没有污染的制冷剂却很困难，目前广泛使用的 R134a 只是 R12 的替代品，其排放物产生的温室效应仍然对环境有较大的危害。

在此背景下，在食品冷冻和房间空调领域已有 100 多年应用历史的 CO_2 制冷剂又重新得到重视，极有可能成为汽车空调系统下一代绿色环保制冷剂。

CO_2 制冷剂（代号 R744）具有无毒、无味、不可燃、不爆炸、臭氧破坏能力系数为 0、温室效应能力系数约为 0、成本低廉、无须回收、制冷能力强、制冷部件结构紧凑等一系列优点。

CO_2 本身是有温室效应的，但作为制冷剂，CO_2 可以从工业废气中提取获得。与大量的工业废气产生的温室效应相比较，CO_2 作为制冷剂产生的温室效应是微乎其微的。因而，可以认为 CO_2 制冷剂的温室效应能力系数约为 0。

但是，CO_2 制冷剂也存在临界温度低、临界压力高、制冷循环热力损失大、容易引起窒息等缺点。因而，采用 CO_2 作为制冷剂时，制冷系统无法实现通常的压缩→冷凝→蒸发的蒸气压缩式制冷循环。在常温下，无法实现冷凝，CO_2 制冷系统实质上是超临界循环制冷系统。

由于临界温度太低，使制冷系数过低，尤其是在环境温度较高时，制冷循环的单位质量制冷量明显减小，制冷能力显著下降，而功耗显著增大。

5）R1234yf 制冷剂

由于分子中不含氯原子，R1234yf 的 ODP 为 0，GWP 为 4，在大气中的寿命只有 11 天，且大气分解产物与 R134a 相同。因此，R1234yf 对气候环境的影响几乎可以忽略，远小于 R134a。

根据欧盟的 F-gas 法规，自 2017 年 1 月 1 日起，在欧盟境内生产和销售的所有新车，禁止使用 GWP 大于 150 的制冷剂。

不难看出，目前广泛使用的汽车空调制冷剂 Rl34a（GWP 为 1300）的逐步淘汰将成为必然趋势。美国杜邦（DuPont）公司与霍尼韦尔（Honeywell）公司联合研发的 R1234yf 被认为是替代 Rl34a 的新一代汽车空调环保制冷剂。

R1234yf 制冷剂的环保性能虽然非常理想，但仍然不尽如人意。R1234yf 制冷剂无闪点，自燃点为 405℃，属于具有弱可燃性的制冷剂。尽管在正常行驶条件下，车上的高温部件（如排气管等）可以得到妥善的保护，但一旦发生撞车事故，制冷系统遭到破坏，泄漏出来的 R1234yf 制冷剂遇到温度超过 405℃的高温部件，就有发生 R1234yf 制冷剂起火燃烧、引燃肇事车辆的危险。

正是基于对 R1234yf 制冷剂安全性的顾虑，一些汽车制造商极力抵制使用 R1234yf 制冷剂，而以杜邦和霍尼韦尔为代表的制冷剂制造商则在极力推广这一产品。如何在保持其优秀的制冷能力和环保性能的同时，彻底消除其安全隐患，是目前亟待解决的问题。对于在汽车空调系统中是否采用 R1234yf 制冷剂的争论，仍会继续进行下去，短期内很难达成共识。

三、制冷剂的使用

1. 使用 R12 时的注意事项

①制冷剂容器避免阳光直接照射或炉火烘烤，以防意外。

②避免与人的皮肤直接接触，以防冻伤。尤其要避免误入眼睛，以防造成失明。

③对制冷系统进行拆卸、充注作业时，最好戴胶皮手套，不要戴线纺手套。

④尽管 R12 是无毒或低毒制冷剂，但在与火焰接触时会产生毒气。

⑤操作现场应通风良好。

2. 使用 R134a 时的注意事项

尽管制冷剂种类繁多，但从目前我国汽车空调制冷剂领域来看，常用的制冷剂只有 R134a 一种，因此这里重点对 R134a 的使用注意事项加以说明。

一定要防止制冷剂的混用。R12 和 R134a 这两种制冷剂是不能混用的，原因在于它们对空调系统结构的要求不同。首先，对压缩机的要求不同；其次，对润滑油的要求也不同；最后，对储液干燥器和连接软管的要求也不同。

因此，R134a 只能在专门与其配套的系统中工作，凡是车用的 R134a 空调系统，制造商都会在压缩机、冷凝器、蒸发器、橡胶软管和充注设备上注明“只适用于 R134a”，以防误用。

四、冷冻机油

1. 冷冻机油的作用

冷冻机油（Refrigerant Oil）又称为冷冻润滑油，是制冷压缩机的专用润滑油，俗称冷冻油。

冷冻机油用于保证压缩机正常运转、可靠工作和延长使用寿命。在空调制冷系统中，冷冻机油的具体作用如下。

1）润滑作用

压缩机是高速运转的机器，轴承、活塞、活塞环、曲轴、连杆等零件表面需要润滑，以减少阻力和磨损，延长使用寿命，降低功耗，提高制冷系数。

2）密封作用

汽车使用的压缩机传动轴需要油封来密封，防止制冷剂泄漏。有润滑油，油封才能起密封作用。同时，活塞环上的润滑油，不仅起减摩作用，而且起密封压缩机蒸气的作用。

3）冷却作用

运动的摩擦表面会产生高温，需要用冷冻机油来冷却。冷冻机油冷却不足，会引起压缩机过热，排气压力过高会导致制冷系数降低，甚至烧坏压缩机。

2. 对冷冻机油的性能要求

在选择冷冻机油时，必须注意空调压缩机内部冷冻机油所处的状态，如排气温度、排气压力、吸气温度等。

①不同的制冷剂要求使用不同黏度的润滑油。例如 R12 与润滑油能互溶，使油变稀，所以应选用黏度较大的润滑油。压缩机中润滑油的黏度应适当，黏度过大会使压缩机的摩擦损失功率增大，起动阻力矩增大；黏度过小会使摩擦表面不能建立起所需要的油膜。由于冷冻机油长期在高温和低温的环境中工作，因此要求其性能稳定，并能保持一定的黏度。

②应与制冷剂、有机材料和金属等在高温和低温条件下接触时不起反应，要求其热力学性能及化学性能十分稳定。

③在制冷循环的最低温度部位也不应有结晶状的石蜡分离、析出或凝固，从而保持优良的低温流动性能。

④含水量极少。冷冻机油中的含水量与制冷装置的制冷效果及使用寿命有十分密切的关系。水在制冷系统中会引起“冰堵”现象和“镀铜”现象。为避免上述情况发生，对润滑油的含水量必须按要求严格控制。

⑤在压缩机排气门附近高温部位不应产生积炭、氧化现象，应具有较高的热稳定性。

3. 冷冻机油的分类

常用的几种汽车空调冷冻机油如图 1–31 所示。

图 1–31　常用的汽车空调冷冻机油

R12 与 R134a 制冷系统的冷冻机油不能混用。

R12 制冷系统用的冷冻机油属于矿物油，矿物油能与 R12 互溶。R12 制冷系统一般用国产的 18 号、25 号冷冻机油或日本产的 SUNISO 3GS、SUNISO 4GS、SUNISO 5GS 冷冻机油。

采用 R134a 为制冷工质后，原系统使用的矿物油与新的 R134a 制冷工质不相溶，所以需要同时更换冷冻机油。欧美各国绝大多数采用醇类润滑油，而日本等国则主张采用酯类润滑油。

醇类润滑油吸水性很强，R12 系统中残余的矿物油中的氯化物与醇类润滑油（PAG 油）起反应后，会导致其润滑性能下降。

酯类润滑油与醇类润滑油相比，吸水性要弱一些，对 R12 系统中的矿物油也较不敏感。但酯类润滑油（POE 油）低温下黏度变化较大，低温润滑性能不好，回油也不太好。而醇类润滑油黏度随温度变化不大，低温下润滑性能良好。

因此，近年来 R134a 制冷系统使用的润滑油逐渐转向了醇类润滑油。已使用过 R12 的空调制冷系统改用 R134a 后，换用酯类润滑油比较合适，而新的 R134a 空调制冷系统则采用醇类润滑油为宜。

4. 冷冻机油的使用及性能检查

①必须严格使用原车空调压缩机所规定的冷冻机油牌号，或换用具有同等性能的冷冻机油，不得使用其他油品来代替。否则，会损坏压缩机。

②冷冻机油吸收潮气的能力极强。因此，在加注或更换冷冻机油时，操作必须迅速，如准备工作尚未做好，不能立刻加油，则不得打开油罐。在加注完毕后应立即将油罐的盖子封紧，不得有渗漏现象。

③不能使用变质的冷冻机油。冷冻机油变质的原因是多方面的，归纳起来有如下几点。

混入水分后，冷冻机油在氧的作用下会生成一种絮状的酸性物质，腐蚀金属零部件；高温氧化，当压缩温度过高时，冷冻机油被氧化分解而炭化变黑；不同牌号的冷冻机油混合使用时，由于冷冻机油所加的氧化剂不同而产生化学反应，引起变质，破坏了各自的性能，从而引起冷冻机油变质。

④冷冻机油只起润滑油的作用，本身没有制冷能力。同时，冷冻机油还会降低热交换器的换热效率。因此，只允许加到规定的用量，绝不允许过量使用，以免降低制冷能力。

冷冻机油的加注量随车型不同而异，可参看汽车使用维修手册。冷冻机油在制冷系统各部件中的大致分布情况如图 1–32 所示。

⑤在排放制冷剂时应缓慢进行，以免冷冻机油和制冷剂一起喷出，造成制冷系统内部冷冻机油缺失，无法保证正常润滑。

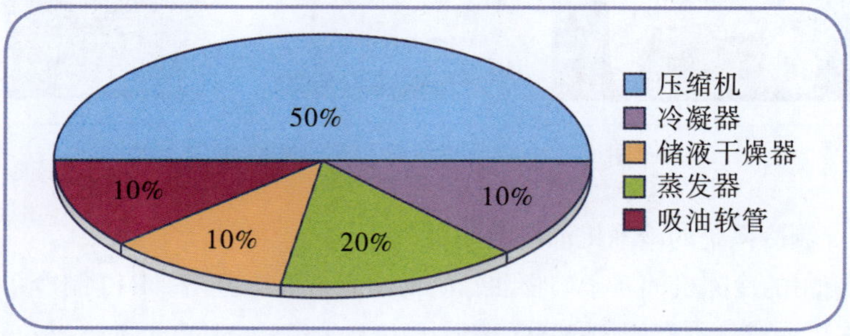

图 1–32　冷冻机油在制冷系统各部件中的大致分布情况

任务练习

一、填空题

1.________ 是制冷装置完成制冷循环的 ________，又称制冷工质。

2.R134a 具有较好的 ________，_______ 和 _______ 好，具有良好的 ________。

3.________ 与 ________ 制冷系统的冷冻机油不能混用。

4. 冷冻机油 _______，会引起 _______，_______ 过高，_______ 降低，甚至烧坏 _______。

二、判断题

1. 冷冻油是空调压缩机的专用润滑油。（　）

2. 氟利昂中的氟是破坏大气臭氧层的罪魁祸首。（　）

3. 混合制冷剂有共沸溶液和非共沸溶液之分。（　）

4.R12 制冷剂易燃烧、易爆炸，是一种不太稳定的制冷剂。（　）

5. 酯类润滑油与醇类润滑油相比，吸水性要弱一些。（　）

三、选择题

1. 下列不属于制冷剂性能要求的是（　）。

A. 热力性能要求　　B. 物理化学性能要求

C. 环保性能要求　　D. 反射性能要求

2. 下列名称不属于制冷剂的是（　）。

A.R2　　B.R12

C.R22　　D.R134a

3. 下列对 R12 制冷剂描述错误的是（　）。

A. 不能燃烧　　B. 不能爆炸

C. 无毒　　D. 无色

四、问答题

1. 制冷剂在使用过程中应注意哪些问题?

2. 简述制冷系统对冷冻机油的要求。

3. 冷冻机油在使用及性能检查中应注意哪些问题?

项目二

汽车空调制冷系统

项目描述

在制冷系统中,压缩机起着压缩和输送制冷剂气体的作用,是整个系统的“心脏”。节流装置起节流降压作用，同时调节进入蒸发器制冷剂液体的流量，是系统高低压的分界线。蒸发器是输出冷气的设备，制冷剂在其中吸收被冷却空气的热量，使空气降温。冷凝器是放出热量的设备，蒸发器中吸收的热量、压缩机消耗功所转化的热量，一起从冷凝器上散发出去，被冷却空气带走。本项目主要从汽车空调压缩机、汽车空调节流装置、汽车空调冷凝器与蒸发器、制冷系统其他辅助部件等方面对汽车空调制冷系统进行介绍。

任务一
汽车空调压缩机

任务目标

完成本学习任务后，学生在基础知识和基本技能方面应达到以下要求。

●知识目标

（1）了解压缩机的性能要求。

（2）掌握压缩机的功用与分类。

（3）掌握常见压缩机的结构特点。

●能力目标

（1）能够独立完成压缩机拆装与检测。

（2）能够对压缩机故障进行分析、诊断及排除。

任务引入

一辆卡罗拉轿车行驶 8 万公里，发现该车在打开空调系统制冷时，压缩机传出异响。试根据故障现象，找出压缩机异响的原因，并排除故障。下面进入压缩机的学习。

相关知识

一、压缩机的作用

作为汽车空调制冷系统的核心部件，压缩机（Compressor，俗称空调泵）具有两个重要功能：

①压缩机吸气时相当于一个真空泵，使系统内部产生低压，吸入蒸发器中低温、低压的气态制冷剂。

②然后，在压缩过程中将气态制冷剂压缩成高温、高压状态并输入冷凝器，维持制冷剂在制冷系统管路中循环流动。

压缩机是蒸气压缩制冷系统中低压和高压、低温和高温的转换装置，其正常工作是实现热交换的必要条件。

二、压缩机的分类

汽车空调压缩机一般采用开启式、容积式结构，具体种类繁多，结构各异，可以从不同角度进行分类。

①按照驱动方式不同分类如下。

汽车空调压缩机
- 独立驱动式：由汽车发动机驱动（广泛应用于各种乘用车、轻型商用车）
- 独立驱动式：由副发动机驱动（适用于大中型客车）、由专用电动机直接驱动（适用于混合动力汽车、电动汽车）

②按照压缩机的排量能否变化分类如下。

汽车空调压缩机
- 定排量压缩机（目前大多数中、低档汽车均采用）
- 可变排量压缩机（在高档乘用车上广泛使用）

③按运动形式和主要零件形状不同，可分为活塞式和旋转式两大类。常用的轴向活塞式压缩机有摇盘式和斜盘式两种。

- 汽车空调压缩机
  - 活塞式
    - 曲柄连杆式
    - 径向活塞式
    - 轴向活塞式
      - 摇盘式（摇板式）
      - 斜盘式（斜板式）
  - 回转式
    - 旋叶式
      - 偏心旋叶式
      - 同心旋叶式
    - 转子式
      - 滚动活塞式
      - 三角转子式
    - 螺杆式
    - 涡旋式

1. 曲轴连杆式压缩机

曲轴连杆式压缩机的结构如图 2–1 所示。曲轴连杆式压缩机有压缩、排气、膨胀、吸气 4 个工作过程，如图 2–2 所示。曲轴旋转时，通过连杆带动活塞往复运动，由汽缸内壁、汽缸盖和活塞顶面构成的工作容积便会发生周期性变化，从而在制冷系统中起到压缩和输送制冷剂的作用。

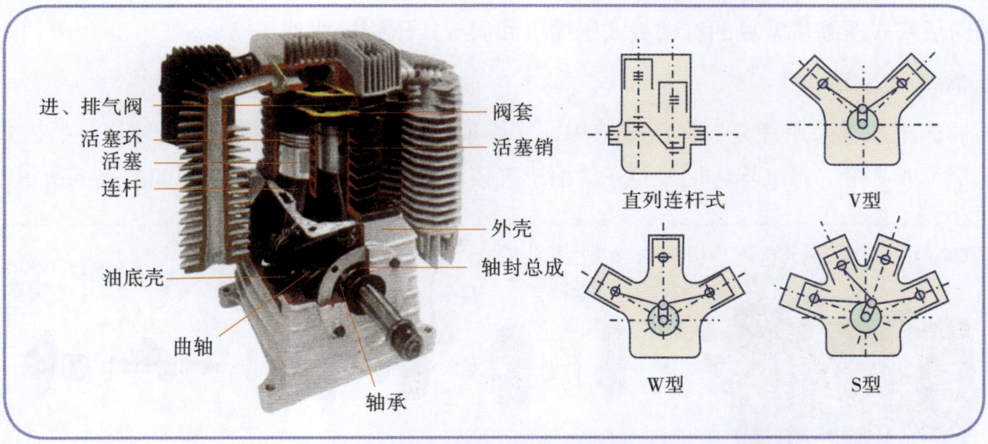

图 2–1　曲轴连杆式压缩机的结构

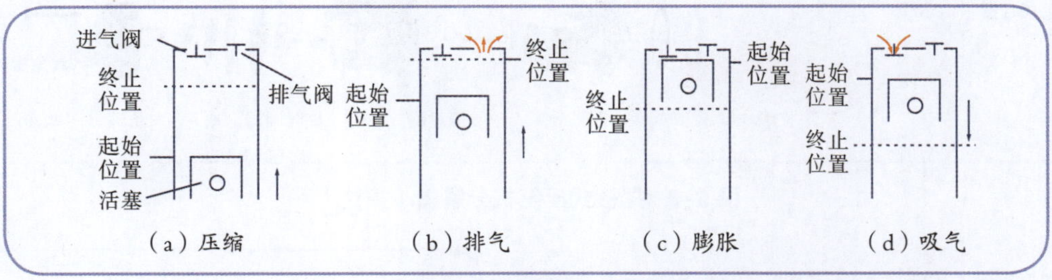

图 2–2　曲轴连杆式压缩机的工作原理

1）压缩过程

活塞由下止点向上止点运行到中部位置的过程中，进气阀、排气阀关闭，制冷剂气体被压缩。

2）排气过程

活塞继续向上运行，排气阀打开，进气阀关闭，排出压缩气体，活塞到达上止点，排气阀关闭。

3）膨胀过程

活塞由上止点向下止点运行，进气阀、排气阀关闭，汽缸容积扩大产生真空度，活塞到达中部位置。

4）吸气过程

活塞继续向下运行，进气阀打开，排气阀关闭，将低温、低压制冷剂气体吸入汽缸，活塞到达下止点。

曲轴连杆式压缩机是第一代压缩机，它应用比较广泛，制造技术成熟，结构简单，而且对加工材料和加工工艺要求较低，造价比较低；它适应性强，能适应较大的压力范围和宽松的制冷量要求，易于维修。曲轴连杆式压缩机也存在一些明显的缺点，例如无法实现较高转速，机器笨重，不容易实现轻量化；排气不连续，气流容易出现波动，工作时有较大的振动。由于曲轴连杆式压缩机的上述特点，已经很少有小排量的压缩机采用这种结构形式了。曲轴连杆式压缩机目前大多应用在客车和卡车的大排量空调系统上。

2. 轴向活塞式压缩机

轴向活塞式压缩机常见的有摇板式压缩机和斜板式压缩机两种。

1）摇板式压缩机

摇板式压缩机采用往复单向活塞结构，又称单向斜盘式或摇摆斜盘式压缩机。摇板式压缩机将 5 个（或 7 个）汽缸均匀地分布在压缩机缸体内。摇板式压缩机分解图如图 2–3 所示。

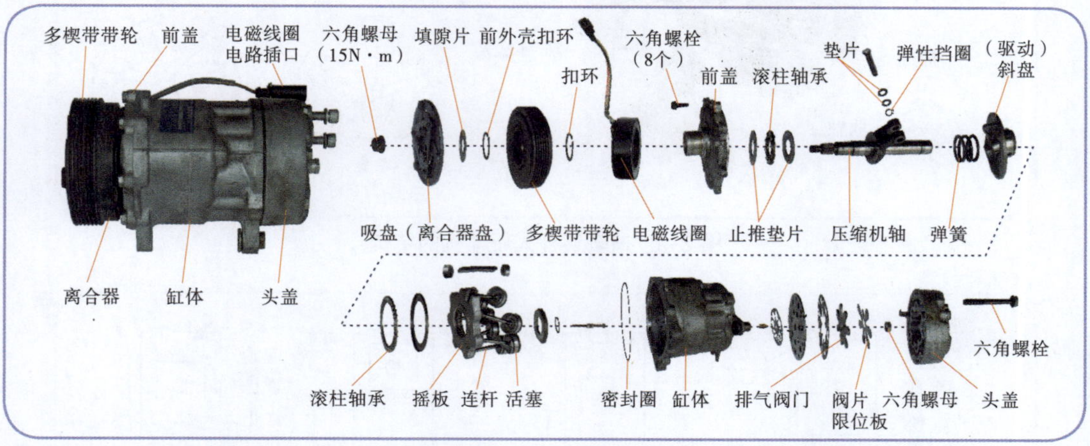

图 2–3 摇板式压缩机分解图（捷达）

摇板式压缩机工作原理：主轴旋转时，带动楔块随之旋转，摇板受楔块旋转影响而摆动，摇板的摆动牵连活塞做往复运动，完成吸气、压缩、排气的工作过程，如图 2–4 所示。

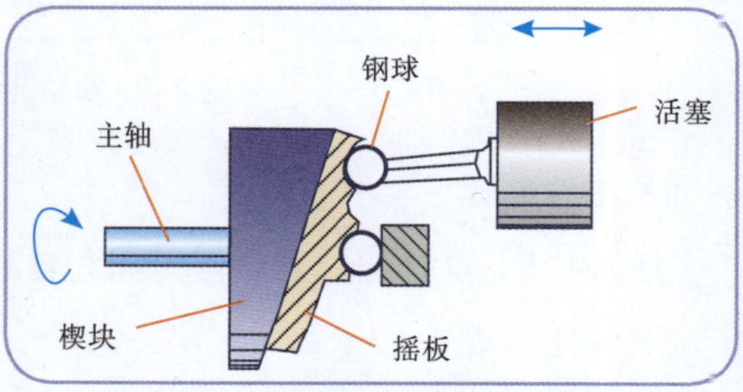

图 2–4 摇板式压缩机的工作原理

由于摇板式压缩机像曲轴连杆式一样，装有吸、排气阀片，其工作循环也具有压缩、排气、膨胀、吸气 4 个过程。当活塞向左运动时，汽缸处在膨胀、吸气状态；而摇板另一端的活塞向反方向的右端移动时，汽缸处在压缩、排气状态。主轴转动一周，一个汽缸就要完成一个膨胀、吸气、压缩、排气循环。若一个摇板上装有 5 个活塞，对应的 5 个汽缸在主轴转动一周时就有 5 次吸气、排气过程。图 2–5 为摇板式压缩机的工作过程。

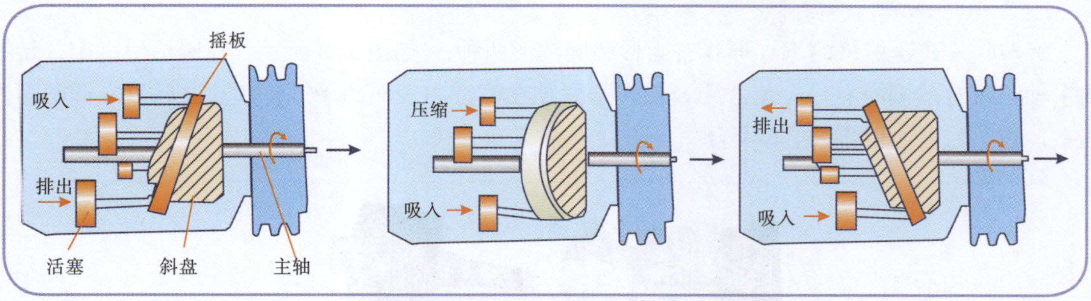

图 2–5　摇板式压缩机的工作过程

2）斜板式压缩机

斜盘式压缩机的主要零件是主轴和斜板，如图 2–6 所示。

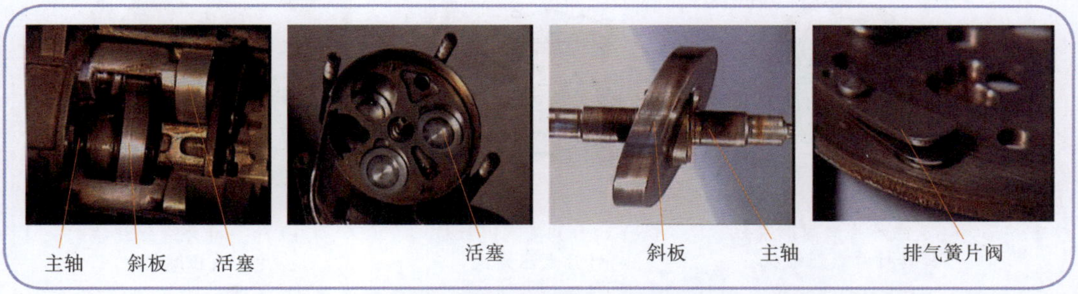

图 2–6　斜板式压缩机内部结构

各汽缸以压缩机主轴为中心布置，活塞运动方向与压缩机的主轴平行，以便活塞在汽缸体内运动。斜板以一定的角度与主轴固定在一起。斜板的边缘装在活塞中部的槽中，活塞槽与斜板边缘通过钢球轴承支撑在一起，主轴的旋转引起斜板的外圆不断改变其轴向方向，当主轴旋转时，斜板也随着旋转，斜板边缘推动活塞不断地做往复运动。当活塞上方的容积增大时，制冷剂被吸入汽缸；当活塞上方的容积减小时，制冷剂由排气簧片阀排出。如果汽缸的一端进行进气，则另一端就进行排气。在主轴旋转过程中，进行进气、排气双重动作。

斜板式压缩机的工作过程：处于图 2–7（a）所示位置时，活塞向右移动至极限位置，前缸内压力降低，低压腔内的制冷剂从吸气口被吸入前缸；当斜板转至图 2–7（b）所示位置时，活

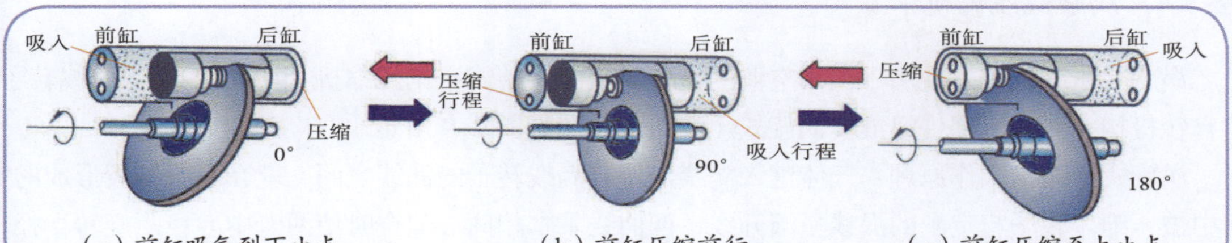

（a）前缸吸气到下止点　（b）前缸压缩前行　（c）前缸压缩至上止点

图 2–7　斜板式压缩机的工作过程

塞向左移动，前缸内压力升高，缸内气体被压缩；当斜板转至图 2-7（c）所示位置时，制冷剂被压缩成高温高压的气体从排气口排出。至此，完成一个循环。由于此活塞为双向活塞，因此后缸的工作原理与前缸相同。

3. 旋转叶片式压缩机

旋转叶片式压缩机的汽缸形状有圆形和椭圆形两种， 如图 2-8 所示。在圆形汽缸中，转子的主轴与汽缸的圆心有一个偏心距，使转子紧贴在汽缸内表面的吸、排气孔之间。在椭圆形汽缸中，转子的主轴和椭圆中心重合。

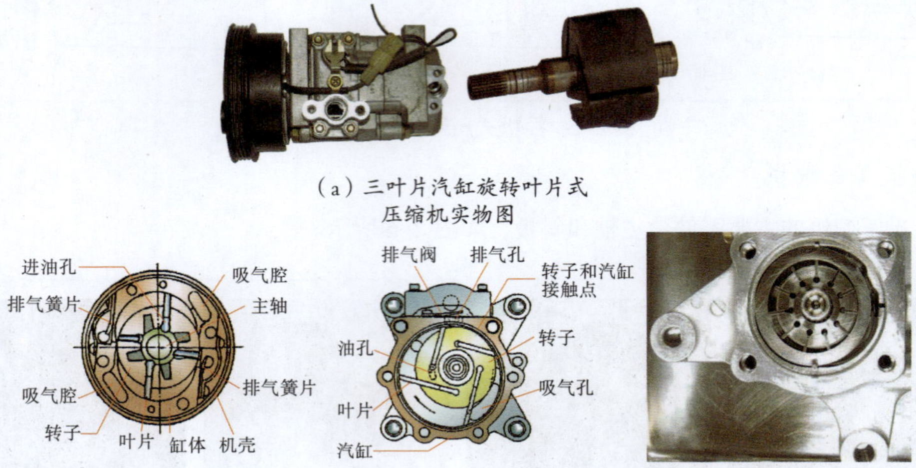

（a）三叶片汽缸旋转叶片式压缩机实物图

（b）四叶片椭圆形汽缸旋转叶片式压缩机

（c）四叶片圆形汽缸旋转叶片式压缩机

（d）十一叶片汽缸旋转叶片式压缩机

图 2-8　旋转叶片式压缩机

转子上的叶片将汽缸分成几个空间，当主轴带动转子旋转一周时，这些空间的容积不断发生变化，制冷剂蒸气在这些空间内也发生体积和温度上的变化。旋转叶片式压缩机没有吸气阀，因为叶片能完成吸入和压缩制冷剂的任务。如果有两个叶片，则主轴旋转一周有两次排气过程，叶片越多，压缩机的排气波动就越小。

旋转叶片式压缩机的特点：由于旋转叶片式压缩机的体积和重量可以做到很小，易于在狭小的发动机舱内进行布置，加之噪声和振动小、容积效率高等优点，在汽车空调系统中得到了一定的应用。但是旋转叶片式压缩机对加工精度要求很高，制造成本也较高。

4. 涡旋式压缩机

涡旋式压缩机是一种用于汽车空调的比较新颖的旋转式空调压缩机，由涡线定子、涡线转子、防自转机构、曲轴等部件组成。涡旋式压缩机分解图如图 2-9 所示。

涡旋式压缩机工作原理：气体进入涡线定子与涡线转子的涡线之间，就在涡线端板形成的空间中被压缩。转子与定子的涡线呈渐开线，两曲线基本相同。配合时使两者中心相距旋转半径保证相位差为 180° 并相切。涡线转子随曲轴进行公转运动，在运动中应保证不发生自转，并使它的中心在以涡线定子中心为圆心的圆周上做圆周运动。固定环是防止涡线转子自转的机构。

特点：结构简单，可靠性好；由于不需要吸、排气阀，所以噪声低；在较大的速度范围内可保持较高的容积效率，而且允许气态制冷剂中带有液体；尺寸小，重量轻，较适合小型汽车里的空调系统使用。

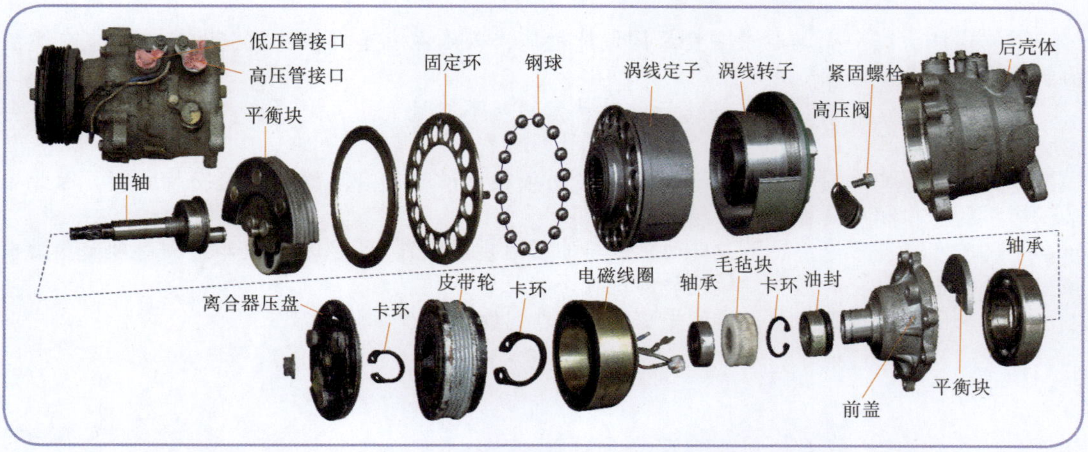

图 2-9　涡旋式压缩机分解图（金杯海狮）

5. 斜盘可变排量式压缩机

可变排量式压缩机可以根据设定的温度自动调节功率输出。斜盘可变排量式压缩机的结构如图 2-10 所示。空调控制系统不采集蒸发器风口的温度信号，而是根据空调管路内的压力变化信号来控制压缩机的压缩比，从而自动调节风口温度。在制冷的全过程中，压缩机始终是工作的，制冷强度的调节完全依赖于装在压缩机内部的压力调节阀来控制。当空调管路内高压端压力过高时，压力调节阀将缩短压缩机内活塞行程，以减小压缩比，这样就会降低制冷强度；当高压端压力下降到一定程度、低压端压力上升到一定程度时，压力调节阀则增大活塞行程，以提高制冷强度。

图 2-10　斜盘可变排量式压缩机的结构

三、压缩机的性能要求

非独立式汽车空调制冷系统的压缩机与一般家用房间空调制冷压缩机相比，在结构和性能上有下列特殊的要求：

①制冷能力强，尤其要求有良好的低速性能，以确保汽车在低速行驶和怠速时也有足够的制冷能力。

②能耗低，尤其是汽车在高速行驶时动力消耗不能过大，否则不仅使经济性降低，还会影响汽车的动力性。

③对于乘用车和轻型汽车来说，压缩机必须在发动机舱有限的空间内安装固定，因此要求压缩机的体积和质量都要尽可能小。

④汽车在高温怠速情况下，发动机舱里的压缩机温度可达 120℃，汽车行驶时颠簸振动也很大，要求压缩机在高温和颠簸振动的情况下能正常工作。

⑤要求压缩机本身起动、运转平稳，振动小，噪声低，工作可靠。

四、压缩机的检修与故障诊断

1. 压缩机的拆装

1）空调压缩机的分解部件

空调压缩机的分解部件如图 2–11 所示。

2）空调压缩机的拆解

①拆下空调压缩机传动带和传动带张紧轮（图 2–12）。

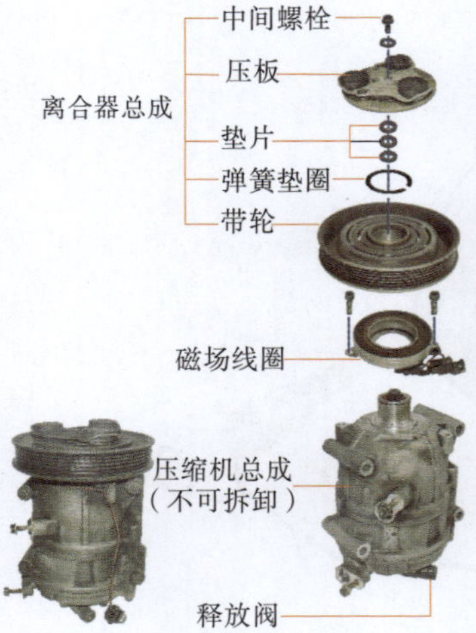

图 2–11　空调压缩机的分解部件

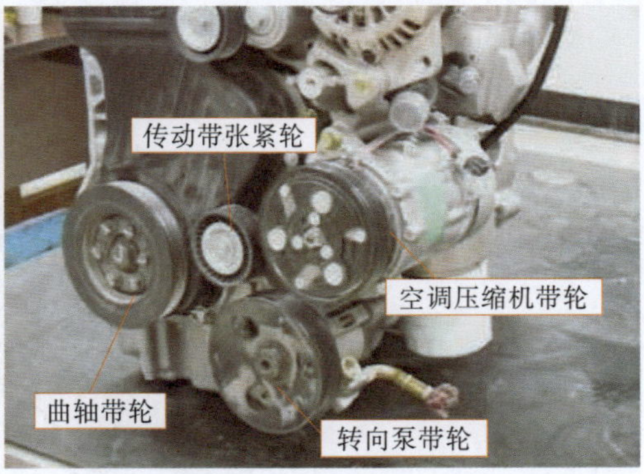

图 2–12　拆下空调压缩机传动带和传动带张紧轮

②从配线上拆开压缩机离合器导线。

③拆下压缩机装配螺栓（图 2–13），然后从装配支架上取下压缩机，并用干净的抹布将压缩机高、低压管接头堵住。

④转动压缩机总成，找到压缩机离合器前端，支承好压缩机，避免软管承受压缩机质量，绝对不能用软管来悬挂压缩机。

⑤用工具拧下压缩机带轮的固定螺母（图 2–14）。

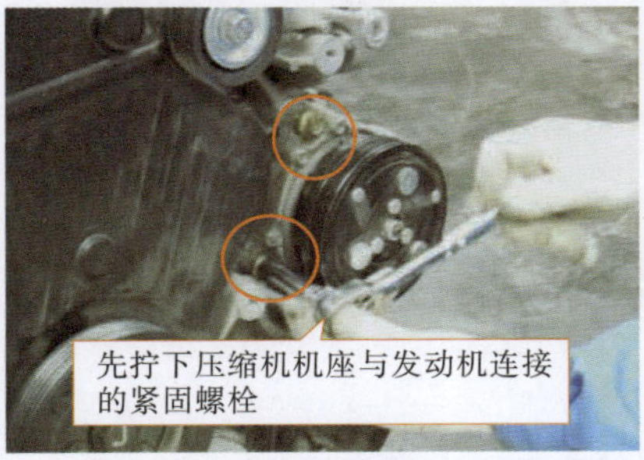

图 2–13 拆下压缩机装配螺栓

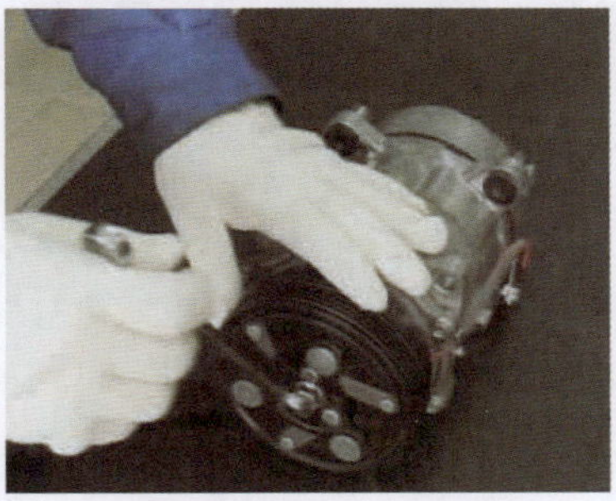

图 2–14 拧下压缩机带轮的固定螺母

⑥取出压缩机离合器压板（图 2–15）。

⑦用合适的弹性卡环钳拆下带轮定位弹性卡环，将带轮滑出压缩机（图 2–16、图 2–17）。

⑧使用合适的弹性卡环钳拆下线圈定位弹性卡环（图 2–18）。

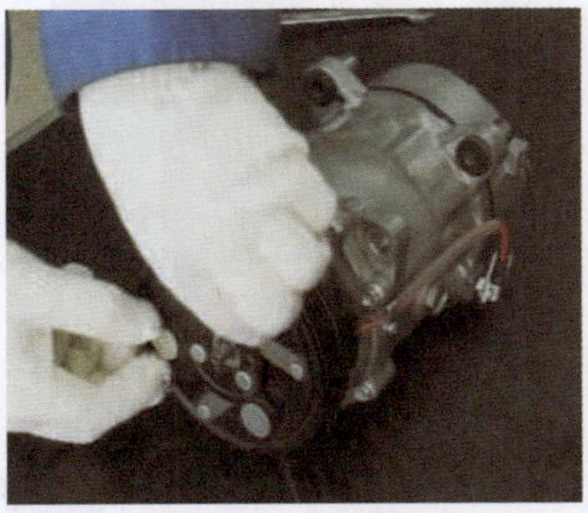

图 2–15 取出压缩机离合器压板

图 2–16 拆下带轮定位弹性卡环

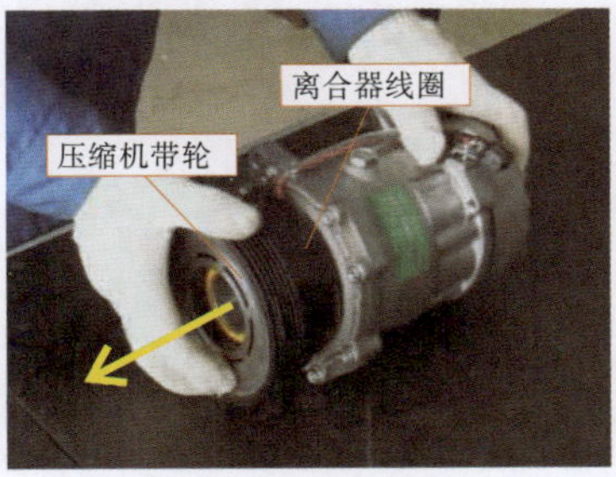

图 2–17 将带轮滑出压缩机

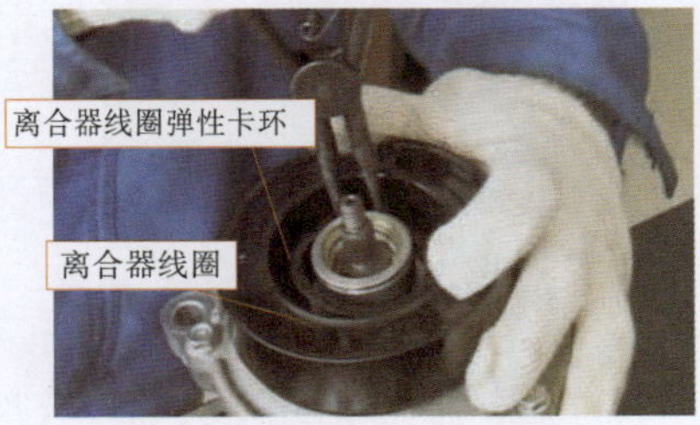

图 2–18 拆下线圈定位弹性卡环

⑨先拆下压缩机壳内线圈的定位螺钉，然后从压缩机的端盖上拆下线圈（图 2–19）。

⑩用内六角扳手松开后端盖上的所有螺栓（图 2–20）。

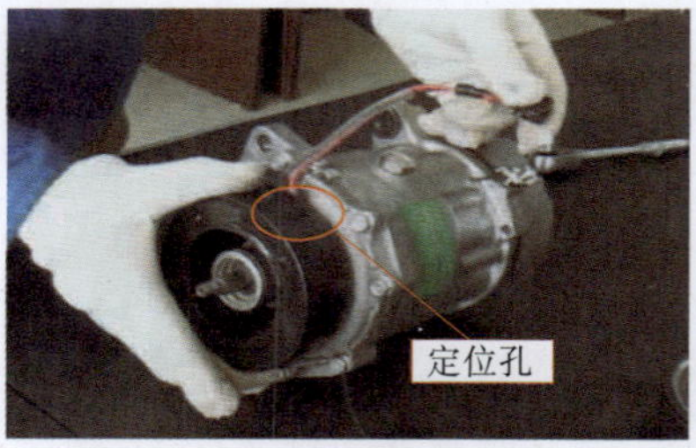

图 2–19　拆下线圈

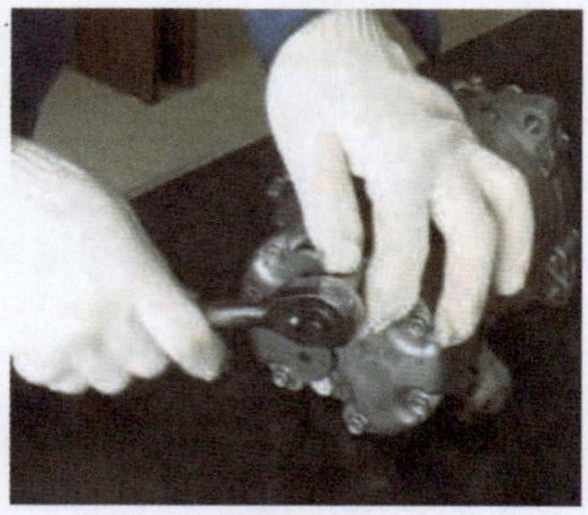

图 2–20　松开后端盖螺栓

⑪ 拧下压缩机的后端盖与压缩机缸体的各固定螺栓，然后取下后端盖（图 2–21）。

⑫ 取出排气阀垫（图 2–22）。

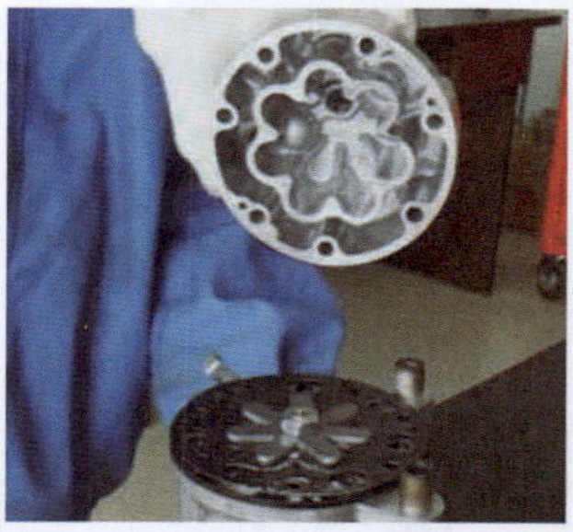

图 2–21　取下后端盖

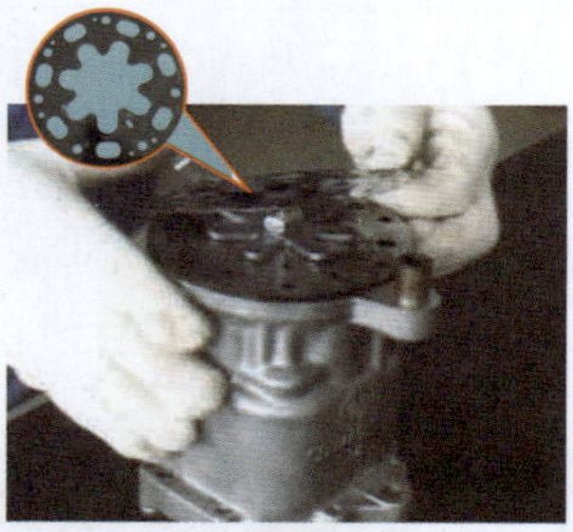

图 2–22　取出排气阀垫

⑬ 拧下排气阀的固定螺栓，然后取出排气阀和阀片限位板（图 2–23）。

⑭ 取出排气阀阀板（图 2–24）。

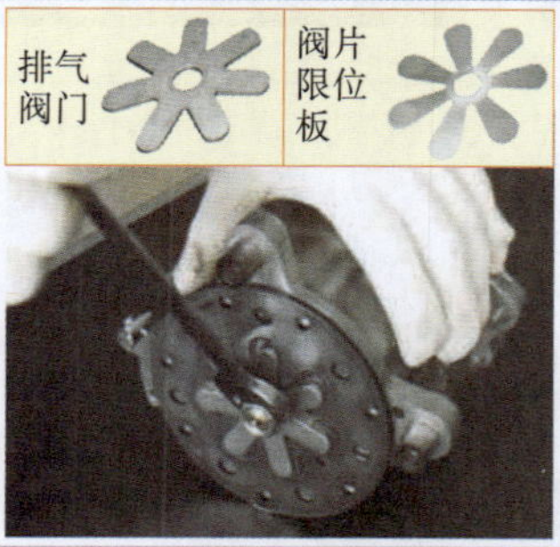

图 2–23　取出排气阀和阀片限位板

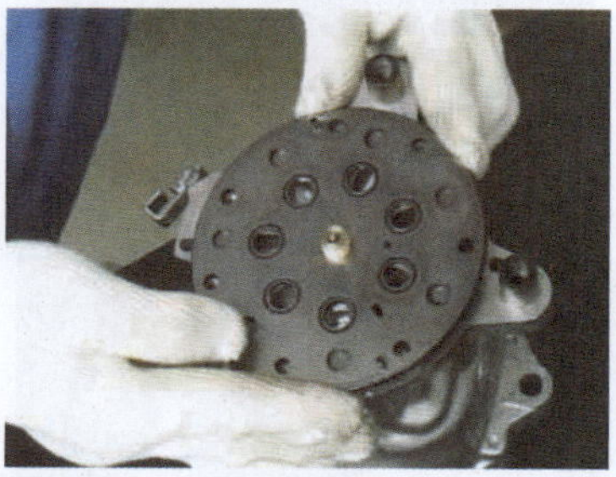

图 2–24　取出排气阀阀板

⑮ 打开压缩机的前后端盖，抽出活塞等部件（图 2–25）。

⑯ 取出内部的活塞组件和轴承等（图 2–26）。活塞总成如图 2–27 所示。

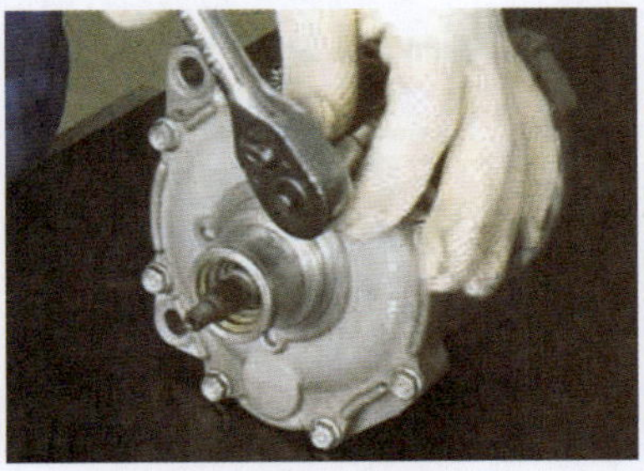

图 2-25　打开压缩机前后端盖

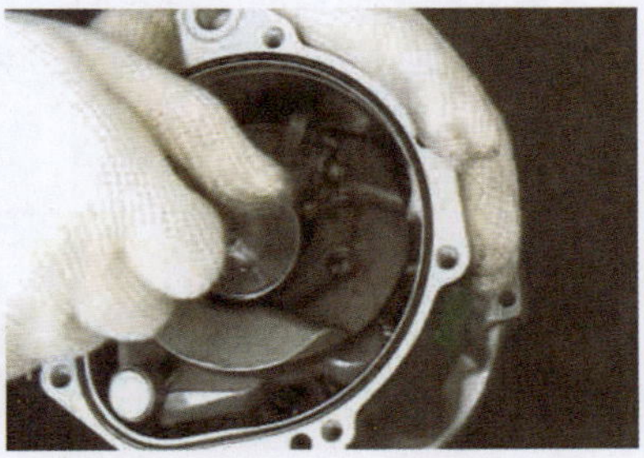

图 2-26　取出活塞组件和轴承等

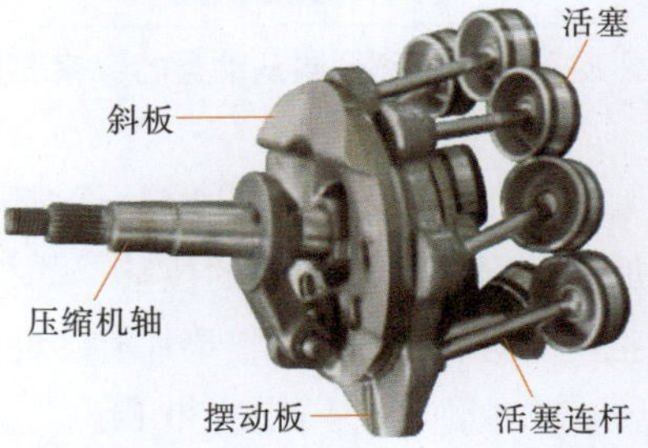

图 2-27　活塞总成

3）空调压缩机的安装

①按照与拆卸时相反的顺序安装。

②使用规定的螺栓和弹簧垫圈（高强度螺栓和垫圈），按规定的拧紧力矩来安装压缩机。三电公司生产的空调压缩机紧固螺栓的拧紧力矩见表 2-1。

表 2-1　紧固螺栓的拧紧力矩

螺栓直径 /mm	节距 /mm	拧紧力矩 /（N·m）
M8	1.0	20~25
M8	1.25	20~30
M19	1.25	40~50

2. 压缩机电磁离合器的检修

①检查压板是否变色、剥落或损伤。如果有损坏，应更换离合器装置。

②用手转动带轮，检查带轮轴承的间隙和阻力，如图 2-28 所示。如果出现噪声或发现间隙过大、阻力过大，则更换离合器。

图 2-28　检查带轮轴承的间隙和阻力

③检查离合器从动盘的摩擦表面，看其是否由于过热和打滑而产生刮痕，以及是否翘曲变形（图 2–29），若从动盘有刮痕损伤 或变形，就要更换带轮总成。另外，摩擦表面上的油污和脏物应清理干净。

图 2–29 检查离合器从动盘的摩擦表面

④用百分表测量带轮与压板之间的间隙，如图 2–30（a）所示。将百分表归零，然后给压缩机离合器施加 12V 电压。在施加电压时，测量压板的位移。如果间隙不在规定的范围内（间隙为 0.35~0.6mm），则需要使用调整垫片进行调整。调整垫片有多种厚度可供选择，如 0.1mm、0.3mm 和 0.5mm 等。另外，还可以用塞尺来测量间隙〔图 2–30（b）〕。

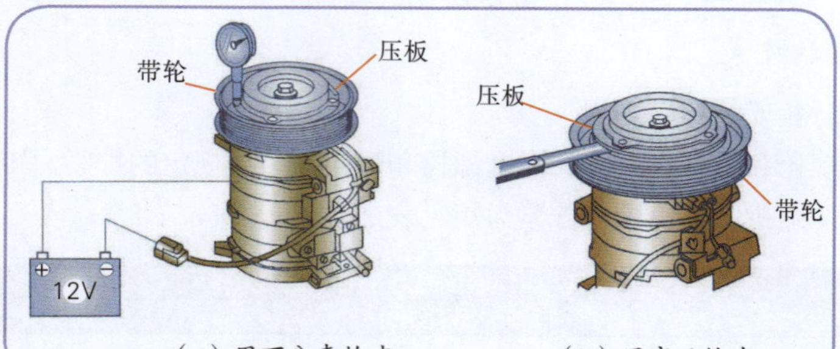

（a）用百分表检查　（b）用塞尺检查

图 2–30 检查带轮与压板之间的间隙

⑤测量电磁线圈的电阻（图 2–31），如果电阻不符合技术要求（正常电阻为 4~5Ω，20℃时），则更换电磁线圈。

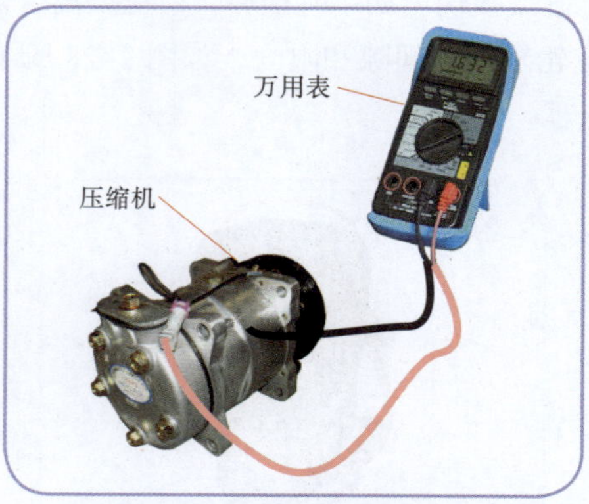

图 2–31 测量电磁线圈的电阻

⑤用导线将蓄电池正负极与端子连接，检查电磁离合器是否工作（图 2–32），若电磁离合器不接合，则应更换线圈。

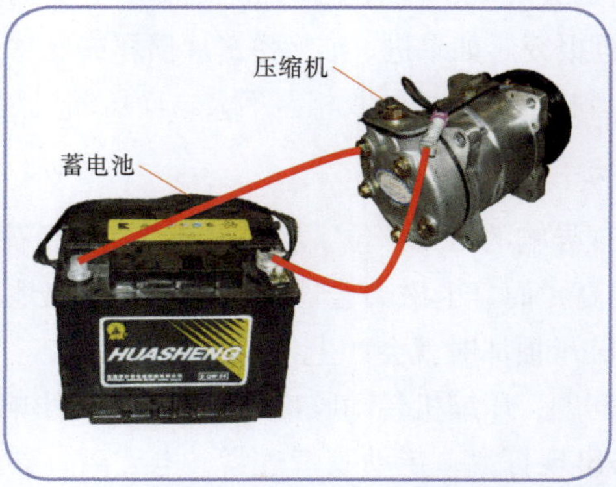

图 2–32 检查电磁离合器是否工作

3. 压缩机内部的检查

①检查压缩机活塞和汽缸，若活塞和汽缸有拉毛现象，则必须更换压缩机。

②检查压缩机轴承，若有损坏则必须更换。

③检查压缩机阀片和阀板。阀板可以用油石打磨平整，阀片、缸垫和 O 形圈则必须更换。

④装配时所有零部件都要清理干净，以保证油路畅通，并在各摩擦部位涂上冷冻润滑油。

⑤所有接合面必须清洁干净，并在垫上涂上冷冻润滑油，均匀地压紧螺栓，装上前后盖板。

⑥用手转动压缩机，检查其运转是否正常。

4. 压缩机常见故障

汽车空调系统的大多数运动件都在压缩机上，因此压缩机的检修量最大，压缩机常见故障有卡住、泄漏、制冷不良、有异响等。

1）卡住

压缩机卡住使输出轴不能转动，卡住的原因通常是润滑不良或没有润滑。如果发现离合器或传动带打滑，在排除离合器和传动带故障后，一般都是压缩机卡住所致，这时应立即关闭 A/C 开关，检查系统是否有泄漏现象。如果系统泄漏而带走冷冻润滑油，则应进行检测。如果系统不泄漏，则为系统堵塞造成的。应将系统中的制冷剂放掉，并清洗其管道和各个阀体，之后重新装回系统。

2）泄漏

压缩机泄漏有漏油和漏气两种情况。制冷剂泄漏是空调系统中最常见的问题。压缩机泄漏的部位通常在压缩机与高低压管的结合处，此处通常因为安装位置的原因，检查起来比较麻烦。空调系统内部压力很高，当制冷剂泄漏时，压缩机润滑油会随之流失，这会导致空调系统不工作或压缩机润滑不良。空调压缩机上都有泄压保护阀，泄压保护阀通常是一次性使用的，在系统压力过高进行泄压后，应该及时更换泄压保护阀。

3）压缩机制冷不良

压缩机制冷不良，可用歧管压力表检测压缩机的吸气压力和排气压力。如果两者之间压力几乎相同，用手触摸压缩机，发现其温度异常高，其原因是压缩机缸垫窜气。从排气阀出来的高压气体通过汽缸垫的缺口窜回到吸气室，再次压缩，产生温度更高的蒸气，这样来回循环，会把冷冻润滑油烧焦，造成压缩机报废。如果进、排气弹簧片损坏或变软，也会造成压缩机制冷不良，这种故障表现为吸气压力或者排气压力相同或相差不大，而压缩机是不会发热的。

4）电磁离合器自身异响

压缩机电磁离合器是出现异响的常见部位。压缩机经常在高负荷下从低速到高速变速运转，所以对电磁离合器的要求很高，而且电磁离合器安装位置一般离地面较近，经常会接触到雨水和泥土，当电磁离合器内的轴承损坏时就会产生异响。

除了电磁离合器自身的问题，压缩机传动胶带的松紧也直接影响电磁离合器的寿命。传动胶带过松，电磁离合器就容易出现打滑；传动胶带过紧，电磁离合器上的负荷就会增加。传动胶带松紧度不当，轻则引起压缩机不工作，重则引起压缩机损坏。当传动胶带工作时，如果压缩机带轮及发电机带轮不在同一个平面内，就会缩短传动胶带或压缩机的寿命。

电磁离合器的反复吸合也会造成压缩机出现异响。例如发电机的发电量不足，空调系统的压力过高，或者发动机负荷过大，这些都会造成电磁离合器的反复吸合。

5）离合器安装间隙不当

电磁离合器与压缩机安装面之间有一定的间隙，如果间隙过大，那么冲击也会很大；如果间隙过小，电磁离合器工作时就会与压缩机安装面之间产生运动干涉，这也是产生异响的一个常见原因。

压缩机工作时需要可靠润滑。当压缩机缺少润滑油，或者润滑油使用不当时，压缩机内部就会产生严重异响，甚至造成压缩机磨损报废。

6）离合器烧坏

故障现象：离合器烧坏。原因及判断：线圈温度过高烧毁，或压缩机咬死。解决措施：判断压缩机内部是否失效，若无则更换离合器部件，并且要求压缩机厂家分析离合器的设计是否存在问题。

7）压缩机不通电

故障现象：压缩机不工作。原因及判断：应用万用表首先检查电磁离合器的线圈，看是否能够导通；若能导通，再拨下高、低压切断开关的电源插头，先测压力开关接头，看高、低压两组触点是否导通，若能导通，再测量电源插头是否有电；最后检查系统电源的起始点有无电压，接触是否可靠等。通过电路检查，压缩机不转的故障一般都可解决。

8）压缩机失效

故障现象：压缩机内部咬死。原因及判断：用成分分析仪检测制冷剂成分，判断是不是假冒制冷剂或制冷剂成分不纯；通过冷冻油的颜色、气味判断是不是假冒冷冻油或冷冻油失效；通过观察空调系统零部件内表面冷冻油颜色，判断系统洁净度。解决措施：必须用汽车专用空调清洗机对空调系统进行清洗并修复其他导致压缩机失效的故障后，更换储液干燥器，然后才能更换压缩机。

5. 压缩机的就车诊断

压缩机发生故障时，虽然大多数都能修复，但由于压缩机零配件不多，而且装配精度要求高，需要专用装配工具和夹具，所以许多汽车修理厂以检测判断故障为主，只对压缩机轴封泄漏和异响进行维修。

起动发动机，保持 1250~1500r/min 转速，把歧管压力表接入制冷系统中，打开空调开关，风扇开到最大位置，触摸压缩机的进气口和排气口，正常情况应是进气口凉、排气口烫，二者之间的温差较大。如果两者温差小，再看歧管压力表，表上显示高低压相差不大，则说明压缩机的工作不良，应拆下修理；如果压缩机较热，再看歧管压力表，表上显示低压侧压力太高，高压侧压力太低，则说明压缩机内部密封不良，应更换压缩机；如果制冷系统的高、低压都过低，则说明系统内部的制冷剂过少，应进行检漏，如果压缩机出现泄漏，则应更换或修理。压缩机正常运转时，发出清脆均匀的阀片跳动声，如果出现异响，应判断异响的来源，进行修理。

任务实践

1. 实践名称

压缩机的就车检查与拆装。

2. 实践准备

压缩机、常用工具、歧管压力表、汽车维修手册、抹布等。

3. 实践要求与注意事项

①拆卸过程中应轻拿轻放，不要暴力拆解。
②保持场地卫生及安全，不嬉戏打闹。
③正确使用歧管压力表。
④使用维修手册时，要注意避免破损，手册与使用车型相对应。

4. 操作步骤及检修

1）压缩机的就车检查（压缩机组件如图 2–33 所示）

（1）检查压缩机是否有金属声。检查空调开关打开且压缩机工作时，压缩机是否有异常的金属声。如果听到异常的金属声，则更换含皮带轮的压缩机总成。

（2）检查制冷剂压力。

①通过观察窗检查制冷剂压力，观察窗位置如图 2–34 所示，将观察结果与表 2–2 中的数据进行对比，并确认检查结果。

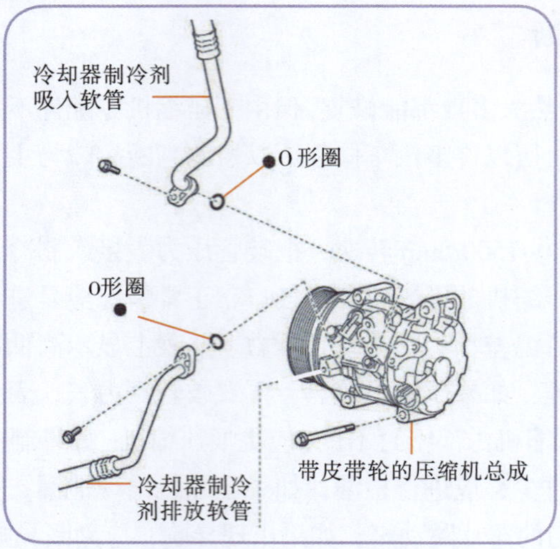

图 2-33 压缩机组件

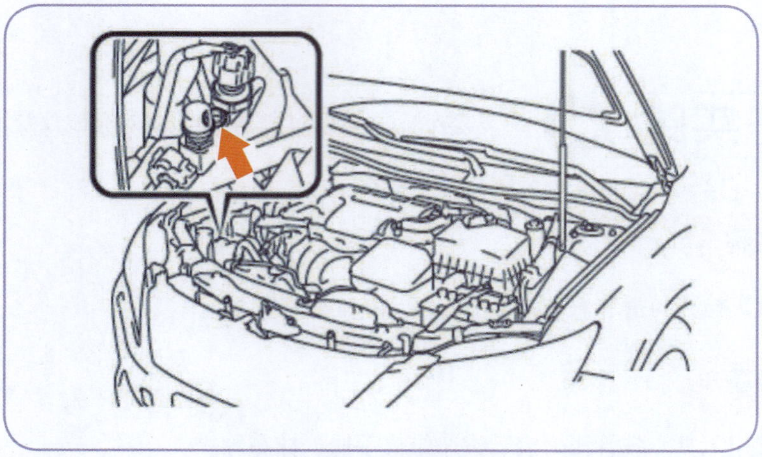

图 2-34 观察窗位置

表 2-2 观察窗检查情况表

项目	症状	制冷剂量	观察结果
1	存在气泡	不足	
2	没有气泡	空、不足或过量	
3	压缩机入口和出口之间没有温差	空或接近空	
4	压缩机入口和出口之间存在相当大温差	适量或过量	
5	空调关闭后，观察窗上的制冷剂立即变清澈	过量	
6	空调关闭后，观察窗上的制冷剂立即起泡沫，然后变清澈	适量	

②通过歧管压力表检查制冷剂压力，将检查结果与表 2-3 中的数据进行对比，并确认检查结果。

（3）检查制冷剂是否泄漏。检查制冷剂是否泄漏，如果有任何泄漏，则更换含皮带轮的压缩机总成。

表 2-3 正常工作的空调系统压力

压力侧	制冷剂压力	检查结果
低	0.15~0.25MPa	
高	1.37~1.57MPa	

（4）检查含皮带轮的压缩机总成的工作情况，压缩机总成如图 2-35 所示。起动发动机，压缩机轴随皮带轮一起旋转。如果结果不符合规定，则更换含皮带轮的压缩机总成。

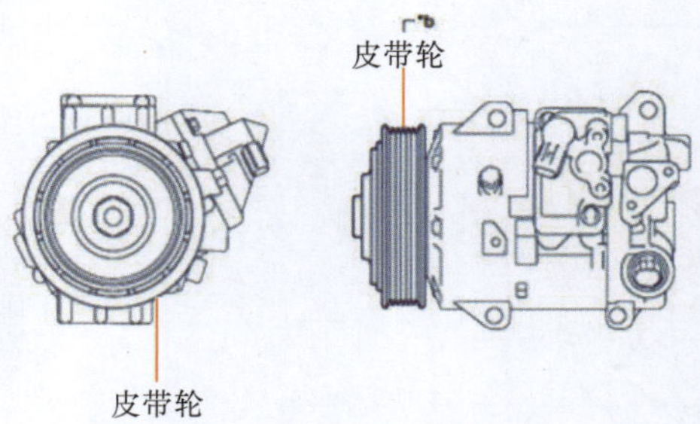

图 2-35 含皮带轮的压缩机总成

2）压缩机的就车拆卸

（1）从空调系统回收制冷剂。

（2）拆卸散热器总成。散热器总成如图 2-36 所示。

（3）拆卸 V 型皮带。如图 2-37 所示，用扳手固定皮带张紧轮的六角头部分，顺时针转动皮带张紧轮并拆下 V 型皮带。

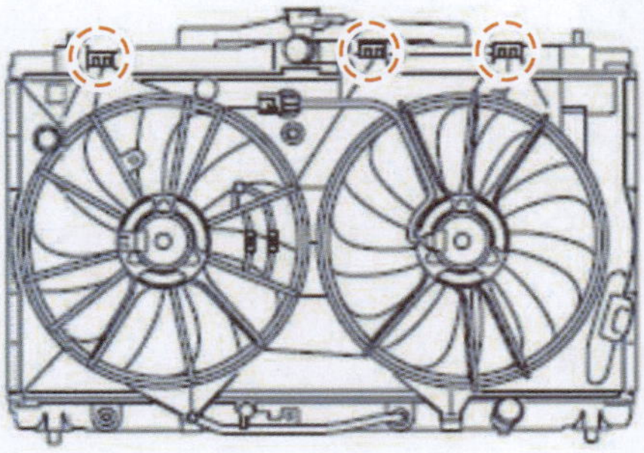

图 2-36 散热器总成

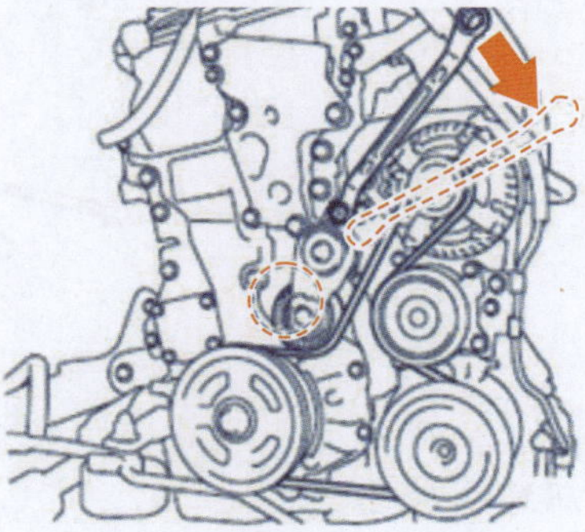

图 2-37 拆卸 V 型皮带

（4）取下两个连接器及卡箍，如图 2-38 所示。

（5）拆下压缩机固定螺栓和支架，如图 2-39 所示。

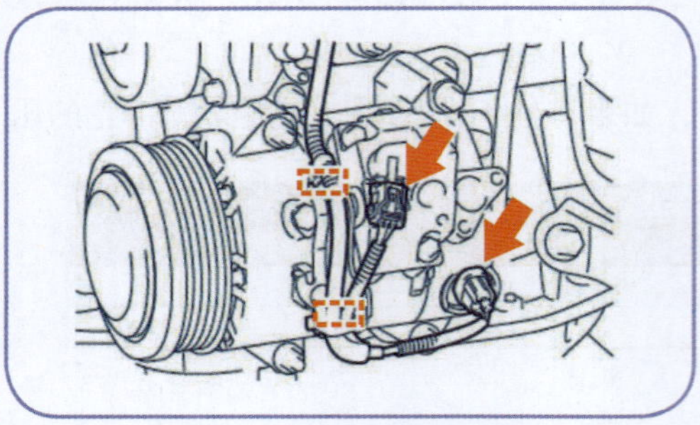

图 2-38 取下连接器及卡箍

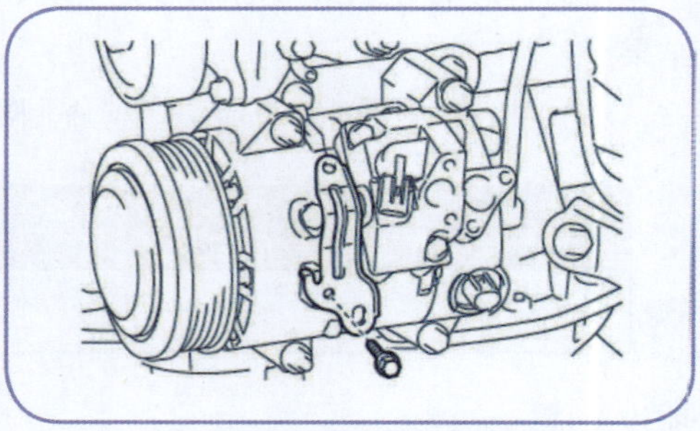

图 2-39 拆下螺栓和支架

（6）拆下螺栓并从压缩机总成上取下制冷剂排放管，如图 2-40 所示，拆下 O 形圈。
（7）拆下螺栓并从压缩机总成上取下制冷剂吸入管，如图 2-41 所示，拆下 O 形圈。

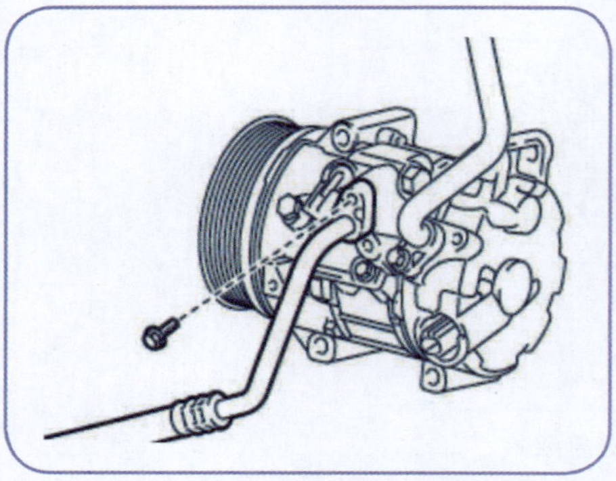

图 2-40 拆下制冷剂排放管

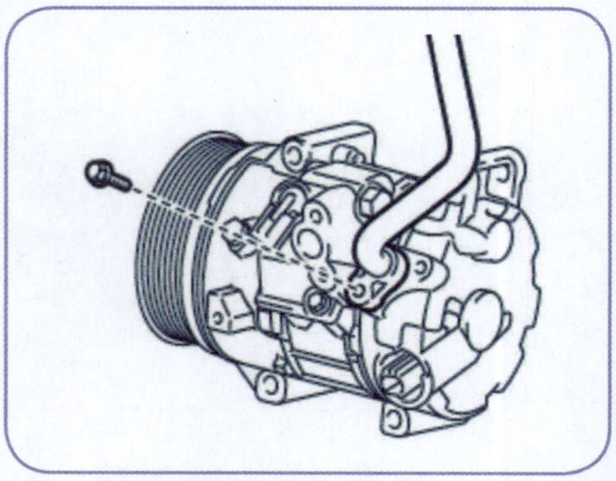

图 2-41 拆下制冷剂吸入管

（8）松开 4 个螺栓，取下含皮带轮的压缩机总成，如图 2-42 所示。

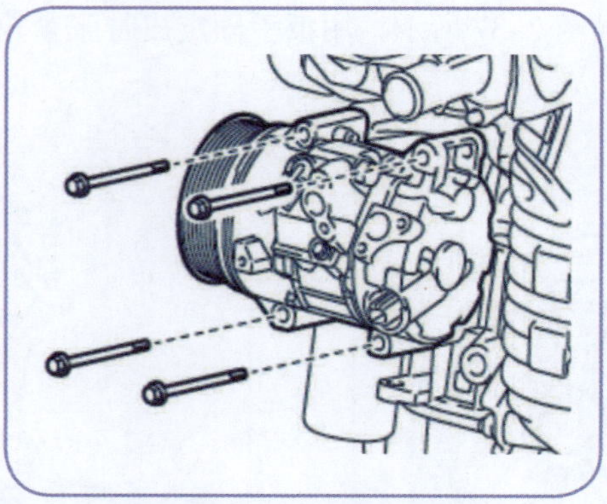

图 2-42 拆下压缩机总成

3）压缩机的安装

按压缩机拆卸步骤的相反顺序安装。4 个压缩机总成固定螺栓的拧紧力矩为 25N · m，制冷剂管道固定力矩为 9.8N · m。安装压缩机总成，如图 2-43 所示。

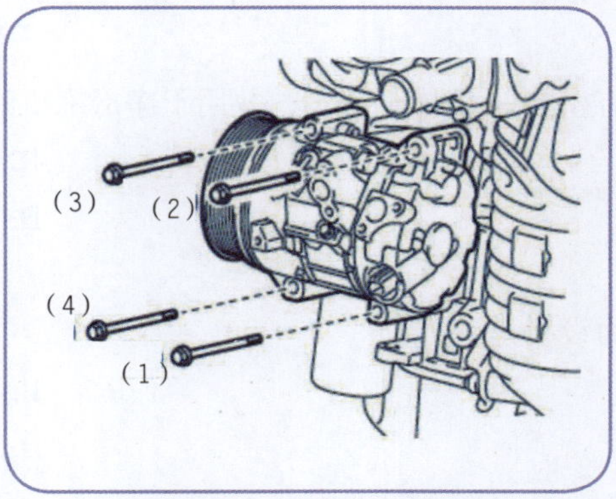

图 2-43　安装压缩机总成

5. 实践总结

____

____

____

____

任务练习

一、填空题

1. 摇板式压缩机采用 ________ 结构，又称 ________ 或 ________。

2. 活塞由 ________ 向 ________ 运行到中部位置的过程中，进气阀、排气阀 ________，________ 被压缩。

3. 轴向活塞式压缩机常见的有 ________ 和 ________ 两种。

4. 旋转叶片式压缩机的汽缸形状有 ________ 和 ________ 两种。

二、判断题

1. 活塞式压缩机的理论工作循环的功耗大。（　）

2. 旋转叶片式压缩机噪声和振动小、容积效率高。（　）

3. 叶片越多，压缩机的排气波动就越大。（　）

三、选择题

1. 压缩机拆开部分的所有密封件都须（　　），并用干净冷冻机油在其上抹一遍。

A. 洗干净　　B. 再用

C. 涂上黄油　　D. 换新的

2. 汽车空调系统中的动力设备是（　　）。

A. 冷凝器　　B. 蒸发器

C. 压缩机　　D. 节流器

3. 结构简单，可靠性好，噪声小，在较大的速度范围内可保持较高的容积效率，适合小型汽车空调系统使用的压缩机是（　　）。

A. 涡旋式压缩机　　B. 斜盘式压缩机

C. 滑片式压缩机　　D. 滚动转子式压缩机

四、问答题

1. 简述汽车空调的功用与性能要求。

2. 简述涡旋式压缩机的结构特点与工作原理。

任务二
汽车空调节流装置

任务目标

完成本学习任务后，学生在基础知识和基本技能方面应达到以下要求。

●知识目标

（1）掌握节流装置的功用与分类。

（2）掌握膨胀阀的结构及工作原理。

（3）掌握膨胀节流管的结构及工作原理。

●能力目标

（1）能够独立完成膨胀阀的拆装与检修。

（2）能够独立完成膨胀节流管的更换。

（3）能够对节流装置引起的制冷故障进行诊断与排除。

任务引入

一辆凯美瑞轿车行驶9万公里后，发现打开空调制冷系统时，车内冷气出风口温度偏高、不冷，用压力表检测发现高压侧压力偏高，低压侧呈负值，制冷效果异常。试根据故障现象，找出空调系统不制冷的原因，并排除故障。下面进入节流装置的学习。

相关知识

一、节流装置的功用

对目前汽车空调广泛采用的制冷系统而言，压缩机、冷凝器、节流装置、蒸发器是实现制冷循环的四个基本组成部分，也称汽车空调蒸气压缩制冷系统不可或缺的“四大件”。

作为汽车空调制冷装置的主要部件之一，节流装置（膨胀阀和孔管）安装在蒸发器入口处（图2-44），是汽车空调制冷系统的高压与低压的分界点。

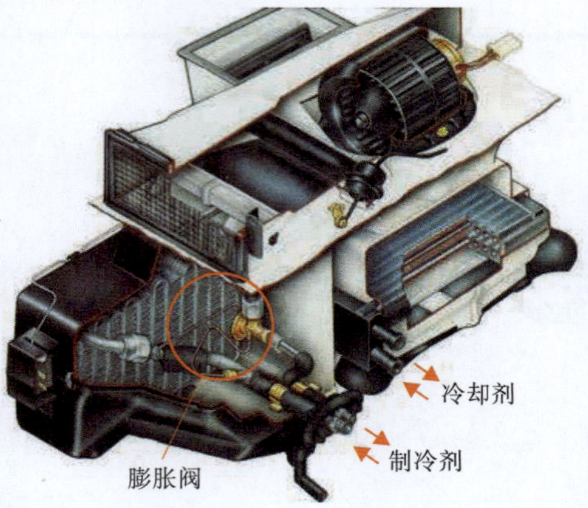

图 2-44 膨胀阀的安装位置

其功用是，把来自储液干燥器的高压液态制冷剂节流减压，调节和控制进入蒸发器的液态制冷剂量，使之适应制冷负荷的变化，同时可防止压缩机发生液击现象（未蒸发的液态制冷剂进入压缩机后被压缩，极易引起压缩机阀片的损坏）和蒸发器出口蒸气异常过热。

在空调运行时，要求进入蒸发器的低温、低压液态制冷剂的流量不能过大或过小，进入蒸发器的液态制冷剂沸腾汽化后，只要足以吸收车厢内的热量，使车厢内的温度降低到调定温度即可。

若进入蒸发器的制冷剂流量过大，则不仅易使液态制冷剂不能完全汽化而进到压缩机汽缸内，产生液击现象损坏压缩机，而且会导致蒸发器过度冷却，造成蒸发器表面结霜、挂冰，阻止空气通过蒸发器，反而会使整个制冷系统的制冷能力下降；若进入蒸发器的制冷剂流量过小，则液态制冷剂在蒸发器管内流动途中就已蒸发成气体，而在这之后的蒸发器中就没有液态制冷剂可供蒸发，从而使车厢内得不到足够的冷却。节流装置可自动地控制进入蒸发器的制冷剂流量，保证制冷系统的正常工作。

二、节流装置的分类

汽车空调制冷系统常用的节流装置有膨胀阀和孔管两种。膨胀阀的使用历史悠久，种类繁多，其具体分类见表 2-4。

表 2-4 膨胀阀的分类

按平衡方式分类	外平衡式、内平衡式
按感温包安装位置分类	外置式、内置式
按充注的感温介质分类	流体充注式、气体充注式、吸附充注式、混合充注式、同工质充注式
按内部通道形状分类	F 形、C 形、H 形

三、膨胀阀

膨胀阀又称节流阀，汽车空调系统使用的膨胀阀为温度控制式膨胀阀，故称热力膨胀阀。图 2-45 所示为膨胀阀安装位置及外形。热力膨胀阀是空调系统的重要制冷部件之一，安装在蒸发器入口处，图 2-46 所示为桑塔纳 2000 系列轿车空调系统膨胀阀、蒸发器、鼓风机和暖风加热器芯的安装位置。

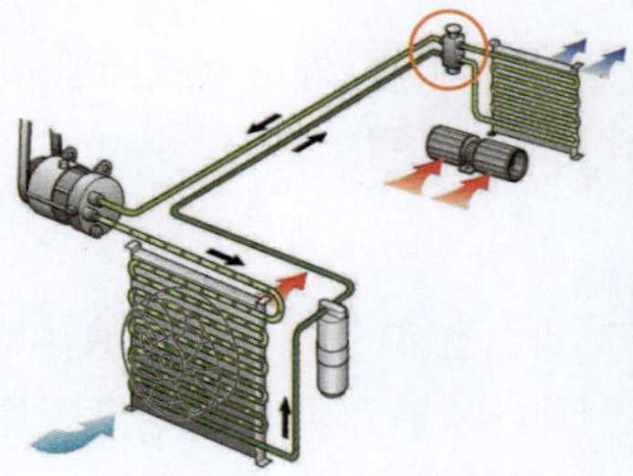
（a）安装位置

（b）外形

图 2-45 膨胀阀的安装位置及外形

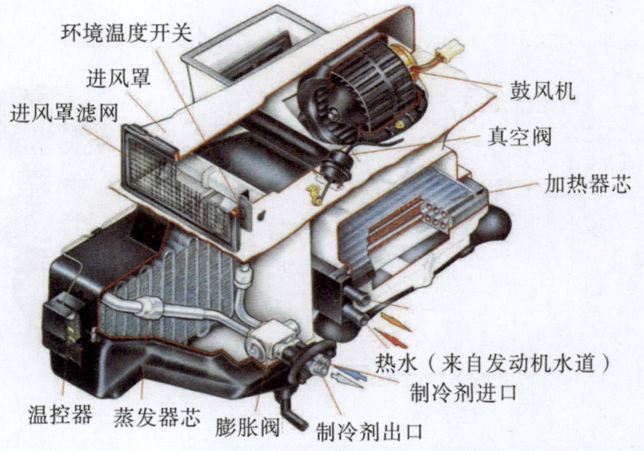

图 2-46 膨胀阀等的安装位置

1. 热力膨胀阀

热力膨胀阀是一种膨胀节流装置，它是制冷系统中自动调节制冷剂流量的元件，广泛应用于各种空调制冷系统中。热力膨胀阀的工作特性，直接影响整个制冷系统的工作。热力膨胀阀以蒸发器出口的过热度为信号，自动调节制冷系统的制冷剂流量。

热力膨胀阀一般有以下三个作用。

①节流降压。膨胀阀使从冷凝器来的高温高压液态制冷剂节流降压成为容易蒸发的低温低压雾状制冷剂进入蒸发器，将制冷剂分成高压侧和低压侧，但工质的液体状态没有改变。

②自动调节制冷剂流量。由于制冷负荷的改变及压缩机转速的改变，要求对流量做相应调节，以保持车内温度稳定。膨胀阀能自动调节进入蒸发器的制冷剂流量，以满足制冷循环要求。

③控制制冷剂流量，防止液击和异常过热发生。膨胀时以感温包作为感温元件控制流量大小，保证蒸发器尾部有一定的过热度，从而保证蒸发器容积的有效利用，避免液态制冷剂进入压缩机而造成液击现象，同时将过热度控制在一定范围内。

大多数汽车空调制冷系统在运行过程中，其冷负荷是变化的。如系统刚开始降温时，车内的温度较高，这时就要求蒸发器的制冷剂流量增大；而当车内温度较低时，冷负荷减少，这时要求蒸发器的制冷剂流量减小。因此，热力膨胀阀的作用就是根据系统冷负荷的需要调节制冷剂流量，使制冷系统能正常地工作。

2. 热力膨胀阀的结构与工作原理

汽车空调制冷系统常用的热力膨胀阀有内平衡式膨胀阀、外平衡式膨胀阀和H形膨胀阀三种。H形膨胀阀结构紧凑、工作可靠，因此现代汽车上普遍采用。

1）内平衡式膨胀阀

图2-47所示是内平衡式热力膨胀阀的工作原理。感温包内装惰性液体或制冷剂液体，当蒸发器出口温度较高时，感温包内液体温度随之上升，从而压力也高。高压作用在膜片上侧，当其大于蒸发器进入压力和过热弹簧压力总和时，针阀离开阀座，阀门开启，制冷剂流入蒸发器。针阀开启后，较多的制冷剂进入蒸发器，蒸发器内压力上升，回气温度降低，膜片下侧压力升高，上侧压力降低，阀门关闭。由于膜片上、下侧压力经常处于不平衡状态，所以阀门不断地开启、闭合。

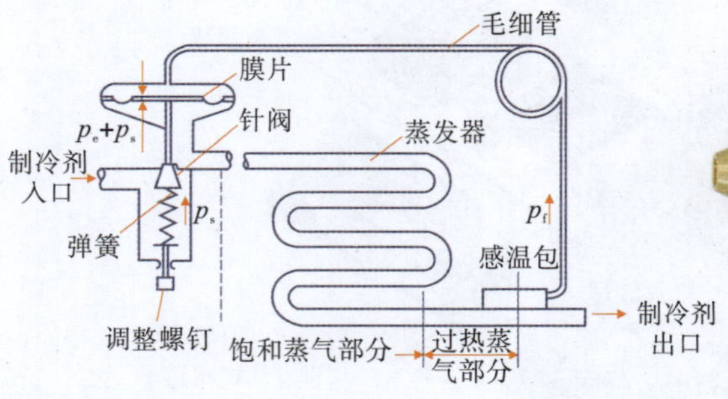

（a）工作过程

（b）实物图

图2-47 内平衡式热力膨胀阀的工作原理

膨胀阀膜片承受三个力的作用。

向下的力：p_f ———— 感温包内制冷剂气体对膜片的压力。

向上的力：p_e ———— 蒸发器进口处制冷剂压力（通过内平衡孔连通）；

p_s ———— 弹簧的弹力。

其工作原理是：

当 $p_f = p_e + p_s$ 时，膜片不动，阀处于某一开度，制冷剂保持一定流量。

当 $p_f > p_e + p_s$ 时，即制冷装置负荷增大（例如车厢内温度升高），制冷剂提前全部蒸发，过热度增大，蒸发器出口处气态制冷剂的温度升高，使感温包内压力 p_f 增大，使 $p_f > p_e + p_s$，这时膜片通过推杆将阀针朝下推，使阀的开度增大，进入蒸发器的制冷剂流量增加，制冷量亦增加。

当 $p_f < p_e + p_s$ 时，与 $p_f > p_e + p_s$ 的情况相反。

如此调节，使制冷量与制冷负荷相匹配。

2）外平衡式膨胀阀

制冷剂在蒸发器内部管道流过时，由于有流动阻力存在，在蒸发器出口处会产生压力下降，其内部管道越长则压力下降就越大。对内平衡式来讲，为了打开阀门，就要有更大的过热度，而要增大过热度，就必须减少制冷剂的流量，这样就使制冷量下降，故内平衡式只适用于对制冷量要求不大的轿车及货车驾驶室空调，而对大客车空调则要用外平衡式，如图 2-48 所示。

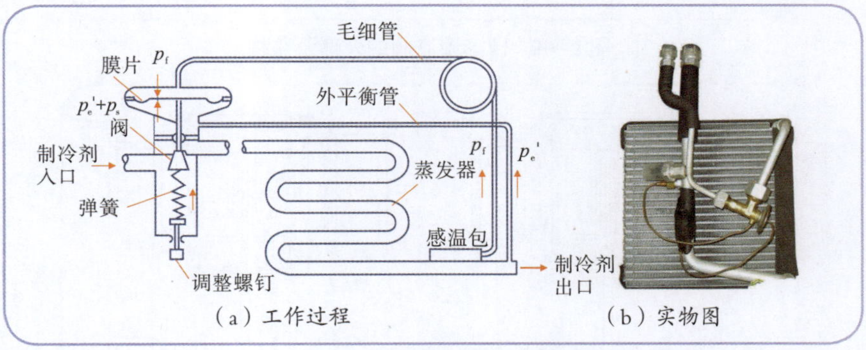

图 2-48　外平衡式膨胀阀的工作原理

在内平衡式膨胀阀的基础上，堵住内平衡孔，在膜片下方至蒸发器出口处加一外平衡管，即变成外平衡式膨胀阀。此时，p_e 变成了 p_e'，即蒸发器出口处的压力。显然 $p_e' < p_e$，即要达到同样的阀开度，外平衡式所需的过热度小一些，故可以提高蒸发器的容积效率。

3）H 形膨胀阀

H 形膨胀阀的外形及结构如图 2-49 所示，主要由膜片、感温元件、球阀和调节弹簧组成。因为其内部结构与字母“H”相似，所以称为 H 形膨胀阀，又称整体式膨胀阀。H 形膨胀阀是把感温包缩到阀体内的回气管路上，从而提高了阀的工作灵敏度。但这种结构加工难度较大，膜片中心开孔也会影响膜片的开阀特性，其工作原理如图 2-50 所示。

① 结构。

在 H 形膨胀阀上，设有低压与高压两个通道和四个管路接头，分别与制冷系统的低压管路和高压管路连接。在图 2-49 所示的结构示意图中，上面一个通道为低压通道，下面一个通道为高压通道。低压通道的入口接头经制冷管路与蒸发器出口连接，出口接头经制冷管路与空调压缩机入口连接；高压通道的入口接头经制冷管路与储液干燥器连接，出口接头经制冷管路与蒸发器入口连接。温度传感器装在制冷剂从蒸发器至压缩机的气流通路中。制冷剂温度变化，传感器膨胀或收缩，直接推动阀门（钢球和过热弹簧）。H 形膨胀阀的结构保证了低压侧压力直接作用于膜片下侧。任何形式的膨胀阀的作用，都是向蒸发器供应能在其内部完全蒸发的足够的制冷剂，它并不负责控制蒸发器的温度。

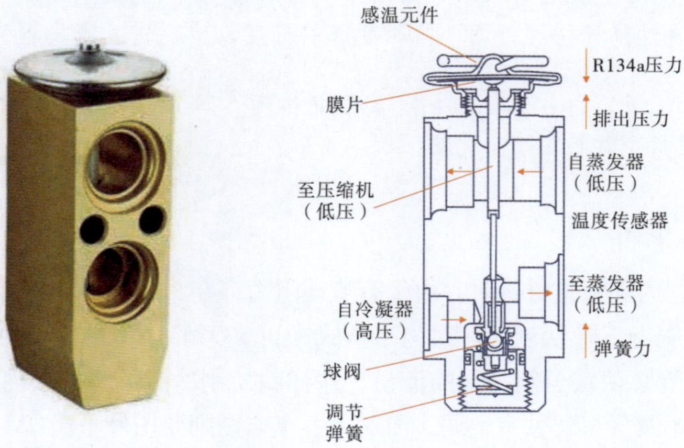

（a）外形　　（b）结构

图 2-49 H 形膨胀阀的外形及结构

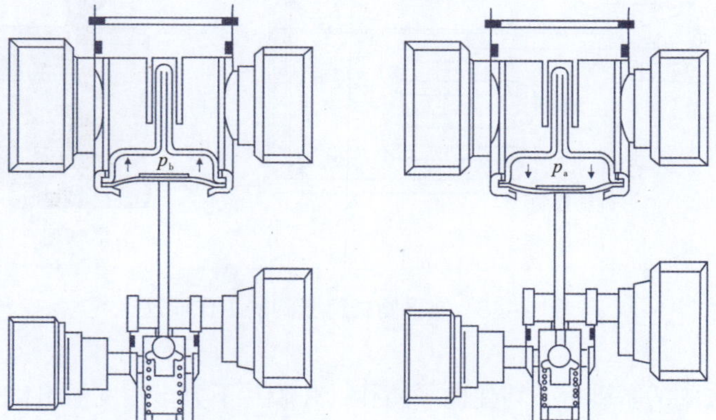

（a）热负荷较小的开度　　（b）热负荷较大的开度

图 2-50 H 形膨胀阀的工作原理

② 控制过程。

在高压液体进口和出口之间，设有一个由球阀组成的节流阀，节流阀开度的大小由感温元件和调节弹簧控制。感温元件内部充注有制冷剂，安放在低压通道上直接感受蒸发器出口蒸气的温度。转动调节螺栓即可调节弹簧的预紧力，从而调节节流阀的开度和流入蒸发器的制冷剂流量来调节车内空气的温度。

当蒸发器出口蒸气温度升高时，感温元件内部制冷剂吸热膨胀压力升高，迫使球阀压缩预紧弹簧使节流阀开度增大，进入蒸发器的制冷剂流量增大，蒸发器制冷量增大，车内空气温度降低。反之，当蒸发器出口蒸气温度降低时，节流阀开度减小，制冷剂流量减小，蒸发器制冷量减少，车内空气温度将升高。

③ 优点。

H 形膨胀阀安装在蒸发器的进出管之间，阀上端直接暴露在蒸发器出口介质中，感应温度不受环境温度影响，也不需要通过毛细管避免造成时间滞后。由于该膨胀阀无感温包、毛细管和外平衡接管，可免除因汽车颠簸振动而使充注系统断裂外漏，以及感温包包扎松动而影响膨胀阀的正常工作，提高了膨胀阀的抗振性能。有的 H 形膨胀阀带低压开关和恒温器，称为组合式 H 形膨胀阀，如图 2-51 所示。

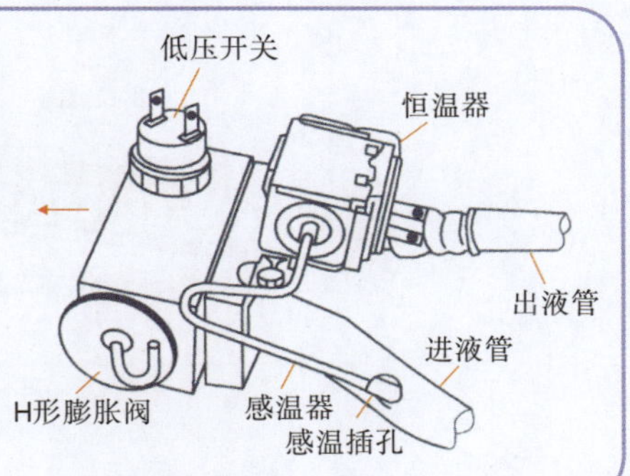

图 2-51 组合式 H 形膨胀阀

3. 膨胀阀的选配与安装

膨胀阀的容量与膨胀阀入口处液体制冷剂的压力（或冷凝温度）、过冷度、出口处制冷剂的压力（或蒸发温度）及阀的开度有关。膨胀阀容量一定要与蒸发器相匹配，容量过大会使阀经常在小开度下工作，阀开闭频繁，影响车内温度稳定，降低阀门寿命；容量过小，不能满足车内制冷量要求。一般情况下，膨胀阀容量应比蒸发器能力大 10% ~20%。

安装膨胀阀时有下列要求：

①膨胀阀一般应直立安装，不允许倒置。

②感温包一般安装在蒸发器水平出口管的上表面，要包扎牢靠，保证感温包与管子有良好的接触，接触面要清洁、紧贴，并用隔热防潮胶包好。必要时膨胀阀阀体也用隔热胶包好。

③外平衡管要装在感温包后边管段的上表面处。

④对于外调式膨胀阀，必须在发动机正常运转的情况下进行调整，并由熟练的空调技术人员调好。

四、膨胀节流管（孔管）

膨胀节流管是用于许多轿车制冷系统的一种固定孔口的节流装置，有人称它为孔管、固定孔管。膨胀节流管直接安装在冷凝器出口和蒸发器进口之间，用于将液态制冷剂节流降压。由于不能调节流量，液体制冷剂很可能流出蒸发器而进入压缩机，造成压缩机液击。所以装有膨胀节流管的系统，必须同时在蒸发器出口和压缩机进口之间安装一个集液器，实行气液分离，避免压缩机发生液击。

膨胀节流管系统目前使用的温度控制方法有循环离合器膨胀节流管系统、可变容积膨胀节流管系统、固定膨胀节流管离合器系统等。膨胀节流管的结构如图 2-52 所示。它是一根细铜管，装在一根塑料套管内。在塑料套管外的环形槽内装有密封圈。有的还有两个外环形槽，每槽各装一个密封圈。把塑料套管连同膨胀节流管都插入蒸发器进口管中，密封圈就是密封塑料套管外径和蒸发器进口管内径间的配合间隙用的。膨胀节流管两端都装有滤网，以防止系统堵塞。安装使用后，系统内的污染物集聚在密封圈后面，使堵塞情况恶化。膨胀节流管不能维修，坏了只能更换。

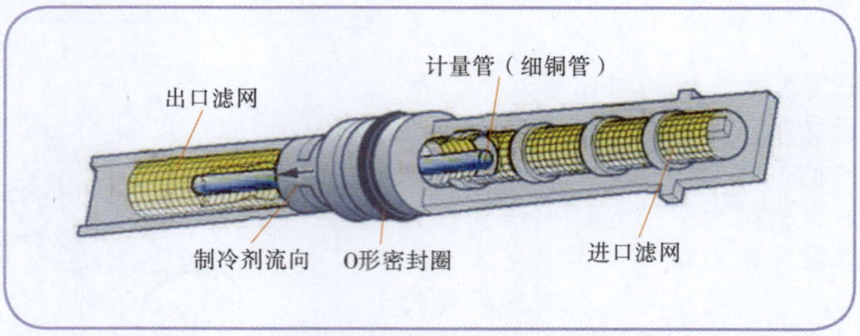

图 2-52 膨胀节流管的结构

由于膨胀节流管没有运动部件，结构简单，可靠性高，同时节省能耗，因此美国、日本等国家有许多高级轿车采用膨胀管式制冷循环。其缺点是制冷剂流量不能根据工况变化进行调节。

膨胀节流管制冷系统的最大特点是：用节流管取代了复杂的膨胀阀，用集液器替代了储液干燥器，因而其结构非常简单。膨胀节流管系统的工作原理如图 2-53 所示。

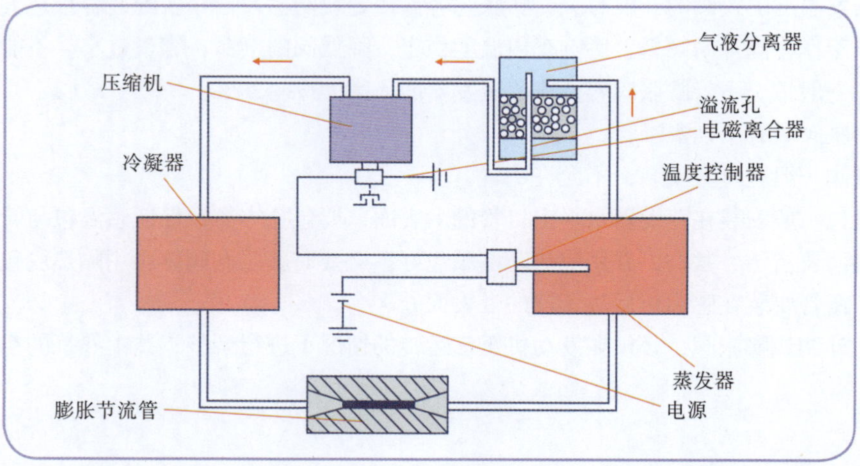

图 2-53 膨胀节流管系统的工作原理

制冷剂经过压缩，在冷凝器里液化成高压液体后，经过节流管的节流降压作用，又变成低温低压制冷剂，在蒸发器内吸热蒸发成气体。由于节流管不具备调节液体流量的功能，所以当压缩机高速运转时，蒸发器有可能蒸发不彻底，在其出口易出现液体制冷剂。为了避免压缩机出现液击而受到损坏，在蒸发器出口安装一个气液分离器，使多余的液态制冷剂在此处再蒸发成气体，然后送到压缩机进行压缩。在气液分离器出口处，设置了一个溢流孔，目的是把制冷剂中分离出的冷冻机油从溢流孔送回压缩机。

五、节流装置故障诊断与排除

1. 如何确定膨胀阀是否有故障

（1）把歧管压力表的高压、低压接口与压缩机排、吸维修阀连接，关死高、低压手动阀。

（2）起动发动机，保持 1000~1250r/min 转速，开动空调（功能键置于 A/C，调风键置于 HI），运行 10~15min 后，开始进行检测。

（3）开始检测时，低压表读数偏低。

●若低压侧压力表读数偏低，应在膨胀阀周围包上 52℃的热水袋。

●若低压表读数上升到正常值，表明系统内有湿气，应予消除。然后抽真空，充注制冷剂，重新检查系统。

●若低压表的压力值并未升高，则应从蒸发器出口管上拆下感温包，包在 52℃的热布中。这时若低压表压力上升，则表明感温包原来未装好。

●若经以上三步，低压表读数仍偏低，则表明膨胀阀有故障，须从系统中拆下检修。

（4）开始检测时，低压表读数偏高，若从蒸发器出口管处拆下感温包，放入冰水，则低压表读数正常，可进行如下检修。

●若感温包绝热保护不佳，应加厚绝热层并包捆好。

●若感温包与蒸发器相距太远，则应使两者靠近。

●若感温包放入冰水后，低压表压力并未降到正常值，则表明膨胀阀有故障，应从系统中拆下，进行清洗与检修。

2. 膨胀阀开度过大或感温包安装不当

1）故障现象

①空调系统内高压压力过高（为 1862~1960kPa，低压压力约为 245kPa）。

②压缩机低压回气管路挂霜或结有露滴。

③冷气出风口温度偏高，系统制冷量不足。

2）产生原因

①膨胀阀开度过大，制冷剂进入蒸发器内过多，来不及蒸发就被吸入压缩机内。

②感温包安装位置不当，使低压管路制冷剂过多。

3）采取措施

①先顺时针调膨胀阀调节螺钉，关小 1~2 圈，观察出风口温度，若有渐冷变化，则为原开度过大。可适当调小膨胀阀开度，控制蒸发压力。

②若调整开度无效，应检查感温包。

●检查感温包位置：正确位置应在蒸发器出口端低压管上。

●检查感温包，若与管子脱离或固定密封不好，应重新包扎严密和固定良好。

3. 膨胀阀关闭故障

1）故障现象

①当压缩机运转时，低压一侧的压力急剧下降（80.0~93.3kPa 真空度）。

②膨胀阀壳体不冷，即使用热水冲淋或以火焰加热数分钟也无反应。

2）采取措施

①拆下膨胀阀检查，膨胀阀不通，用手指可按动其膜片，则可判断为膨胀阀感温器损坏或膜片破裂，从而导致感温系统内的压力和大气压力相等，使得膜片上方的压力降低或消失，针阀在其下放弹簧压力的作用下，紧压在节流孔上，造成膨胀阀关闭不通。

②更换新的膨胀阀总成。

③更换破裂的膜片等损坏件后，重新向感温器充注规定量的感温物质。

4. 膨胀阀的脏堵和坏堵故障

1）故障现象

①微堵时，先是进口小滤网发生结霜现象，同时听到断断续续不均匀的气流声（膨胀阀正常运行时，应有轻微连续和均匀的气流声），阀体上以节流孔处为界，向出口端一半处呈 45° 倾斜线结白霜，而在进口小滤网部位则无霜。

②全堵时，手摸膨胀阀进、出口无温差。

③车内冷气出风口温度偏高或不冷，高压侧压力偏高，低压侧呈负值。

2）产生原因

①由于维修操作不当，系统内混入污物（如尘土，焊接后残留的焊渣、氧化物等）。

②部件中橡胶类制品、密封圈受制冷剂腐蚀后产生的杂质堵塞了管道。

③膨胀阀感温包损坏。

3）采取措施

①用小扳手轻轻敲击进口小滤网部位，此时若听到气流声有变化，同时膨胀阀以节流孔为界处所结的白霜逐渐融化，则可能是膨胀阀进口小滤网堵塞。可将小滤网拆出，用工业汽油或四氯化碳清洗干净，干燥后再装入膨胀阀。

②若是膨胀阀孔清洗后仍不通，则为感温剂泄漏引起的坏堵，应更换膨胀阀。

5. 膨胀阀的冰堵故障

1）故障现象

①当膨胀阀发生冰堵时，膨胀阀和蒸发器上的白霜全部融化，制冷量大幅度下降，直至不能制冷。

②这时，冷气空调系统低压侧的压力很低，可达到 80.0~93.3kPa 的真空度。

③对于装有低压保护开关、压缩机由电磁离合器控制运转的非独立式冷气空调系统，当发生冰堵时，在低压保护开关的作用下，电磁离合器分离，出现压缩机间歇停、开现象，系统断续制冷。

④对于独立式冷气空调系统，冰堵一旦发生，系统低压保护开关动作，切断专用冷气空调发动机的油路，发动机停止，整个系统也随之停止运转。

2）产生原因

制冷剂中含有水分，当液态制冷剂流经膨胀阀的节流小孔时，温度骤然下降，其中的水分就在节流小孔或针阀孔周围凝结成很多小冰粒。当较多的冰粒凝结在节流部位时，就堵塞了节流通道，发生了膨胀阀冰堵故障。

3）采取措施

①把制冷剂全部排出并将系统解体，用工业汽油或四氯化碳清洗，吹干和烘干各总成，不能残留水分及杂质。

②然后严格按操作规程装复，同时换上新的干燥剂或储液干燥过滤器，或将原来失去效能的干燥剂加热再生处理后重复使用。

6. 膨胀阀的冰堵和脏堵故障的区分

脏堵和冰堵现象很相似，为了正确区分这两种故障，可采用对膨胀阀壳体加热的方法。

具体做法是：用小块的棉花蘸上酒精，点燃后对阀体加热数分钟后观察结果。若经加热后，可使低压一侧的压力回升到正常值，但停止加热后压力又很快降下来，即则为冰堵；若经加热，低压侧的压力仍无变化，可断定为脏堵。

任务实践

1. 实践名称

节流装置的拆装与检测。

2. 实践准备

膨胀阀、膨胀节流管、空调压力表、工作台、常用工具、水盆、冷冻润滑油、T形套筒、节流管专用拆卸工具、汽车维修手册、抹布等。

3. 实践要求与注意事项

①拆卸过程中应轻拿轻放，不要暴力拆解。

②回收制冷剂时应防止泄漏在空气中。

③防止烫伤、冻伤、划伤。

④使用维修手册时，要注意避免破损，手册与使用车型相对应。

4. 操作步骤及检修

1）膨胀阀的拆卸

膨胀阀在拆卸前，应将制冷剂从系统内排出并回收，操作前应将车辆的电源切断，拆除影响拆卸的导线及端子并做好记号。膨胀阀的安装位置如图 2-54 所示，其拆卸步骤如下：

①拆下蒸发器。

②取下感温管上包裹的绝缘带。

③松开感温包，若膨胀阀为外平衡式，应先拆下平衡管路。

④如图 2-55 中箭头 A 所示，旋出螺栓，拆下固定块。

⑤如图 2-55 中箭头 B 所示，拆下膨胀阀上连接冷凝器的制冷剂液体管，拆卸管接头处的 O 形圈。

⑥检查膨胀阀内的滤网，若堵塞，应清洁或更换。当前拆卸膨胀阀内滤网的情况是 ________________________。

⑦如图 2-55 中箭头 C 所示，拆下膨胀阀连接蒸发器的制冷剂气管，拆卸管接头处的 O 形圈。

⑧拆下膨胀阀的支撑架，从蒸发器上取下膨胀阀。

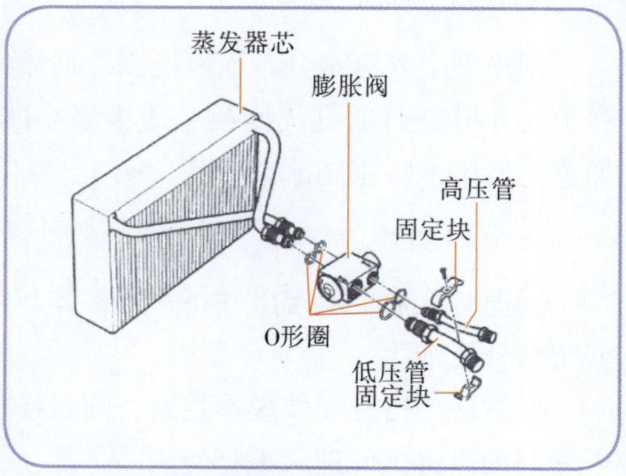

图 2-54 膨胀阀安装位置

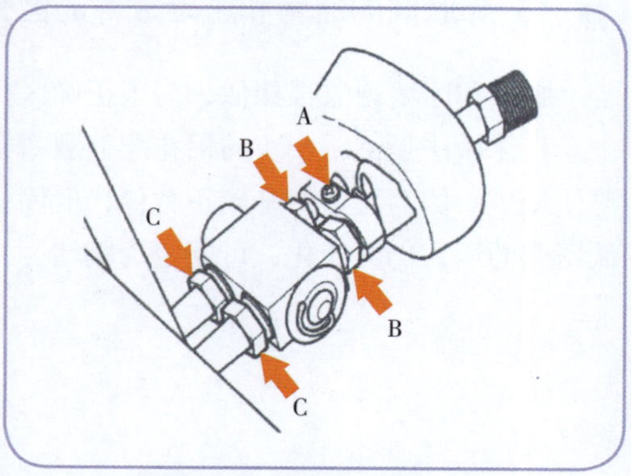

图 2-55 膨胀阀的拆卸

2）膨胀阀的检测

膨胀阀的常见故障是发生冰堵或脏堵、阀口关闭不严、滤网堵塞及感温包或动力头焊接处发生泄漏等。膨胀阀的检查方法有两种：一是在车上检查膨胀阀，二是在台架上通过试验检查膨胀阀。

（1）膨胀阀性能的就车检测。

若在汽车上直接测定膨胀阀性能，以确定膨胀阀的故障原因，可在发动机散热器前放一个大的轴流风扇，模拟汽车行驶时的迎面风速，按下列步骤进行测试。

①将歧管压力表组件与空调系统相连，起动发动机，将转速调至 1000~1200r/min，空调调温开关调至最冷（MAX）位置，让空调系统运行 10~15min。

②查看低压侧压力表读数，如果偏低，在膨胀阀周围包上 51℃的抹布，继续观察低压表读数。当前检测结果是 ____。

③若低压压力能上升至正常值或接近正常值，则说明系统内有水汽，应设法消除（更换储液干燥器，并用较长时间抽真空，再充注制冷剂，重新检测系统）。当前检测结果是 ________________________________。

④若低压压力未升高，则从蒸发器出口处小心卸下膨胀阀感温包，将感温包握在手中。

⑤若压力仍偏低，则说明膨胀阀有问题，应将其卸下，在台架上进行检查。在拆除膨胀阀时，

若发现膨胀阀进口有堵塞，则在清洗和维修膨胀阀后，应更换储液干燥器。当前检测结果是 ______________________________。

⑥按上述方法查看低压表读数时，若读数偏高，则从蒸发器出口处小心卸下膨胀阀感温包，将其放入冰水中（在冰水中加些盐，使其温度降至0℃）。

⑦若低压压力降至或接近正常值，则可能是感温包隔热包扎不严或安放位置不对，对其重新定位并包扎后再测定。

⑧若低压压力仍然偏高，则应卸下膨胀阀，移至台架上进行检查。

⑨测试结束后，应关闭所有空调控制器，降低发动机转速，直至关机，取下压力表组。

（2）膨胀阀在台架上的试验检测。

①将膨胀阀从制冷系统中取下来，若过滤网（如果有过滤网的话）上有污物，要取下并清洗干净。当前膨胀阀的情况是 ______________________________。

②按图2–56所示将歧管压力表组与制冷剂罐、膨胀阀连接好，软管与低压表之间接一个带开关的过渡接头。

③关闭高、低压手动阀，并将水盆中水的温度调节至52℃，然后将膨胀阀感温包放在温水中。

④拧开制冷剂罐的阀门，慢慢开启高压手动阀，至高压表读数为483kPa。

⑤对应最大流量的低压表读数应该在296~379kPa。若读数高于379kPa，表示膨胀阀供应制冷剂过量；若读数低于296kPa，则系统制冷剂量不足。当前检测到的压力：高压侧 ______________，低压侧为 ______________。检测结果是 ______________。

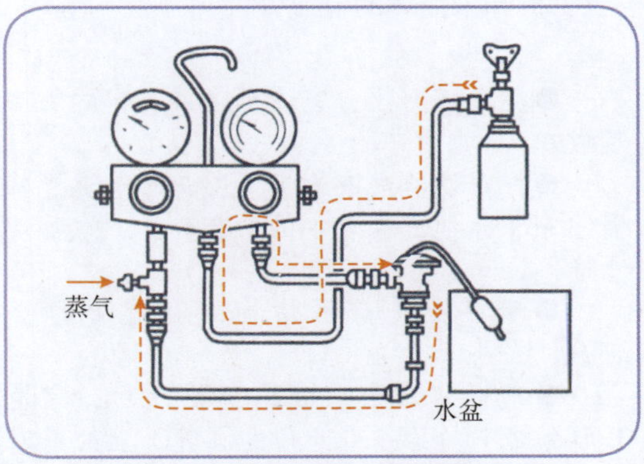

图2–56 在台架上检查膨胀阀

⑥膨胀阀流量的调整可以通过调整弹簧压力来实现。先拧开膨胀阀出口接头，再用内六角扳手调整螺钉。

⑦将感温包放在温度为0℃的冰水中，打开高压压力开关，高压表压力应为483kPa，此时可测其最小制冷剂供应量。

3）膨胀阀的安装

膨胀阀的安装顺序与拆卸顺序相反，具体步骤如下：

（1）安装膨胀阀的支架，将膨胀阀装上蒸发器。

（2）在膨胀阀与蒸发器管接头上安装O形圈，连接蒸发器进口到膨胀阀出口的管路，拧紧到合适的力矩。

（3）在膨胀阀与冷凝器管接头上安装O形圈，连接冷凝器液体管到膨胀阀进口的管路，拧紧到合适的力矩。

（4）通过支架插入感温包，再用绝缘带包裹感温包，如图2–57所示。感温包插入的位置：a=50mm，b=130mm，插入深度为85mm。

4）节流管的拆装

（1）有拆卸口的节流管的拆装。

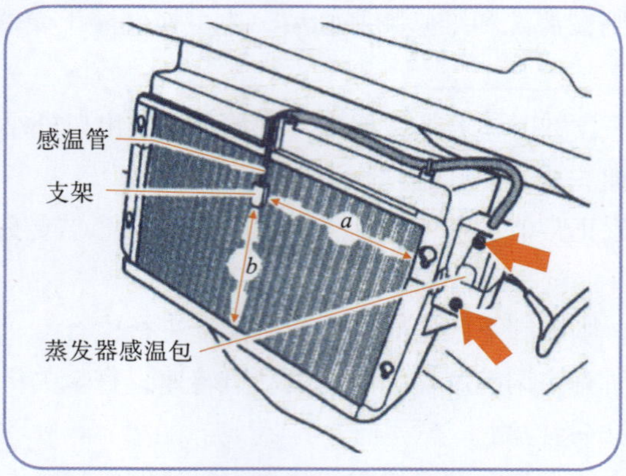

图 2-57 蒸发器感温包的安装

①拆卸未损坏的节流管。

●用冷媒回收与充注机将系统中的制冷剂回收。

●把蒸发器进液管拆下（此时节流管就暴露出来），把进液管中的所有碎片、污物清理干净。

●倒一点冷冻润滑油到节流管的密封部分。

●把拆卸工具（如图 2-58 所示，它是在 T 形套筒中加了一个开槽的圆管）上的槽对准节流管上的柄脚（凸起）并插入。

●转动 T 形手柄，使开口圆管夹住节流管。

●握住 T 形手柄（千万别转动），顺时针转动外面的细长形六角套筒，这样节流管就会被拉出。

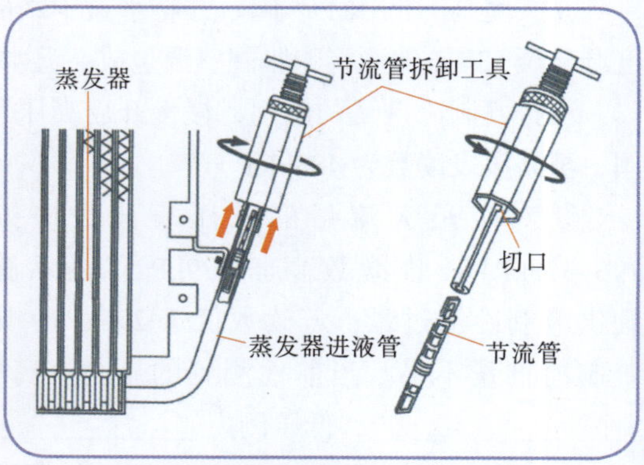

图 2-58 用节流管拆卸工具拆卸

②拆卸已破碎的节流管。

若节流管已破碎，用一般工具很难取出。此时，应用图 2-59 所示的专用工具将其取出，方法如下。

●首先将蒸发器进液管中的所有碎片（节流管的）清除出去，在进液管中加几滴冷冻润滑油。

●将专用工具的螺纹锥伸到坏节流管中的铜质孔中，用手转动 T 形手柄，直至确信已接触到节流管。

●转动工具的外壳，直到坏节流管被拉出。

●若拉出的仅是节流管中的铜管，其塑料套管仍留在蒸发器进液管中，则应将拉出的铜管卸掉，再把工具插入塑料管中，将塑料管拉出。

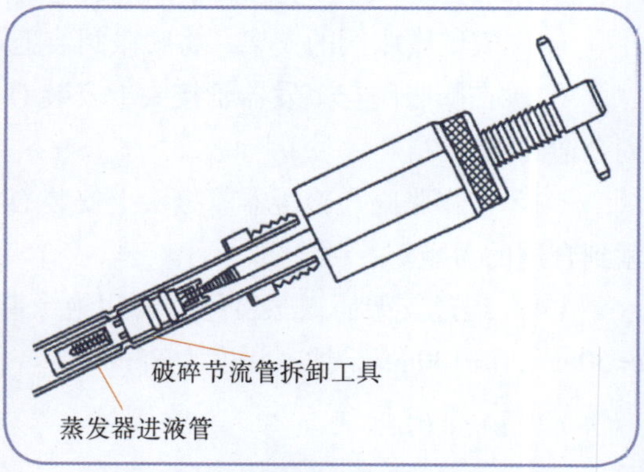

图 2-59 取破碎节流管的专用工具

③安装节流管。

●将蒸发器进液管清理干净。
●在节流管外表涂上冷冻润滑油。
●将节流管装入拆装工具，然后推入进液管中，直到碰到凸起推不动为止。
●装 O 形密封圈，将进液管与蒸发器连接好。
●若已拆下集液器，则将新的集液器装上。

（2）无拆卸口的节流管的拆装与更换。

①拆卸。

●回收制冷系统中的制冷剂。
●从汽车上拆下液管。注意液管安装方向，以便按同样的方向将其装回。
●确定节流管的位置（图 2-60）。在液管上找到圆形凹陷或三个凹口，这些凹口均为节流管的出口端。
●用截管器在液管上切除 63.5mm 长管段，如图 2-61 中的 *A* 所示，使其在两端弯头处露出至少 25.4mm，如图 2-61 中的 *B* 所示。

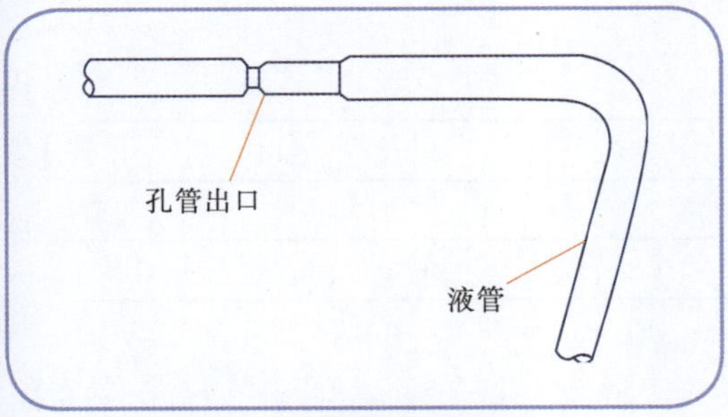

图 2-60 确定节流管的位置

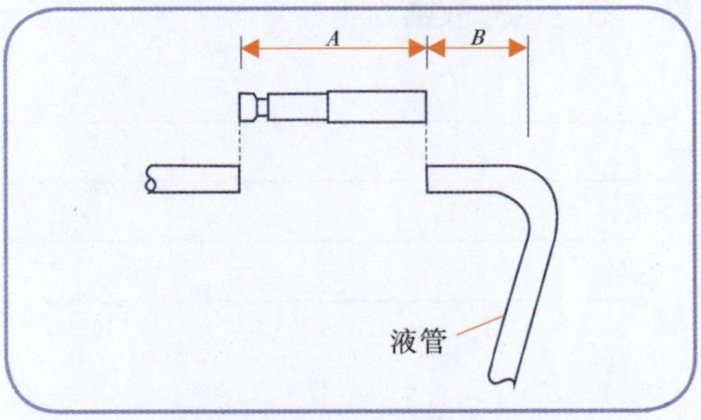

图 2-61 切去旧节流管

◆注意：

不要在截管器的进给螺纹上加过大压力以避免扭曲液管。不应使用钢锯，如必须使用钢锯，应冲洗液管两端面以去除污染物，如金属屑等。

②更换固定节流管。

●在液管各端面套上压紧螺母。
●使压紧环锥形部分朝向压紧螺母，在液管各端面套上压紧环。
●用洁净的冷冻油润滑两只 O 形密封圈，并将其分别套在液管的每一截面上。
●把内部装有节流管的节流管套装在液管的两截面上，用手拧紧两个压紧螺母。注意图 2-62 中箭头所标明的流动方向，应朝着蒸发器方向流动。
●用台虎钳夹住节流管套以拧紧压紧螺母。确保软管弯头与被拆卸时的排列方法相同，以便于重新放置液管。
●拧紧各压紧螺母的力矩为 87~94N · m。

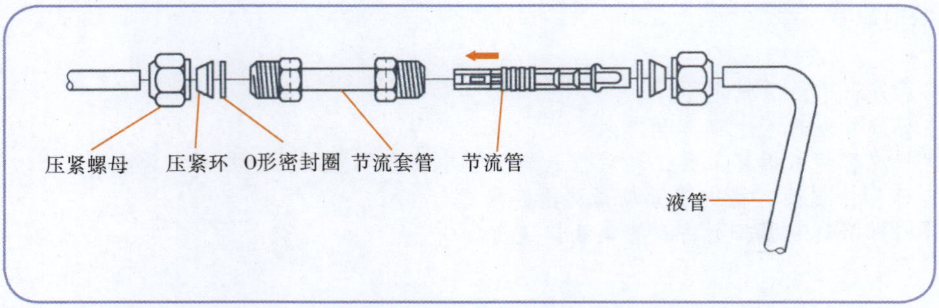

图 2-62 更换固定节流管

③制冷系统的装复。

- 按照维修程序，对系统进行检漏。
- 按照维修程序，对系统进行抽真空。
- 按照维修程序，对系统充注制冷剂。
- 重复或继续进行检测。

5. 实践总结

____

____

____

____

任务练习

一、填空题

1. 汽车空调制冷系统常用的节流装置有 ____________ 和 ____________ 两种。
2. 汽车空调系统使用的膨胀阀为 ____________，故称 ____________。
3. 膨胀节流管制冷系统的最大特点是：用节流管取代了复杂的 ____________，用 ____________ 替代了储液干燥器。

二、判断题

1. 从汽车空调膨胀阀流出的制冷剂处于气态。 （ ）
2. 孔管式空调系统的储液干燥器安装在冷凝器后边。 （ ）
3. 节流膨胀阀式空调系统的储液干燥器安装在蒸发器后边。 （ ）

三、选择题

1. 安装在干燥器与蒸发器之间的是（　　）。

A. 膨胀阀　　B. 冷凝器

C. 压缩机　　D. 鼓风机

2. 在汽车空调系统中，除压缩机外，（　　）是高压与低压的分界线。

A. 冷凝器　　B. 膨胀阀

C. 蒸发器　　D. 干燥瓶

3. 高压液态制冷剂通过膨胀阀后变成（　　）制冷剂。

A. 高温高压气态　　B. 低温低压气态

C. 低温低压雾状　　D. 高温高压液态

四、问答题

1. 简述膨胀阀的功用与特点。

2. 简述膨胀阀的工作原理。

3. 简述节流管的优点与缺点。

任务三 汽车空调热交换器

任务目标

完成本学习任务后，学生在基础知识和基本技能方面应达到以下要求。

●知识目标

（1）掌握冷凝器的结构与工作原理。

（2）掌握蒸发器的结构与工作原理。

●能力目标

（1）能够独立完成冷凝器的拆装与检修。

（2）能够独立完成蒸发器的拆装与检修。

（3）能够对冷凝器故障进行诊断与排除。

（4）能够对蒸发器故障进行诊断与排除。

任务引入

一辆卡罗拉轿车行驶10万公里后，发现打开空调冷风开关后，车内出风口温度偏高、不冷。经检测发现冷凝器温度过高，散热不足。试根据故障现象，找出空调系统不制冷的原因，并排除故障。下面进入空调热交换器的学习。

相关知识

汽车空调中的冷凝器和蒸发器统称热交换器，热交换器的性能直接影响汽车空调的制冷性能。热交换器的金属材料消耗大，它的质量要占整个汽车空调装置质量的50%~70%；热交换器的体积大，它所占据的空间直接影响汽车的有效容积，布置起来又很困难。所以，汽车空调使用高效的热交换器是极为重要的。

一、热交换器的基本原理

1. 热交换器的作用与要求

①要有高的换热效率。

②质量轻，安装空间小。

③制冷剂侧及空气侧的阻力要小。

④抗振性好。

2. 基本热交换过程

蒸发器、冷凝器的作用是实现两种不同温度的流体之间的热交换。蒸发器使管内的低温低压液态制冷剂通过管壁和翅片吸收其周围空气的热量，然后沸腾汽化。管内是制冷剂吸热过程，而管外的空气则被降温减湿，是放热过程。

冷凝器使管内的高温高压气态制冷剂通过管壁和翅片放出热量给周围空气，从而冷凝成液体，是放热过程。

蒸发器、冷凝器换热状态的好坏，直接影响系统匹配和效率，如制冷量、功耗、体积及经济性。

3. 基本换热公式

壁面换热过程总是两种热交换流体之间存在温差，通过一定的传热面积，以一定的传热效率将热量交换。传热公式可表达如下：

$$Q = K \cdot F \cdot \Delta t$$

$$K = \frac{1}{\frac{1}{\alpha_1} + \frac{1}{\alpha_2} + \frac{\delta}{\lambda}}$$

式中，Q——换热量；

F——换热面积；

Δt——换热温差；

K——传热系数；

α_1、α_2——内外表面换热系数；

δ——材料壁厚；

λ——材料热传导率。

蒸发器和冷凝器管片结构形状复杂，不是简单的平壁，管内、外表面积不相等。内、外表面形状不同，流体的相对流动方向和速度不同，造成流体热流变化不同，传热系数K值也不同，因此，要区别不同的结构分别对待。

事实上，在传热过程中，冷、热流体之间的传热温差是在不断变化的，流体的状态也在不断变化，即传热过程是一个动态变化过程。

若按稳态计算，只能用一个平均对数温差 Δt_m 代替 Δt。

$$Q = K \cdot F \cdot \Delta t_m$$

在计算 Δt_m 时作如下假设：

（1）只有冷热流体之间的热交换，与外环境是绝热的，没有散热损失。

（2）忽略沿管子的轴向热传导。

（3）冷热流体的质量、流量和比容恒定不变。

（4）在整个换热面上的传热系数为常数。

（5）忽略势能与动能交换。

换热器的热交换方式有顺流式和逆流式之分，如图 2-63 所示。

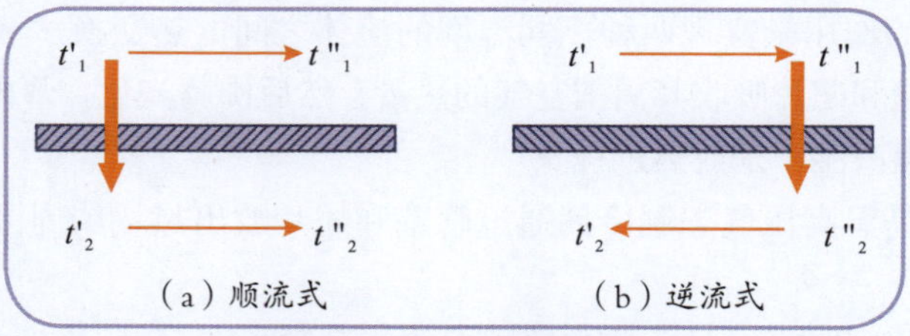

图 2-63　两种换热方式

对于顺流式，平均温差 Δt_m 表达为：

$$\Delta t_m = \frac{(t'_1 - t'_2) - (t''_1 - t''_2)}{\ln \dfrac{(t'_1 - t'_2)}{(t''_1 - t''_2)}}$$

式中，t'_1、t'_2—— 进口温度；

t''_1、t''_2—— 出口温度。

对于逆流式，平均温差 Δt_m 表达为：

$$\Delta t_m = \frac{(t'_1 - t''_2) - (t''_1 - t'_2)}{\ln \dfrac{(t'_1 - t''_2)}{(t''_1 - t'_2)}}$$

一般来说，逆流式换热效果比顺流式好，但实际的换热器换热形式是很复杂的，顺流、逆流都有，一般计算按逆流式处理。

4. 提高换热量的方法

从传热公式可知，提高传热系数、加大换热面积和传热温差都可以提高换热量。

加大换热面积不仅指加大换热器尺寸，采用内螺纹管、内翅管，减小管径（增加管数）或扁管厚度，减小管子壁厚，采用开口片、凸凹片，减小翅片厚度和高度等均可增加换热面积。尽可能采用逆流传热方式可提高平均传热温差。

影响传热系数 K 的因素较多，减小热阻的方法可从减小厚度、采用高效热交换器结构、减小流阻、提高制冷剂流速及空气流速、减少换热器外表面灰尘和内表面污垢等方面着手。

5. 热交换器的主要材料

热交换器的材料过去以铜为主，后发展成铜管铝片。现在除大客车及部分中型客车空调的热交换器还采用铜管铝片外，绝大部分汽车空调的热交换器都采用铝，主要原因是减轻质量、价格便宜。与铜、钢相比，铝的性能如下：

①密度。铝的密度为 2.71g/cm³，铜的密度为 8.9g/cm³，钢的密度为 7.86g/cm³，铝的密度为铜的 30% 和钢的 34%。

②热传导性。铝的热传导性比铜差，仅为铜的 56%，但比钢好。可通过改变结构提高铝的热传导性。

③铝的加工性能良好，可采用多种成形和装配方法。

④在一般情况下，铝有较好的耐腐蚀性，对制冷剂、润滑油都有较好的相容性。但铝的负电位很大，在有水的情况下，与大多数常用金属接触，都会引起金属的电化学腐蚀。

⑤铝有很好的低温性能，在低温下与钢铁一样不会发生脆断，延伸性仍然很好，是低温工业最适宜的材料。

⑥无毒性，冲击后不产生火花，不带磁性，使用安全。

但与铜相比，铝的最大缺点是焊接困难。原因是：氧化铝膜层很难与其他金属结合，必须采用抗腐蚀性很强的焊料，并在保护气体包围或真空状态下进行焊接，需要特殊焊接设备；铝熔化时从固态变为液态的过程很快，可塑性阶段的时间很短；铝的比热容是铜的 2.3 倍，因此焊接时需要较多的热量，加热设备的功率要很大。

二、冷凝器

1. 冷凝器的作用

冷凝器（图 2-64）的作用是对压缩机排出的高温高压制冷剂蒸气散热降温，使其凝结为液态高压制冷剂。气体状态的制冷剂在冷凝器中得到液化或冷凝，制冷剂进入冷凝器时几乎为

100%的蒸气，而当其离开冷凝器时并非为100%的液体，因为仅有一定量的热能在给定时间内由冷凝器排出。因此，少量的制冷剂以气态方式离开冷凝器，但由于下一步是储液干燥器，故制冷剂的这一状态并不影响系统的运行。与发动机的冷却液散热器相比较，冷凝器承受的压力比发动机的冷却液散热器高。安装冷凝器时，注意从压缩机排出的制冷剂必须由冷凝器的上端入口进入，其出口必须在下方，否则会引起制冷系统压力升高，导致冷凝器胀裂的危险。

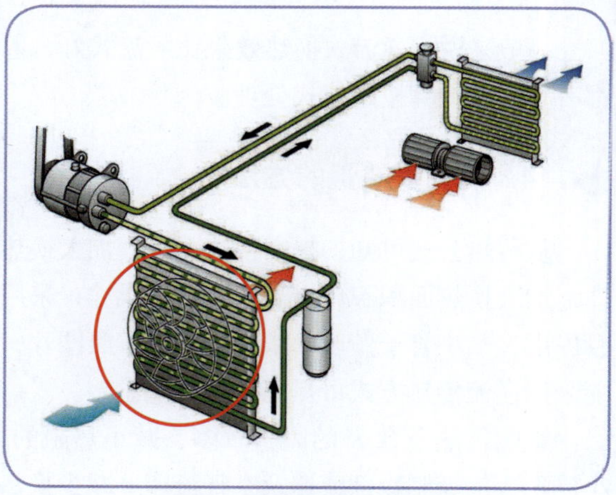
图 2-64 冷凝器的安装位置

多数情况下，由于车祸等原因损坏的冷凝器是不能修理的，须换新品。但是出现冷凝效率降低、散热器温度升高的故障时必须及时排除。由于制冷剂泄漏、发动机机油冷却器泄漏、液力传动工作液冷却器泄漏等，会使尘埃、沙子、小昆虫等附着在翅片间，日积月累，愈积愈多形成积垢，使气流不能顺利通过冷凝器，导致冷凝效率下降。因此，要对冷凝器及时维护，用刷子蘸上溶液，清理掉翅片间的污垢。

2. 冷凝器中制冷剂的放热过程

冷凝器中制冷剂的放热过程有三个阶段，即降低过热、冷凝、过冷。

进入冷凝器的制冷剂是高压过热气体，首先是降温至冷凝压力下的饱和温度，制冷剂仍为气态。然后，在冷凝压力下，因放出热量而逐渐冷凝成液体，此过程温度保持不变。最后，继续放出热量，液态制冷剂温度下降，成为过冷液体。

汽车空调冷凝器属于风冷式冷凝器，它一般布置在车头部的散热器前面，冷凝温度较高，所以必须保证较好的通风效果以增强冷凝器的散热能力。汽车空调除了有正常行驶时的迎面风冷却，一般还配备有电子风扇，同时还应使冷凝器本身的结构和材料有助于其散热。

3. 结构形式

汽车空调冷凝器有管片式、鳍片式、管带式及平行流式 4 种。

1）管片式冷凝器

管片式冷凝器由安装在一系列薄散热片上的制冷剂螺旋管组成，如图 2-65 所示。在发动机舱有限的空间内，这种设计结构可以提供最大的散热面积。冷凝器接收来自压缩机的高温高压制冷剂蒸气，制冷剂蒸气从冷凝器顶部流入并流过螺旋管。制冷剂蒸气中的热量经散热片向大气中散发。当制冷剂蒸气冷却并经过冷凝器向下流动时，就会达到发生冷凝的温度。气态制冷剂即变为液态制冷剂。在冷疑点时，制冷剂释放出更多的热量。冷凝器底部的制冷剂是高压液体。在以平均热负荷运行的汽车空调系统中，

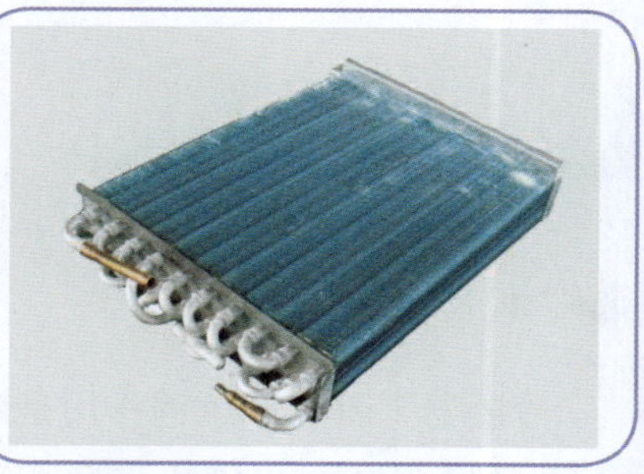
图 2-65 管片式冷凝器

冷凝器螺旋管上部 2/3 为热的制冷剂蒸气，而下部 1/3 为液态制冷剂。这种高压液态制冷剂从冷凝器排出并向前流入蒸发器。

2）鳍片式冷凝器

一般换热器的管子和散热片是两个独立构件，须用镶嵌、胀管、焊接等办法将它们连接在一起。若两者接触面贴合不紧，不仅影响传热效果，而且整体强度和耐振性能也要降低，为此，出现了鳍片式结构。这种结构是在特殊形状铝型材的散热管表面直接铣削出鳍片状散热片（图 2–66），然后弯曲成蛇形管，故称鳍片式冷凝器。这种形式由于片、管是一体，抗振性特别好，同管带式相比，散热性能可提高 5%，省材 25%，管片之间无须焊接，可在常温下加工，所需加工的能耗少，所以它曾一度被认为是最先进的车用冷凝器。但由于需要专用的铣削设备，弯管也需专用夹具，故一时还难以大量推广。国产标致轿车的空调冷凝器即采用这种结构。

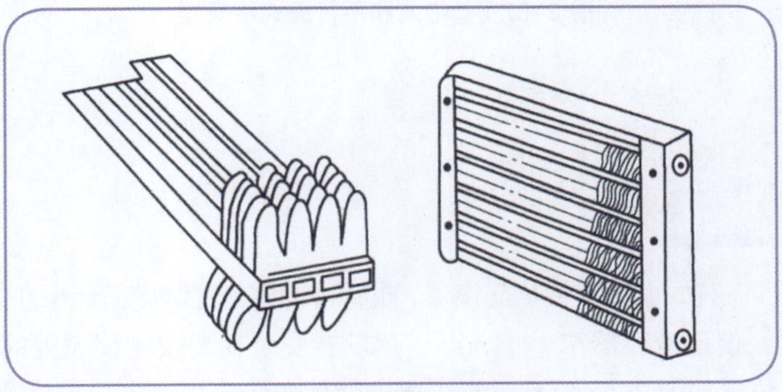

图 2–66　鳍片式冷凝器

3）管带式冷凝器

管带式冷凝器如图 2–67（a）所示，其一般是将小扁管弯成蛇形管，其中放置三角形的翅片或其他类型的散热片。这种冷凝器的传热效率比管片式冷凝器提高了 15% ~ 20%。

4）平行流式冷凝器

平行流式冷凝器也是一种管带式结构，如图 2–67（b）所示，其由圆筒集流管、铝制内肋管、波形散热翅片及连接管组成，是专为 R134a 提供的新型冷凝器。平行流式冷凝器与管带式冷凝器的最大区别是：管带式只有一条扁管自始至终地呈蛇形弯曲，制冷剂只在这一条通道中流动而进行热交换。由于其流程长，管带式的管道压力损失大。又由于进入冷凝器时制冷剂是气态，比容大，需要的通径大；出冷凝器时已完全变成液态，比容小，只需要较小的通径。而普通管带式结构的管径从头至尾是相同的，这对充分进行热交换是不利的，管道内空间未被充分利用，而且增加了排气压力及压缩机功耗。而平行流式冷凝器则在两条集流管间用多条扁管相连，将几条扁管隔成一组，进入处管道多，逐渐减少每组管道数，实现了冷凝器内制冷剂温度及流量分配均匀，提高了换热效率，降低了制冷剂在冷凝中的压力损耗，这样就可减少压缩机功耗。由于管道内换热面积得到充分利用，对于同样的迎风面积，平行流式冷凝器的换热量得到了提高。

这种结构的散热性能较管带式冷凝器提高了 30% ~40%，通路阻力降低了 25% ~30%，内容积减少了约 20%，大幅度地提高了它的热交换性能。

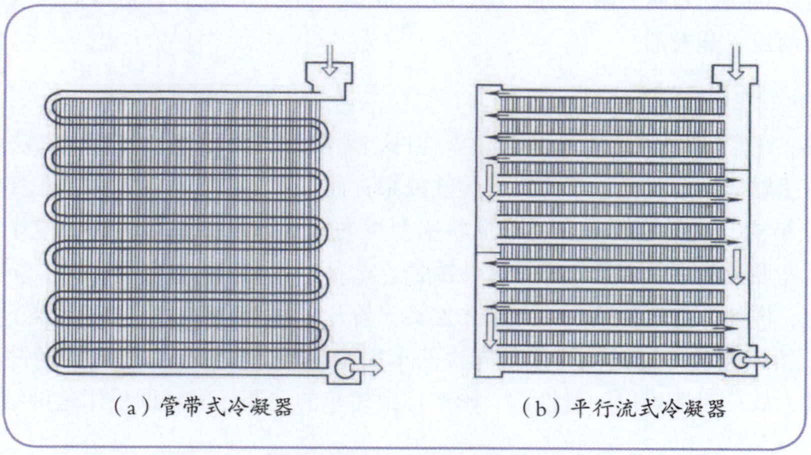

图 2-67 管带式和平行流式冷凝器

三、蒸发器

蒸发器和冷凝器一样，也是一种热交换器，也称冷却器，是制冷循环中获得冷气的直接器件。其外形近似冷凝器，但比冷凝器窄、小、厚。蒸发器安装在驾驶室仪表板的后面，其结构和在制冷系统中的安装位置如图 2-68 所示，它主要由管子和散热片组成，在蒸发器的下方还有接水盘和排水管。

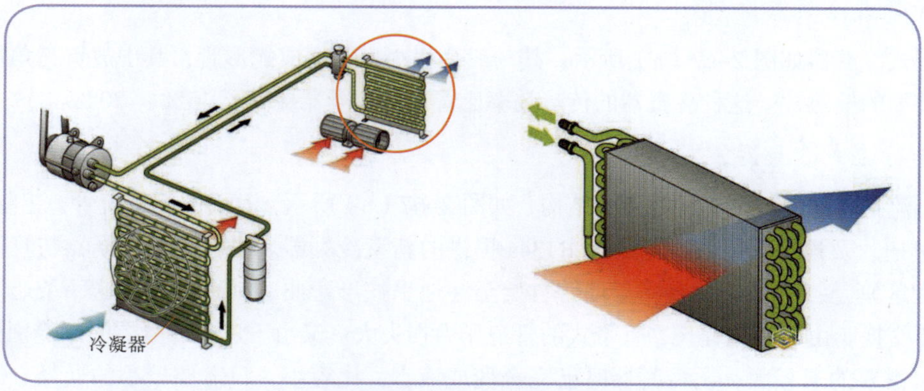

图 2-68 蒸发器的安装位置和结构

1. 蒸发器的作用

蒸发器的作用与冷凝器的作用相反，制冷剂起吸热作用，流经蒸发器的空气受到冷却，制冷系统工作时，高压液态制冷剂通过膨胀阀膨胀而压力降低，变成湿蒸气进入蒸发器芯管，吸收散热片及周围空气的热量。蒸发器通常装在仪表板后的风箱内，依靠鼓风机使车外空气或车内空气流经蒸发器，以便冷却与除湿。大型乘用车配置两个蒸发器，一个装在车前部，另一个装在车后部。

在蒸发器工作时，由于大气中相对湿度降低，空气中多余的水分会逐渐凝结成水珠，汇集在一起通过出水管道排向车外。另外，为了节能，使鼓风机的空气来源于车厢内已经经过蒸发器冷却过的低温空气，冷却后再次送入车厢（即空调系统工作时，采用内循环模式），如此反复进行循环。由此可见，汽车空调不仅对车厢起降温作用，同时还能起除湿作用。

2. 蒸发器的要求

由于车内安放蒸发器（指直接产生冷风或暖风的组件）的空间有限，要求蒸发器具有制冷效率高、尺寸小、质量轻等特点。

由于空调蒸发器要求结构紧凑，它的管片距离也就比一般空调小（管片排列比较密），结露后容易形成“水桥”而影响热交换，因而防结露或防止形成“水桥”的问题在车用空调蒸发器中显得更重要。

◆注意：

制冷剂在蒸发器中的工作过程分为两个阶段。第一阶段是液态制冷剂吸热后沸腾汽化，成为饱和气体，这一阶段是潜热变化，压力、温度基本不变。第二阶段是制冷剂继续吸热，温度升高，成为过热蒸气，是显热变化。蒸发器出口要有一定过热度，是为了保证压缩机吸入的一定是气态制冷剂，不会发生液击现象。

对于采用膨胀阀的系统，蒸发器出口过热度是由膨胀阀控制的。对于采用固定节流管的系统，靠蒸发器后面的气液分离器来保证压缩机吸入的一定是气体。

3. 蒸发器的类型

蒸发器有管片式、管带式和层叠式 3 种结构。

1）管片式蒸发器

它由铜质或铝质圆管或扁管套上的铝翅片组成（图 2–69），经胀管工艺使铝翅片与圆管紧密接触。其结构简单、加工方便，但传热效率较差。

2）管带式蒸发器

如图 2–70 所示，管带式蒸发器由多孔扁管与蛇形散热铝带焊接而成，工艺比管片式复杂，须采用双面复合铝材及多孔扁管材料。这种蒸发器传热效率可比管片式提高 10% 左右。

图 2–69 管片式蒸发器的结构

图 2–70 管带式蒸发器的结构

3）层叠式蒸发器

如图 2–71 和图 2–72 所示，层叠式蒸发器由两片冲成复杂形状的铝板叠在一起组成制冷剂通道，每两片通道之间夹有蛇形散热铝带。这种蒸发器也需要双面复合铝材，且焊接要求高，因此加工难度最大，但其换热效率最高，结构也最紧凑。采用制冷剂 R134a 的汽车空调就应用这种层叠式蒸发器。

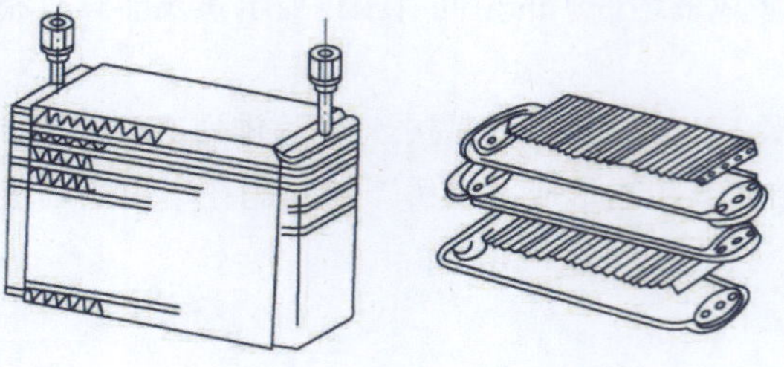

图 2–71 层叠式蒸发器的结构

图 2–72 层叠式蒸发器的外形

4. 蒸发器内制冷剂的工作过程

在采用膨胀阀的系统中，制冷剂在蒸发器中的工作过程分为两个阶段。

第一阶段是液态制冷剂吸热后沸腾汽化，成为饱和气体，这一阶段是潜热变化，压力、温度基本不变。

第二阶段是制冷剂继续吸热，温度升高，成为过热气体，是显热变化。制冷剂温度升高的程度就是过热度。蒸发器出口要有一定过热度是为了保证压缩机吸入的一定是气态制冷剂，使压缩机内不会发生液击现象。

对于采用膨胀阀的系统，蒸发器的过热度是由膨胀阀控制的。对于采用节流管的系统，依靠蒸发器后面的收集干燥器来保证压缩机吸入的一定是气态制冷剂。

5.RS 蒸发器

RS（新一代超薄型）蒸发器由一个箱体、管道和冷却叶片组成，如图 2–73 所示，由于臂道为挤压模塑形成的微孔管道，因此不但获得了很好的热量传递性能，也实现了蒸发器的薄壁化构造（38mm）。同时，RS 蒸发器通过缩小冷却叶片高度、管道厚度和散热片间距，促进了热量传递，芯部采用薄型材料，因而实现了小型化和轻量化。此外，蒸发器上采用了清洁涂层，可以抑制因细菌繁殖而产生的异臭，并且在蒸发器表面采取了无铬处理，获得了环保的效果。

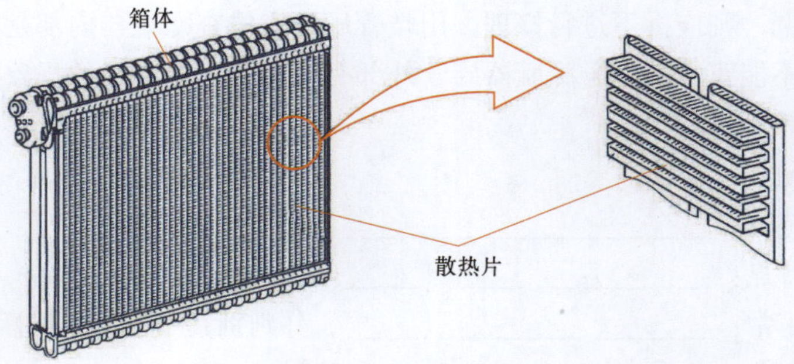

图 2-73　RS 蒸发器

任务实践

1. 实践名称

热交换器的拆装与检测。

2. 实践准备

实训车辆、制冷剂回收设备、冷凝器、蒸发器、汽车空调压力表、工作台、常用工具、汽车维修手册、抹布等。

3. 实践要求与注意事项

①拆卸过程中应轻拿轻放，不要暴力拆解。

②回收制冷剂时应防止泄漏在空气中。

③防止烫伤、冻伤、划伤。

④使用维修手册时，要注意避免破损，手册与使用车型相对应。

4. 操作步骤及检修

1）冷凝器的检查

检查冷凝器总成外观情况。

（1）如果冷却器冷凝器总成散热片脏污，则用水清洁并用压缩空气吹干。

◆注意：

不要损坏冷却器冷凝器总成的散热片。

（2）如果冷却器冷凝器总成的散热片弯曲，则用螺丝刀或钳子拉直。

如果是冷凝器进、出口处出现泄漏，可能是密封圈老化造成的，需要紧固或更换密封圈；如果是冷凝器本身泄漏，则应拆下进行修理。用歧管压力表检查冷凝器内部是否脏堵，如果发现压缩机高压过高，不能正常制冷，冷凝器导管外部有结霜或下部不烫的现象，则说明导管内脏堵或因外部压瘪而堵塞。

冷凝器检查情况：

①冷凝器进口特点：________________________。

②冷凝器出口特点：________________________。

③冷凝器是否正常：________________________，你判别其（正常 / 不正常）的依据是 ____。

2）冷凝器的就车拆卸

①将点火开关转到 OFF 后，断开蓄电池负极端子上的电缆。

②从空调系统回收制冷剂。

③拆卸前保险杠总成。

④拆卸空气滤清器进气口总成（图 2–74）。

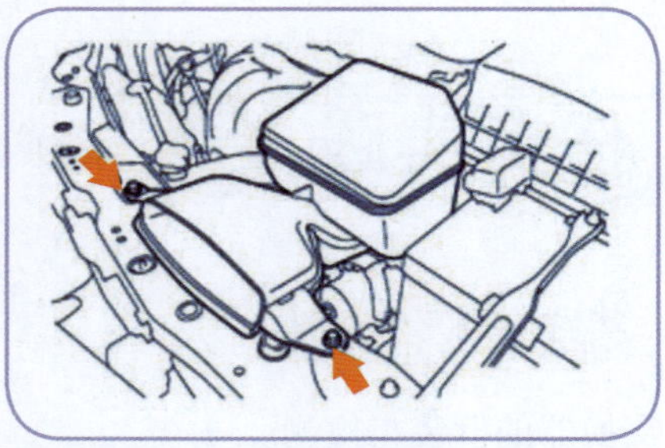

图 2–74 拆卸空气滤清器进气口总成

⑤拆卸散热器水箱总成。

⑥拆卸发动机盖锁扣总成。

⑦拆卸散热器上支架 。

⑧松开 3 个定位爪和导具并拆下散热器两侧导流板（图 2–75）。

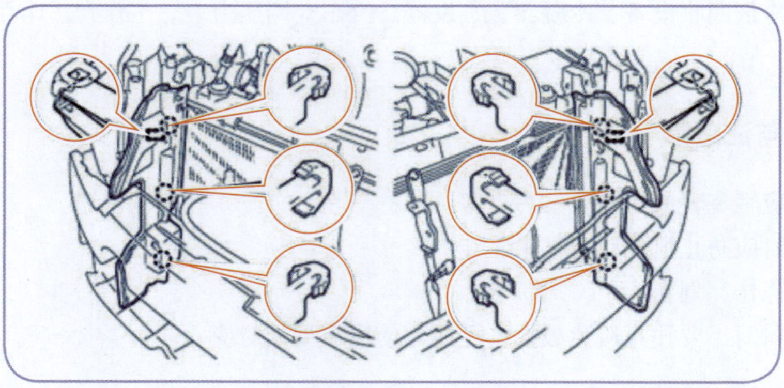

图 2–75 拆卸两侧导流板

⑨拆卸空调管路总成（图 2–76）。拆下螺栓并从冷却器冷凝器总成上拆下空调管路总成，从空调管路总成上拆下 O 形圈。

注意：用胶带封住断开部件的开口处，以防止湿气和异物进入管道。

⑩拆下 4 个冷凝器固定螺栓（图 2–77）。

⑪ 如图 2–78 所示，分离两个固定卡扣并沿图中箭头方向取下冷却器冷凝器总成。

3）冷凝器的安装

冷凝器的安装顺序与拆卸相反。

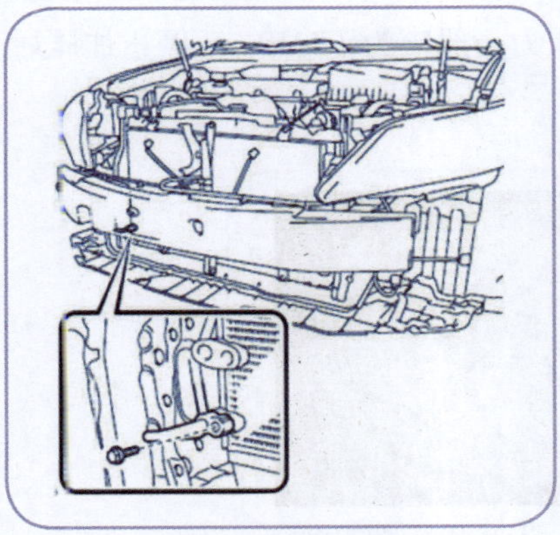

图 2-76 拆卸空调管路总成

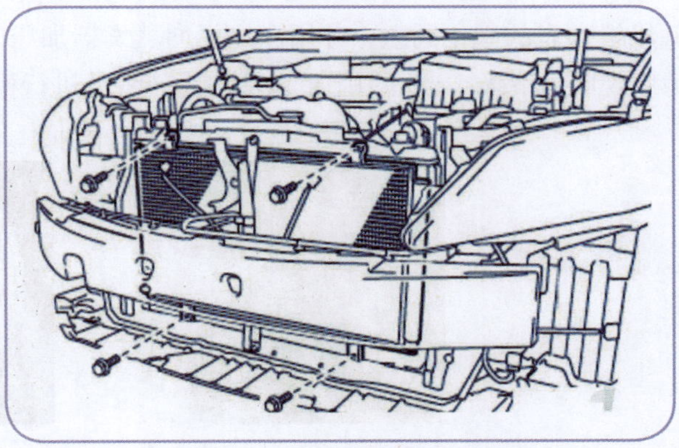

图 2-77 拆卸冷凝器固定螺栓

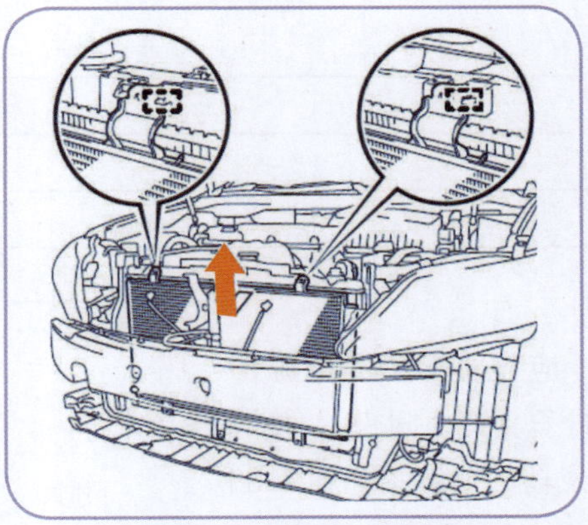

图 2-78 取下冷却器冷凝器总成

◆注意：

连接冷凝器管接头时，要区分哪里是进口，哪里是出口。进口位置应该处于上方，出口位置处于下方。因为液态制冷剂会在重力作用下自然流到底部，从出口管流出而进入储液干燥器。反之，冷凝器内会积满制冷剂，这会使冷凝器的传热性能下降，同时会引起系统压力升高，从而导致冷凝器胀裂。

在未安装管接头时，不要长时间打开连接管口的保护盖，以免潮气进入。

冷凝器拆装情况：

①拆卸冷凝器过程中用到的工具是：________________。

②拆卸冷凝器过程中比较难的是：________________。

③冷凝器中的冷冻油处理方式是：________________。

④冷凝器的进、出口连接螺母拆下后，是否立即封闭制冷系统两端的管路：________。

⑤是否更换新的密封圈：________________。

4）蒸发器的检查

（1）检查蒸发器外表面是否有积垢、异物，若有应使用软毛刷（或软布、棉纱）和清水清洗。注意不要用硬毛刷和高压水冲刷，不要弄弯吸热片。

（2）检查蒸发器的内部盘管是否有泄漏现象。若有泄漏现象，应由专业修理人员对泄漏处进行焊补。

（3）测试蒸发器内部压力，如图 2-79 所示，用专用接头分别将蒸发器的进、出口连接到高低压组合表的截止阀上，并用压缩机向蒸发器加压，压力一般应为 1.5MPa ，停止加压后 24h 压力应无明显下降。也可用肥皂水涂在系统各处进行检漏。

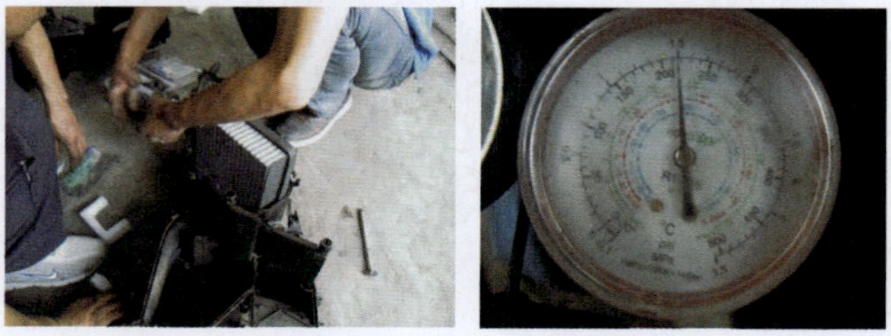

图 2-79　测试蒸发器内部压力

蒸发器检查情况：

①蒸发器堵塞检查结果：____。

②蒸发器泄漏检查结果：____。

③蒸发器是否正常：____，你判别其（正常 / 不正常）的依据是____。

5）蒸发器的拆卸

在拆卸或安装蒸发器前，应先将车辆的电源切断，拆除影响拆卸的导线、端子及其他附件，并对车辆的表面涂层进行保护。蒸发器的分解图如图 2-80 所示，其拆卸步骤如下：

（1）拆卸前排乘客侧储物箱。

（2）拆卸仪表板。

（3）拆卸进风罩。

（4）旋出紧固螺母（如图 2-81 中箭头 A 所示），拆下 S 管（蒸发器至压缩机管路），封住已经拆下的管子端口。

（5）旋出紧固螺母（如图 2-81 中箭头 B 所示），拆下 L 管（储液干燥器至蒸发器管路），封住已经拆下的管子端口。

（6）拆下连接螺栓（如图 2-82 中箭头所示）。

（7）拔下感温管插头（图 2-83），小心取出蒸发器。

蒸发器拆卸情况：

①拆卸蒸发器过程中用到的工具是：____________________________。

②拆卸蒸发器过程中比较难的是：____________________________。

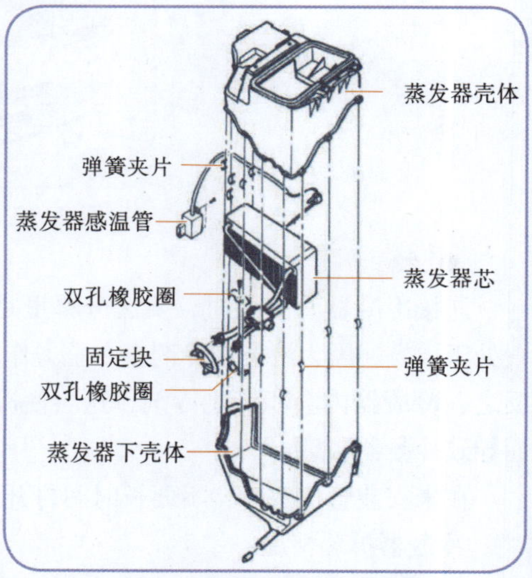

图 2-80　蒸发器的分解图

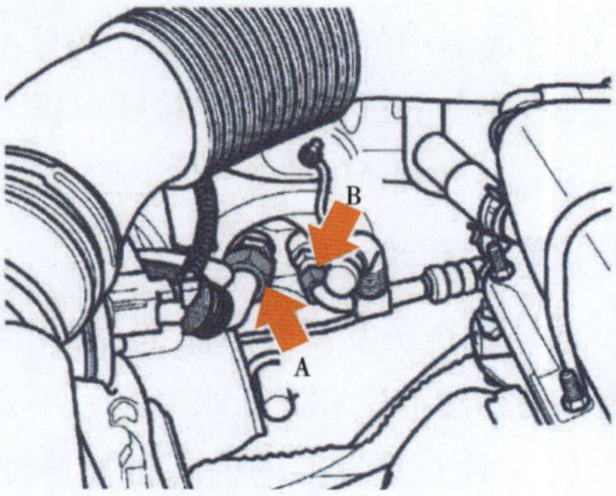

图 2-81　拆卸蒸发器管路

③蒸发器中的冷冻油处理方式是：________________。

④蒸发器的进、出口连接螺母拆下后，是否立即封闭制冷系统两端的管路：________________。

⑤是否更换新的密封圈：________________。

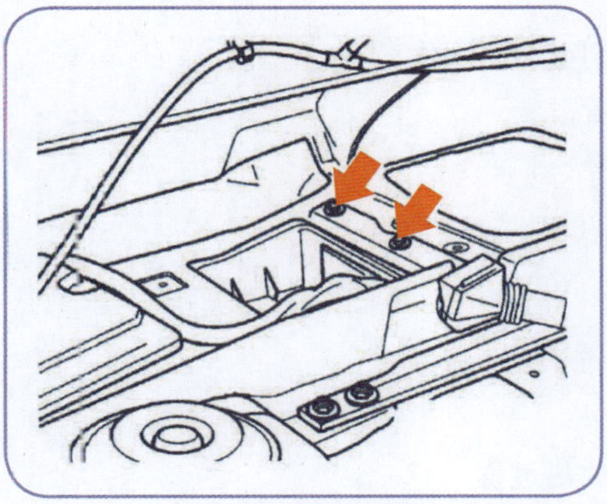

图 2–82　蒸发器连接螺栓位置

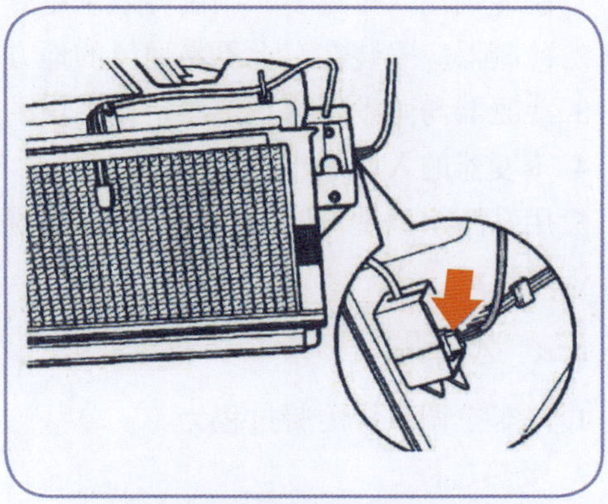

图 2–83　蒸发器感温管插头位置

6）蒸发器的安装

蒸发器的安装顺序与拆卸顺序相反，在安装时要注意蒸发器的入口和出口，切勿装反。温度控制元件或感温包要牢固地安装在合适的位置，膨胀阀和感温包要包好保温材料，蒸发器内要加注一定量的冷冻机油。

5. 实践总结

____

____

____

____

任务练习

一、填空题

1. 汽车空调中的 ________ 和 ________ 统称热交换器。

2. ________ 和 ________ 管片 ________ 复杂，不是简单的平壁，管内、外表面积 ________。

3. 冷凝器的作用是对 ________ 排出的 ________ 制冷剂蒸气 ________，使其凝结为 ________ 制冷剂。

二、判断题

1. 制冷剂注入量越多，则制冷效果越好。 （ ）
2. 冷凝器应安装在车上不易通风的地方，让制冷剂更容易液化。 （ ）
3. 冷凝器与蒸发器都是汽车空调系统的热交换装置。 （ ）
4. 蒸发器的入口和出口可以反装。 （ ）
5. 用高压水枪洗车时可以随便冲洗冷凝器的外表面。 （ ）

三、选择题

1. 汽车空调系统冷凝过程为（ ）。

A. 吸热过程　　B. 放热过程

C. 制冷过程　　D. 制热过程

2. 蒸发器中制冷剂为（ ）。

A. 高压气态　　B. 高压液态

C. 低压液态　　D. 低压气态

3.（ ）的作用是把来自压缩机的高温高压气体通过管壁和翅片将其中的热量传递给周围的空气，从而使高温高压的气态制冷剂冷凝成高温中压的液体。

A. 冷凝器　　B. 蒸发器

C. 电磁离合器　　D. 储液干燥器

四、问答题

1. 简述热交换器的功用。

2. 为什么蒸发器结冰会导致制冷效果变差？

3. 怎样避免空调系统中蒸发器结冰？

任务四 制冷系统辅助部件

任务目标

完成本学习任务后，学生在基础知识和基本技能方面应达到以下要求。

●知识目标

（1）掌握储液干燥器的功用及结构。

（2）掌握集液器的功用及结构。

（3）掌握鼓风机的功用与结构。

（4）掌握制冷剂管路的功用与组成。

●能力目标

（1）能够独立完成储液干燥器的更换。

（2）能够独立完成制冷剂管路的更换。

（3）能够独立完成鼓风机的拆装。

任务引入

一辆凯美瑞轿车行驶 10 万公里后，车主反映打开空调制冷系统时，车内送风一阵凉，一阵不凉。该车曾发生事故，更换过冷凝器和部分管路，初步判断为制冷系统内有水分，需要回收制冷剂、更换干燥瓶、排除系统内水分。下面进入制冷系统辅助部件的学习。

相关知识

为确保汽车空调制冷系统正常工作，除具备压缩机、冷凝器、节流装置、蒸发器这四个基本组成部分之外，还需要装备储液干燥器（或集液器）、鼓风机、连接管路等其他辅助部件。

一、储液干燥器

1. 储液干燥器的功用

一般将具备储液、干燥、过滤三种功能的装置组成一体，称为储液干燥过滤器，简称储液干燥器。储液干燥器串联在冷凝器与膨胀阀之间的制冷剂管路上，使从冷凝器中出来的高压制冷剂液体经过滤、干燥后流向膨胀阀。

储液干燥器的基本作用是存储液化后的高压液态制冷剂。根据制冷负荷的需要，随时向蒸发器提供制冷剂，同时还可以补充制冷系统因微量渗漏而损失的制冷剂存量。

干燥的目的是防止水分在制冷系统中造成堵塞。水分主要来自新添加的冷冻机油和在充注制冷剂过程中不慎混入的空气。当这些水分与制冷剂混合物通过膨胀阀时，由于压力和温度下降，水分便容易析出凝结成冰，造成膨胀阀堵塞，形成“冰堵”现象。

制冷系统在制造、装配过程中，由于没有处理干净会带入一些杂物，另外制冷剂和水混合后，对金属的强烈腐蚀作用也会产生一些杂质。上述杂质与制冷剂混在一起，在制冷系统中循环，很容易将制冷系统中的小孔（膨胀阀阀口）堵塞，影响制冷系统正常工作。与此同时，亦增加了压缩机的磨损，缩短其使用寿命，所以制冷系统中一定要设置储液干燥器。

2. 储液干燥器的结构

储液干燥器（图 2-84）的组成部分主要有罐体、易熔塞、过滤器、干燥剂、玻璃视液镜等。从冷凝器来的液态制冷剂从进口进入，经滤网和干燥剂除去水分和杂质后进入引出管，从出口流向膨胀阀。

干燥剂是一种能从气体、液体或固体中除掉水分的固体物质。一般常用的干燥剂是硅胶和分子筛。硅胶在干燥时呈蓝绿色，吸水后呈粉红色。用过的硅胶，可在烘箱内做脱水再生处理，但不能用明火烤。再生硅胶的颜色一般不能复原。

分子筛（图 2-85）是一种白色球状或条状的吸附剂，它对含水量低、流速大的液体或气体均有极高的干燥能力。它不但使用寿命长，还可经再生处理后重新使用，缺点是价格较贵。

易熔塞（图 2-86）是一种安全保护装置，一般装在储液干燥器的顶部，用螺塞拧入。螺塞中间是一种低熔点的铅锡合金，其熔点一般为 95~105℃。

当冷凝器因散热不良而冷却不够时，冷凝器和储液干燥器内的制冷剂温度和压力将会异常升高。当压力达到 3MPa 左右时，制冷剂的温度会超过易熔材料的熔点。此时，易熔塞中心孔内的易熔材料便会熔化，使制冷剂通过易熔塞的中心孔逸出，排放到大气中去，从而避免系统的其他部件因压力过高而被胀坏。

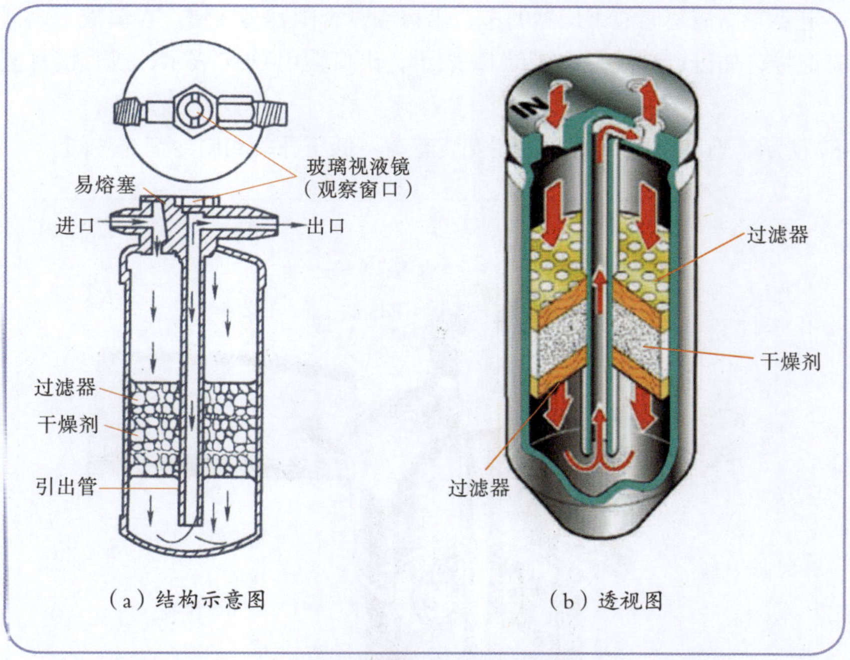

图 2–84　储液干燥器

在储液干燥器上部出口端装有一个玻璃视液镜，用于观察制冷剂在工作时的流动状态，由此可判断制冷剂存量是否合适，以及制冷系统的基本工作情况。当系统正常运行时，通过玻璃视液镜可以看到制冷剂无气泡地稳定流动。若出现气泡和泡沫，则说明系统工作不正常或制冷剂存量不足。

图 2–85　分子筛

储液干燥器一般安装在冷凝器旁或其他通风良好的地方，这是为了便于连接和安装，且易从顶部玻璃视液镜观察制冷剂的流动情况。

对直立式储液干燥器而言，安装时，一定要垂直，倾斜度不得超过 15°。在安装新的储液干燥器之前，不得过早将其进、出管口的包装打开，以免湿空气侵入储液干燥器和制冷系统内部，使之失去干燥、除湿作用。

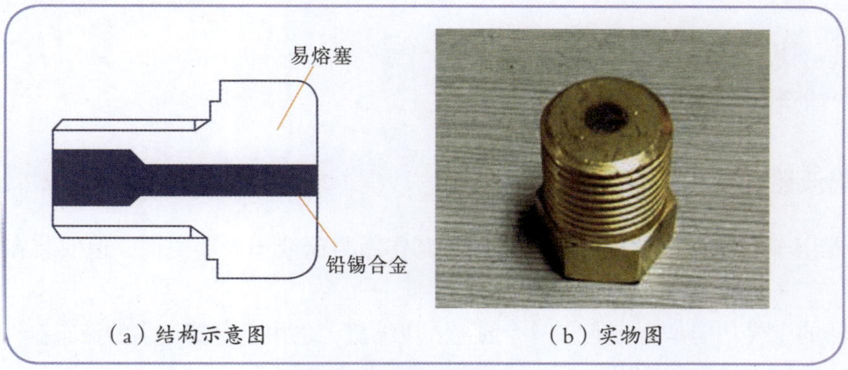

图 2–86　易熔塞

安装前一定要先搞清楚储液干燥器的进、出口端，否则容易装错。在储液干燥器的进、出口端一般都标有记号，如进口端用英文字母 IN 表示，出口端用 OUT 表示，或直接打上箭头以标注进、出口端。

如图 2–87 所示，有些储液干燥器上还安装有高、低压开关和制冷剂充注阀。

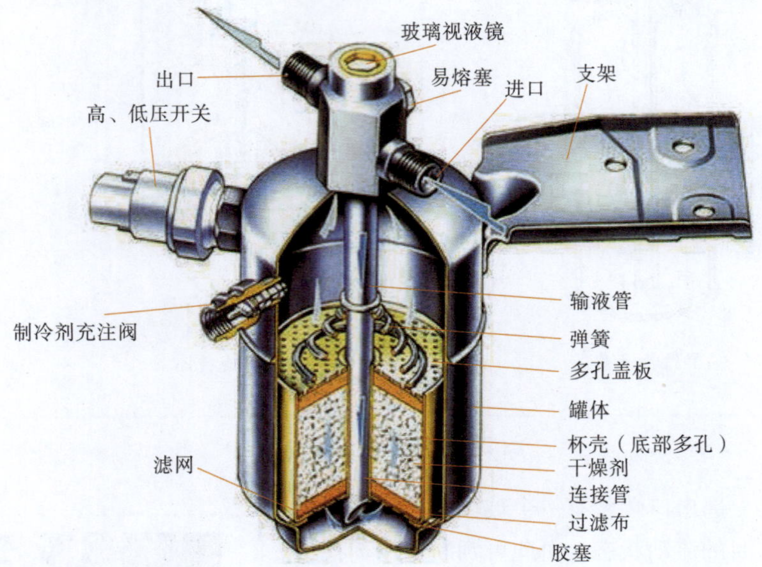

图 2–87 集成有高、低压开关和制冷剂充注阀的储液干燥器

3. 储液干燥器的维护

储液干燥器内干燥剂失效时，湿气会集聚在膨胀阀孔口，结成冰块，使系统发生堵塞，必须更换。如出液口残破，液体管路内会发生不正常的气体发闪，应更换旧储液干燥器。排湿时，必须彻底抽真空，要选用可靠的真空泵。为了防止杂质在系统内循环，膨胀阀进口、压缩机进口和储液干燥器内部均装有滤网，要是滤网堵塞，必须更换储液干燥器。

二、集液器

1. 集液器的功用

集液器用于汽车空调节流孔管系统中，其作用与储液干燥器类似，但安装在制冷系统的低压侧。

集液器的主要功能是防止液态制冷剂进入压缩机，也用于存储过多的液态制冷剂。集液器内含干燥剂，也起干燥器的作用。

2. 集液器的结构

集液器的结构如图 2–88 所示。制冷剂从集液器上部进入，液态制冷剂落入容器底部，气态制冷剂积存在上部，并经上部出气管进入压缩机。在容器底部出气管拐弯处装有带小孔的滤网（过滤器），允许少量的积存在拐弯处的机油返回压缩机。但液体制冷剂不能通过，因而要用特殊过滤材料。

集液器不能维修，如发现故障或损坏，只能整体更换。

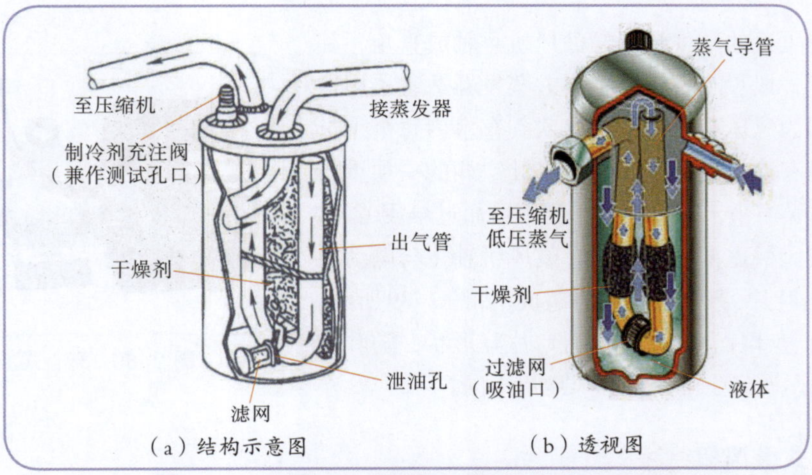

图 2–88 集成有制冷剂充注阀的集液器的结构

3 集液器与一般储液干燥器的区别

①集液器安装在制冷系统的低压区，而储液干燥器则安装在系统的高压区。

②集液器和储液干燥器存储的都是液态制冷剂，但集液器存储的这些制冷剂会在低压区慢慢地自然蒸发，离开集液器的只是气态制冷剂，因而起到气液分离的作用。而储液干燥器留下的是多余的液态制冷剂，用以调节。

③集液器中主要是气体，所以要求容积比较大，因而集液器尺寸一般比较大，而储液干燥器的尺寸一般比较小。

4. 集液器的优点

①保证压缩机不会吸入液态制冷剂，只能吸入气态制冷剂，因而压缩机不会发生液击现象。

②能减少压缩机的排气脉冲，使系统工作更平衡。

③在制冷剂不足的情况下，能维持一定量的润滑油回流，从而提高系统对制冷剂泄漏的容忍度。

◆注意：

安装时，不可将新换装的集液器（或储液干燥器）的 A、B 管塞提前取下。否则，其内部的干燥剂会很快因吸水饱和而失效。

三、鼓风机

汽车空调制冷系统采用的鼓风机也称通风机、风机。按工作原理不同，鼓风机可分为叶轮式和容积式两类。叶轮式鼓风机按气体流向与鼓风机主轴的相互关系，又可分为离心式鼓风机和轴流式鼓风机两种。

1. 离心式鼓风机

离心式鼓风机的空气流向与鼓风机主轴成直角，其特点是风压高、风量小、噪声也小。蒸发器适宜采用这种鼓风机，因为风压高可将冷空气吹到车室内每个乘员身上，使乘员有冷风感。噪声小是设计空调的一项重要指标，车室内噪声小，乘员不致感到不适而过早疲劳。

图 2-89 离心式鼓风机

离心式鼓风机主要由电动机、鼓风机轴（与电动机同轴）、鼓风机叶片、鼓风机壳体等组成，如图 2-89 所示。鼓风机叶片有直叶片、前弯片、后弯片等形状，随叶轮叶片形状不同，所产生的风量和风压也不同。

2. 轴流式鼓风机

轴流式鼓风机的空气流向与鼓风机主轴平行，其特点是风量大、风压低、耗电少、噪声大。

冷凝器适宜采用这种鼓风机，因为风量大可将冷凝器四周的热空气全部吹走。轴流式鼓风机能满足耗电少的要求。其缺点是风压低、噪声大，但这对冷凝器来说不是大问题，因为鼓风机只要将冷凝器周围的热空气吹走即可，所以风压低并不影响冷凝器的正常工作。

另外，冷凝器安装在车室外面，鼓风机噪声大也影响不到车内。

图 2-90 轴流式鼓风机

轴流式鼓风机主要由电动机、鼓风机轴、鼓风机叶片、键等组成，如图 2-90 所示。叶片固定在骨架上，常制成 3、4、5、7 片不等，叶片骨架穿在电动机轴上，由键带动旋转。

四、制冷剂管路

1. 制冷剂管路的功用

出于总体布置的需要，汽车空调的各总成部件一般是分散安装在汽车的各个部位的，制冷剂管路的作用就是将这些总成部件连接起来，组成一套完整的汽车空调制冷系统。如果说压缩机是空调制冷系统的“心脏”，那么制冷剂管路就是空调制冷系统的“血管”。

2. 对制冷剂管路的要求

有别于房间空调，汽车空调是安装在汽车上的。车辆行驶中难免有颠簸和振动，因此，汽车空调制冷剂管路不能全部采用硬管（铝管），而要采用硬管和软管（橡胶管）相结合的连接方式，以适应特殊的工作环境的要求。

同时，还要求空调制冷剂管路有较高的耐压能力，其爆破压力不能低于 12MPa，高压管检测压力为 3.5MPa，低压管检测压力为 2.5MPa。

此外，还要确保密封可靠、制冷剂不泄漏，且管路不能与车上其他部件发生摩擦和运动干涉。

3. 制冷剂管路的组成

如图 2-91 所示，汽车空调制冷剂管路一般由铝管、橡胶管、管路接头、维修阀等组成。

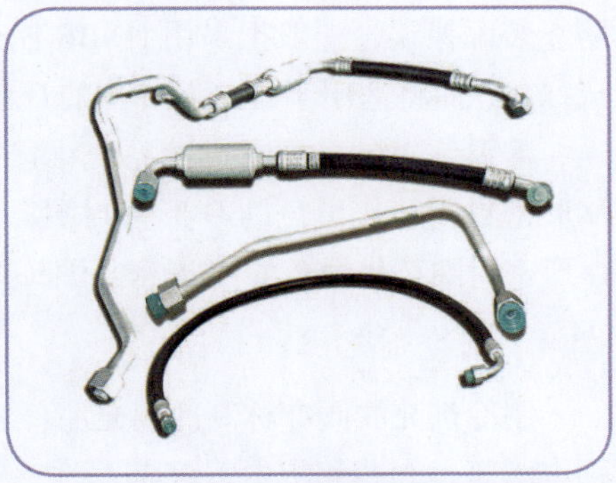

图 2-91　汽车空调制冷剂管路

1）铝管

目前常用的铝管有 $\varphi 8.2\times 1.5$、$\varphi 9\times 1.5$、$\varphi 11\times 1.8$、$\varphi 12\times 1.8$、$\varphi 16\times 1.8$ 等多种规格，$\varphi 8.2\times 1.5$ 和 $\varphi 9\times 1.5$ 铝管主要用于液态管（冷凝器—膨胀阀—蒸发器连接管），$\varphi 11\times 1.8$ 和 $\varphi 12\times 1.8$ 铝管主要用于气态高压管（压缩机—冷凝器连接管），$\varphi 16\times 1.8$ 铝管主要用于气态低压管（蒸发器—压缩机连接管）。

铝管材料多为 3003-H12 和 6063-T4 两种。在设计管路时，在空间允许的条件下，铝管布置应力求简单，尽可能减少弯折。

2）橡胶管

橡胶管属于软管，有很好的挠性，以适应振动环境。

3）管路接头及密封元件

常见的汽车空调制冷剂管路接头有螺纹连接式、压板连接式及铝套连接式三种。

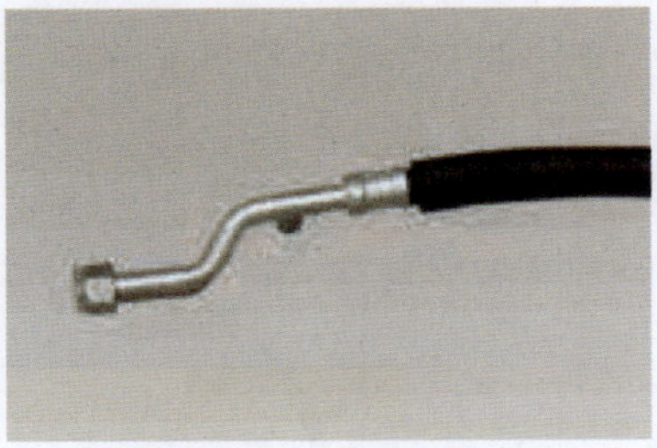

图 2-92　螺纹连接式管路接头

螺纹连接式管路接头（图 2-92）采用螺母和外牙螺纹将铝管与铝管或其他部件连接起来。按照螺纹规格不同，又可分为米制螺纹和英制螺纹两类。米制螺纹规格有 M16×1.5、M20×1.5、M22×1.5、M24×1.5 多种，英制螺纹规格有 5/8-18UNF、3/4-16UNF、7/8-14UNF 多种。

压板连接式管路接头（图 2-93）采用压板将铝管与铝管或其他部件连接起来，结构简单，连接可靠。

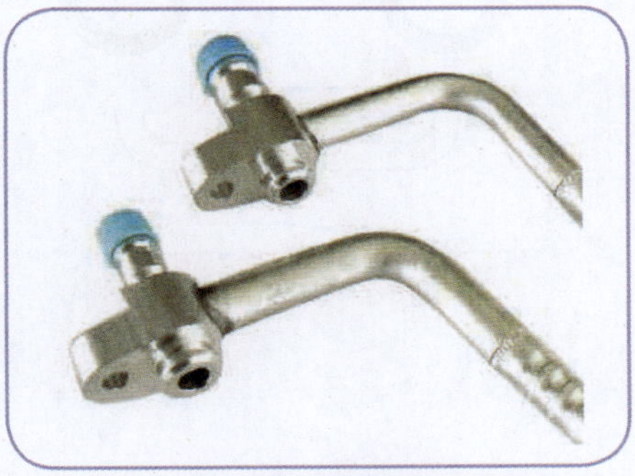

图 2-93　压板连接式管路接头

对于螺纹连接式管路接头，如果用于连接铝管与胶管，则在紧固螺纹时，胶管很可能被扭转，这种存在扭转剪切应力的胶管会过早疲劳损坏，同时扭转剪切应力会使接头有松脱的趋势。所以现在汽车空调制冷剂管路接头更倾向于采用压板连接式结构。

铝套连接式管路接头（图 2-94）采用铝套将铝管和橡胶管连接起来。将铝管和橡胶管插入铝套，然后用扣压机扣压铝套，以达到连接并密封铝管与橡胶管的目的。

图 2-94 铝套连接式管路接头

汽车空调制冷剂管路接头广泛采用 O 形密封圈（图 2-95）作为密封元件，以确保管路接头的可靠密封。要求 O 形密封圈有良好的耐 R134a 和冷冻机油能力，故多采用 HNBR（氢化丁腈橡胶）材料。为了区别于 R12 系统，防止装配错误，一般把采用 HNBR 制造的 O 形密封圈染成绿色，而将适用于 R12 制冷剂的 O 形密封圈染成黑色。

图 2-95 O 形密封圈

需要注意的是，在制冷系统维修时，可以用绿色的 O 形密封圈替代黑色的 O 形密封圈，但不允许用黑色的 O 形密封圈替代绿色的 O 形密封圈（图 2-96）。

4）制冷剂充注阀

制冷剂充注阀亦称制冷剂充注口、检测阀、维修阀，分为低压充注阀和高压充注阀两种，分别由阀座、阀芯和防尘盖组成（图 2-97），用于给空调系统充注制冷剂。

一般低压充注阀焊接在低压气态管上，即蒸发器上；高压充注阀焊接在高压液态管上，即冷凝器—蒸发器连接管上。也有部分车型将制冷剂充注阀集成在储液干燥器或集液器上。

制冷剂充注阀平时用塑料防尘盖盖住，其上印有 L（低压）或 H（高压）标志，以示区别。

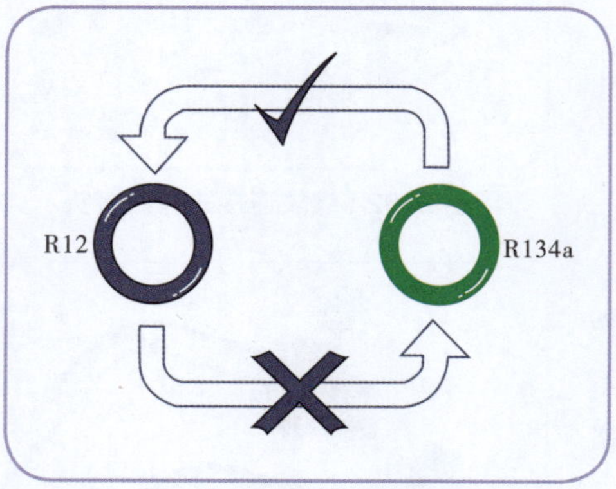

图 2-96 O 形密封圈的替代

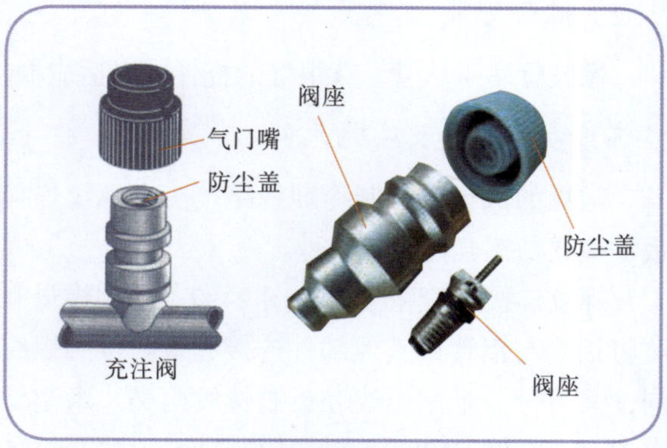

图 2-97 制冷剂充注阀

任务实践

1. 实践名称

储液干燥器的拆装。

2. 实践准备

实训车辆、制冷剂回收设备、工作台、常用工具、汽车维修手册、抹布等。

3. 实践要求与注意事项

①拆卸过程中应轻拿轻放，不要暴力拆解。
②回收制冷剂时应防止泄漏在空气中。
③防止烫伤、冻伤、划伤。
④使用维修手册时，要注意避免破损，手册与使用车型相对应。

4. 操作步骤及检修

1）储液干燥器的拆装

储液干燥器的位置结构如图 2–98 所示。

（1）在拆卸之前，用冷媒回收加注设备将制冷剂抽空。
（2）拔下高低压开关连接插头（图 2–99 中箭头 A 所示）。
（3）拆下 C 管（冷凝器至储液干燥器，如图 2–99 中箭头 B 所示），封住管口。
（4）拆下 L 管（储液干燥器至蒸发器，如图 2–99 中箭头 C 所示），封住管口。
（5）拆卸连接螺栓（图 2–99 中箭头 D 所示），取出储液干燥器。

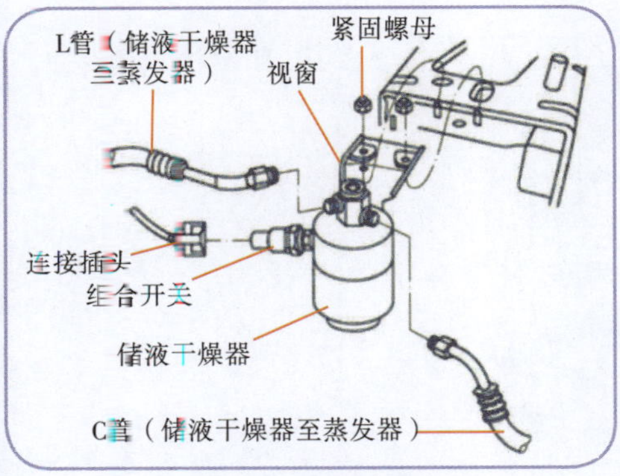

图 2–98 储液干燥器的位置结构

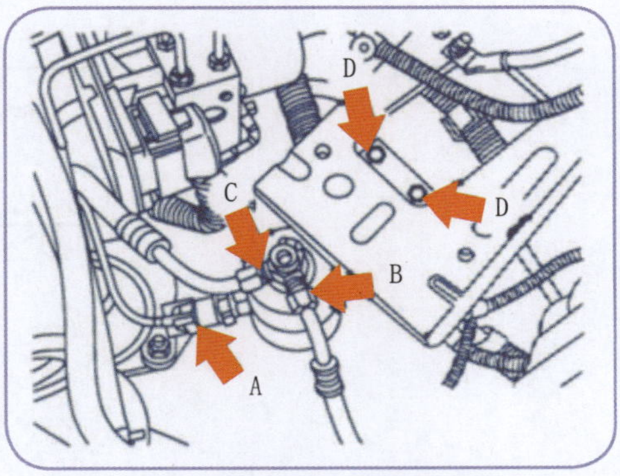

图 2–99 储液干燥器管路的拆卸

2）储夜干燥器安装

储液干燥器一般安装在冷凝器旁，或者其他通风好、散热好、远离热源的地方。安装时要尽量直立安装，倾斜度不要大于 15°。如果倾斜度过大，液态与气态制冷剂就不能完全分离。特别需要注意的是，在空调系统的安装与维修中，储液干燥器必须最后一个被接到系统中，以防止空气进入干燥器，因为空气中的水分及其他不可冷凝的杂质等可能会腐蚀金属，致使小的金属粒子剥落下来，造成系统堵塞。安装前一定要确定储液干燥器的进口端和出口端，否则容易装错。一般在其进、出口端制作标记，如进口端用英文“IN”（此端应与冷凝器出口相接）表示，出口接用“OUT”表示，或者直接打上箭头。

储液干燥器拆卸情况：

①拆卸储液干燥器过程中用到的工具是：________________________。

②拆卸储液干燥器过程中比较难的是：__________________________。

③储液干燥器的进、出口连接螺母拆下后，是否立即封闭制冷系统两端的管路：____。

④是否更换新的密封圈：____________________________________。

3）鼓风机的拆卸

（1）拆卸空调单元总成（图 2-100）。从仪表板加强板总成上拆下 3 个螺栓和空调单元总成。

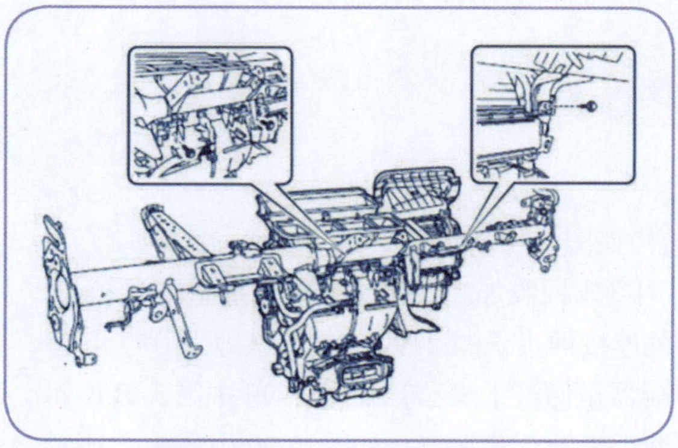

图 2-100 拆卸空调单元总成

（2）拆卸风道分总成。如图 2-101 所示，分离两个定位爪和导具，并拆下 3 号风道分总成。

图 2-101 拆卸风道分总成

（3）拆卸空调线束总成。拆下加热器密封件，断开各连接器，分离各夹箍并拆下空调线束总成。

（4）拆卸带蒸发器的鼓风机总成。如图 2-102 所示，拆下 6 个螺钉，分离 4 个定位爪并拆下带冷却蒸发器的鼓风机总成。

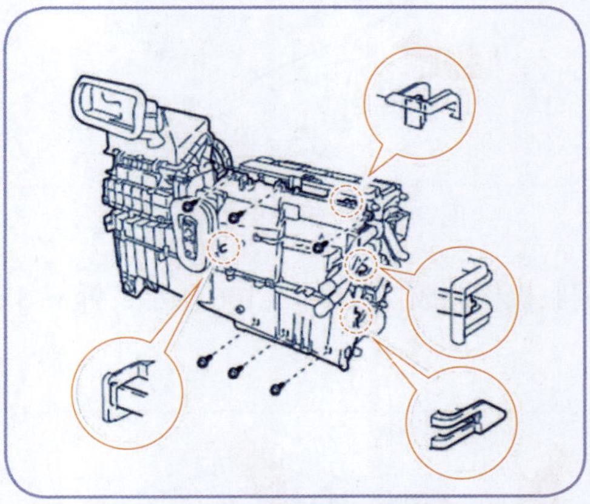

图 2-102　拆卸带蒸发器的鼓风机总成

（5）拆卸风道分总成。如图 2-103 所示，分离 4 个定位爪并拆下风道分总成。

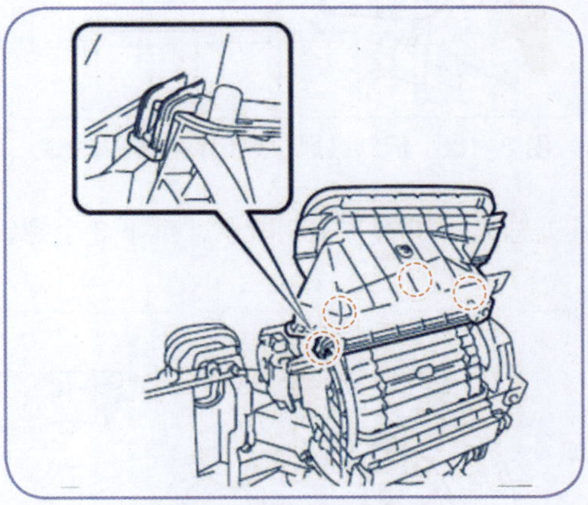

图 2-103　拆卸风道分总成

（6）拆卸空气滤清器盖板。如图 2-104 所示，分离两个定位爪并拆下空气滤清器盖板。

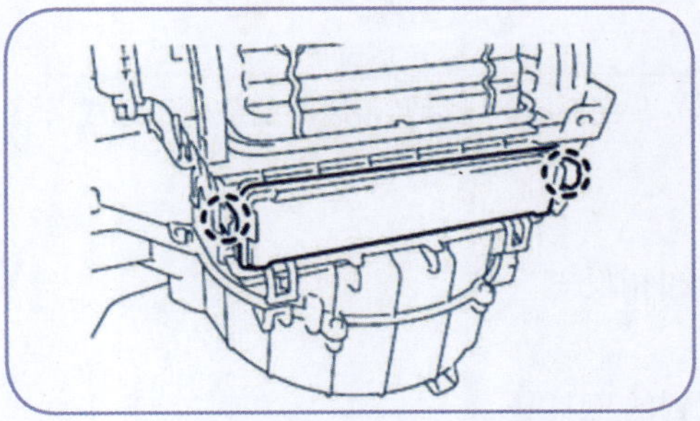

图 2-104　拆卸空气滤清器盖板

（7）拆卸空气滤清器，如图 2–105 所示。

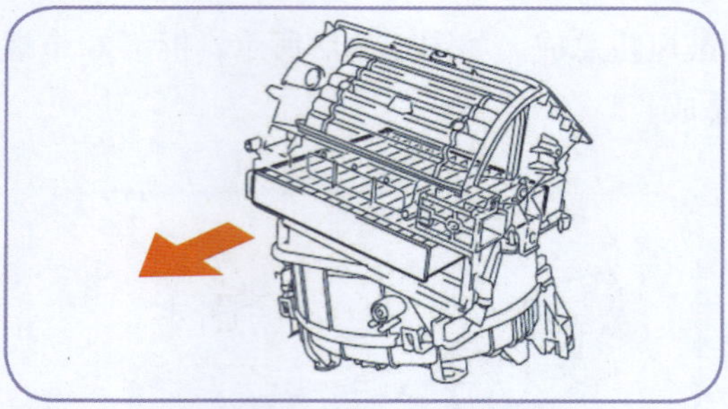

图 2–105 拆卸空气滤清器

（8）拆卸鼓风机风门伺服机构总成。如图 2–106 所示，拆下 3 个螺钉和鼓风机风门伺服机构总成。

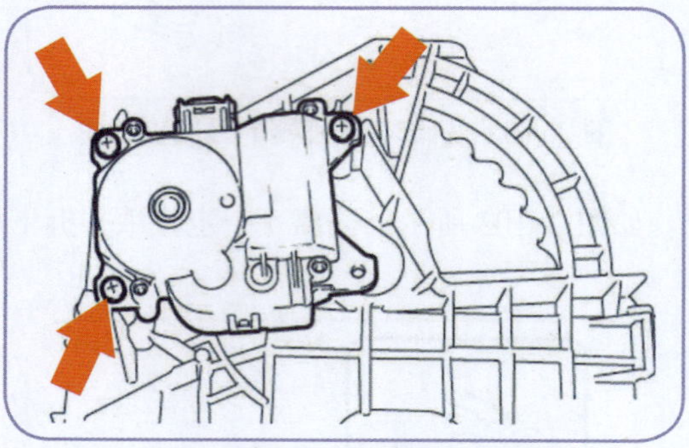

图 2–106 拆卸鼓风机风门伺服机构总成

（9）拆卸带风扇的鼓风机总成。如图 2–107 所示，拆下 3 个螺钉和带风扇的鼓风机总成。

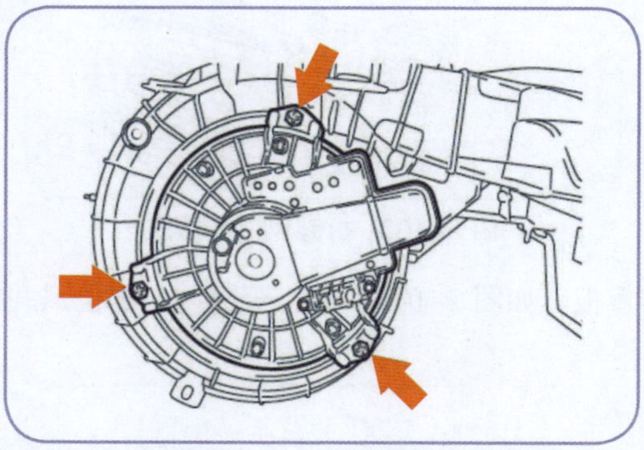

图 2–107 拆卸带风扇的鼓风机总成

4）鼓风机的安装

冷凝器的安装顺序与拆卸相反。

鼓风机的拆装情况：

①拆装鼓风机过程中用到的工具是：______________________________。

②拆卸鼓风机过程中比较难的是：______________________________。

5. 实践总结

____

____

____

____

任务练习

一、填空题

1.________具有储液、________、________三种功能。

2.________通常用于汽车空调________系统中，________在________与膨胀阀之间的制冷剂管路上。

3.集液器用于汽车空调________中，其作用与________类似，安装在制冷系统的________。

二、判断题

1. 观察视液镜，如视液镜清晰，肯定系统内的制冷剂是够的。 （ ）
2. 干燥瓶上一般有制冷剂的流动方向标记，在安装时是可以倒装的。 （ ）
3. 汽车空调制冷系统中干燥瓶和膨胀阀的作用是节流减压、过滤干燥。 （ ）

三、选择题

1. 下列汽车空调部件中，不是热交换器的是（ ）。

A. 供暖水箱　　B. 冷凝器
C. 蒸发器　　D. 鼓风机

2. 用歧管压力表诊断制冷系统，低压侧压力负值的原因是（ ）。

A. 干燥瓶堵塞　　B. 冷凝管散热不良
C. 制冷剂过少　　D. 膨胀阀结冰

3. 汽车空调干燥瓶安装在（ ）。

A. 低压管道上　　B. 低压或高压管道上
C. 高压管道上　　D. 以上都不是

4. 汽车空调系统中储液干燥器的作用有（　　）。

A. 储液　　B. 吸湿

C. 过滤杂质　　D. 以上都是

四、问答题

1. 集液器的功用有哪些？

2. 储液干燥器的功用是什么？安装的时候应注意哪些问题？

3. 制冷剂管路的功用有哪些？由哪几部分组成？

项目三

汽车空调暖风、配气与通风系统

项目描述

相对封闭的汽车车厢内，为了满足舒适性的要求，除了要对温度进行调节和对大量新鲜空气进行及时补充，还要对狭小的车厢内部空间的气流进行调配。汽车的空调暖风系统、通风系统与配气系统就是完成上述任务的重要组成部分。本项目主要对这三个方面进行介绍。

任务一 汽车空调暖风系统

任务目标

完成本学习任务后，学生在基础知识和基本技能方面应达到以下要求。

●知识目标

（1）掌握汽车空调暖风系统的功用。

（2）掌握汽车空调暖风系统的分类。

（3）掌握热水暖风系统的工作原理。

（4）掌握暖风系统的温度调节方式。

●能力目标

能够独立完成暖风系统的拆装。

任务引入

一辆卡罗拉轿车行驶10万公里后，驾驶员打开空调暖风开关，发现温度迟迟不能升上来，将车开至丰田维修站点进行检测，初步判定为加热器芯损坏故障，需要对其进行拆卸检查。通过拆卸发现加热器芯已经损坏，更换加热器芯后空调暖风系统恢复正常。下面进入汽车空调暖风系统的学习。

相关知识

一、汽车空调暖风系统概述

现代汽车空调已发展成为冷暖一体化装置，不仅能制冷，而且能制热和通风，成为适应全年性气候的空气调节系统。汽车空调暖风系统是将车内空气或进入车内的外部空气送入热交换器，吸收热量，从而提高空气的温度，并利用鼓风机将热空气送入车内，提高车内温度的一种装置。

1. 汽车空调暖风系统的作用

汽车空调暖风系统的主要作用是和蒸发器一起将空气调节到乘员感觉舒适的温度。

向车厢内供暖是汽车空调的重要功能之一，而汽车空气调节的目的不是单纯制冷和供暖，而是在不断变化的车外大气环境下，保证车内的温度、湿度稳定在一定范围内，并保证送入车内的空气清新，所以必须有通风配气系统对已经通过制冷和加热的空气重新调和温度、输送和分配，如图 3–1 所示。

1）取暖

冬季天气寒冷，在运动的汽车内人们感觉更寒冷。这时，汽车空调可以向车室内提供暖风，提高车室内的温度，使乘员不再感觉到寒冷。

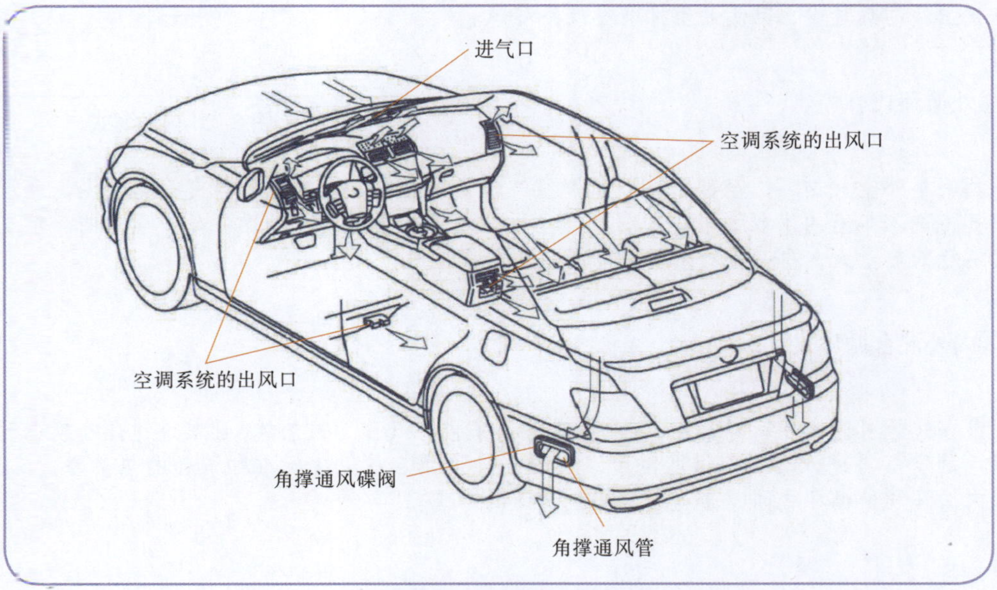

图 3–1 汽车空调暖风系统

2）除霜

冬季或初春，室内外温差较大，车窗玻璃会结霜或起雾，影响驾驶人和乘客的视线，不利于安全行车，这时可以用暖风来除去玻璃上的霜和雾。

2. 汽车空调暖风系统的分类

1）按热源不同分类

①热水取暖系统。热水取暖系统利用的是发动机冷却液的热量，这种系统大多用于轿车、大货车及要求不高的大客车。

②独立燃烧取暖系统。独立燃烧取暖系统安装有专门的燃烧机构，这种系统多用于大客车。

③综合预热取暖系统。综合预热取暖系统既采用发动机冷却液的热量，又利用装有燃烧预热器的综合加热装置，此系统多用于大客车。

④气暖取暖系统。气暖取暖系统利用的是发动机排气系统的热量，该系统多用于风冷式发动机。

不论利用何种热源，热量都是通过热交换装置传递给空气，并通过风机把热空气送入驾驶室内的。

2）按空气循环方式不同分类

①内循环式。

利用车室内空气循环，将车室内用过的空气作为载热体，让其通过热交换器升温，升温后的空气再进入车室内供取暖用，如图 3-2 所示。这种方式消耗的热量少，但从卫生标准看最不理想。

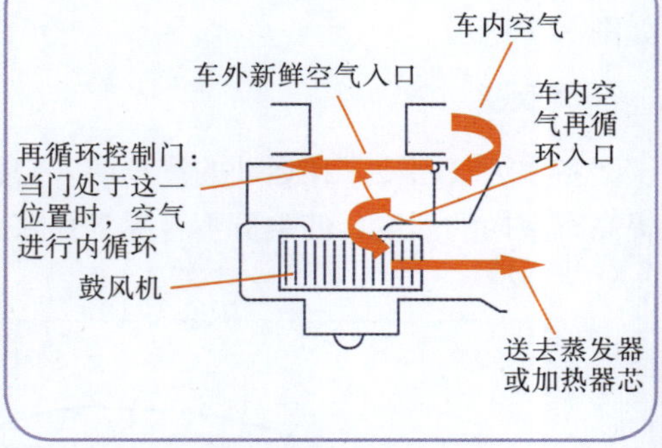

图 3-2　内循环式

②外循环式。

利用车外空气循环，全部用车外新鲜空气作为载热体，让其通过热交换器升温，升温后的空气再进入车室内供取暖用，如图 3-3 所示。从卫生标准看，外循环是最理想的，但这种方式消耗的热量大，也是不经济的。高级轿车采用这种方式。

③内外混合循环式。

该方式既引进车外新鲜空气，又利用部分车室内空气作为载热体，让其通过热交换器升温，升温后的空气再进入车室内供取暖用，如图 3-4 所示。从卫生标准和消耗的热量看，其正好介于内循环和外循环之间，是当前应用最广泛的方式。

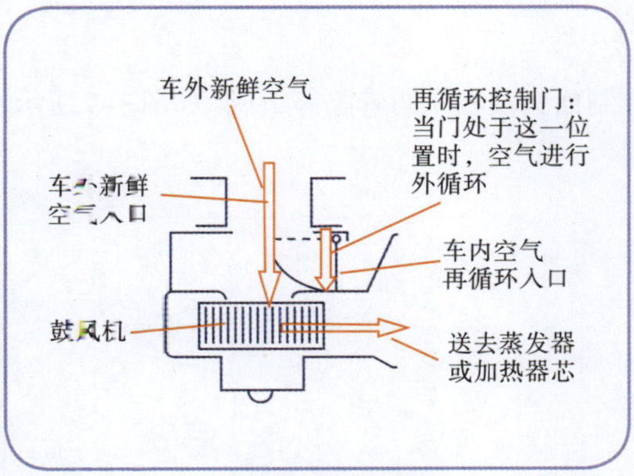

图 3-3　外循环式

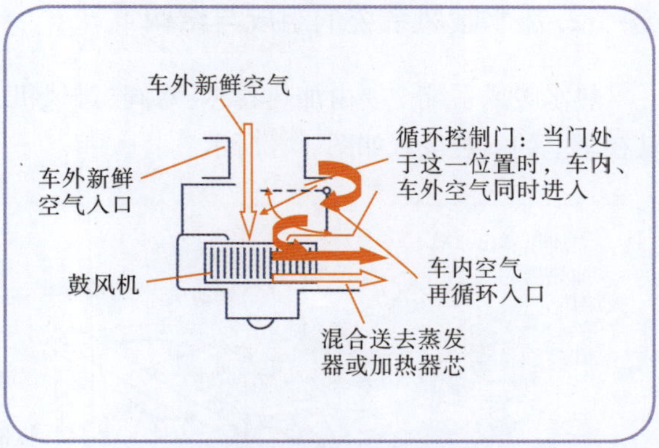

图 3-4　内外混合循环式

二、热水暖风系统

1. 热水暖风系统的工作原理

热水暖风系统实际上是发动机冷却系统的一部分，借助发动机的水泵实现热水循环。热水暖风系统的热源通常采用发动机的冷却液，使冷却液流过一个加热器芯，再使用鼓风机将冷空气吹过加热器芯以加热空气，使车内的温度升高。其工作原理如图 3-5 所示。该系统设备简单，安全经济，但热量小，受发动机运行工况影响，发动机停止运行时，没有暖气提供。

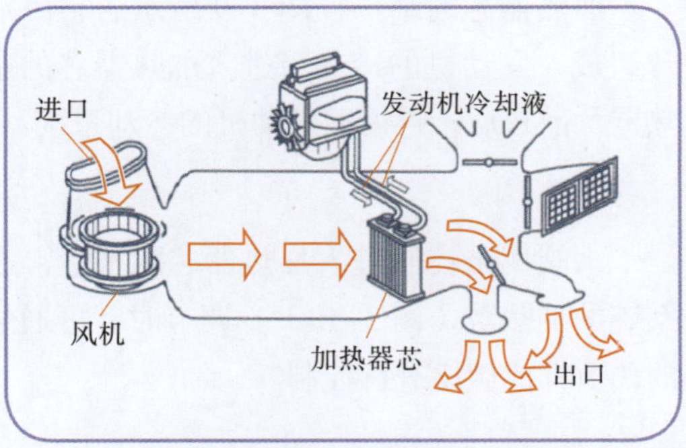

图 3-5　热水暖风系统的工作原理

在通风装置中，由风机（鼓风机电动机）强制空气循环运动。空气经由进风口被吸入，流经加热器时被加热，并由出风口导出，进入车厢内实现取暖或为风窗除霜，如图 3-6 所示。

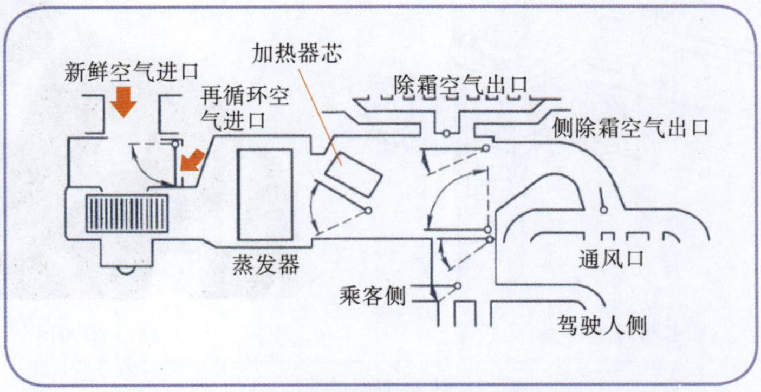

图 3-6　热水暖风系统工作过程

2. 热水暖风系统的组成与结构

热水暖风系统主要由加热器芯、水阀、鼓风机、控制面板及相应的管路等组成，如图 3-7 所示，其在车上的安装位置如图 3-8 所示。

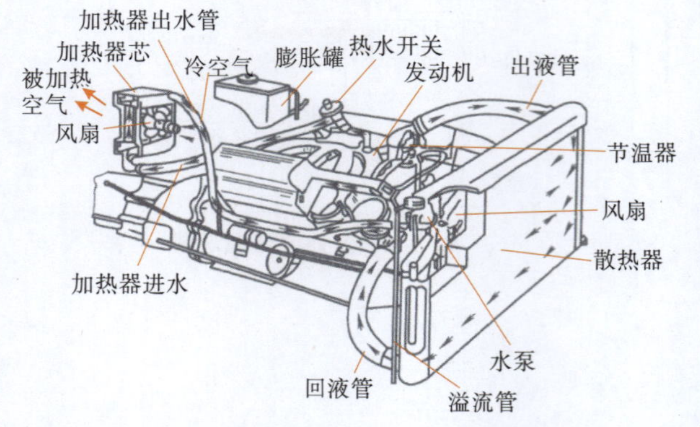

图 3-7 热水暖风系统的组成

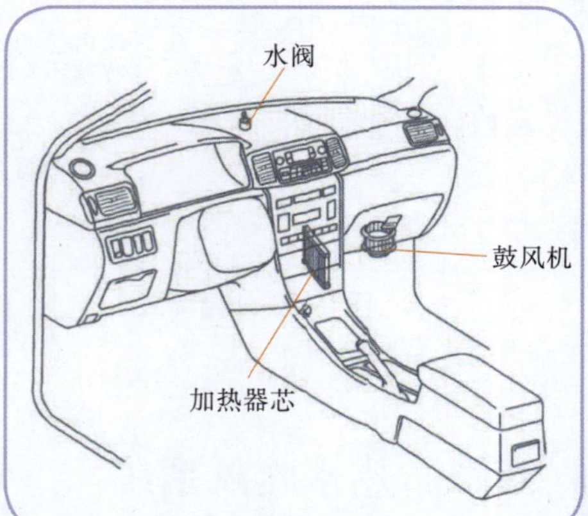

图 3-8 热水暖风系统部件的安装位置

1）加热器芯

加热器芯的结构如图 3-9 所示。它由水管和散热器片组成，发动机的冷却液进入加热器芯的水管，通过散热器片散热后，再返回发动机的冷却系统。

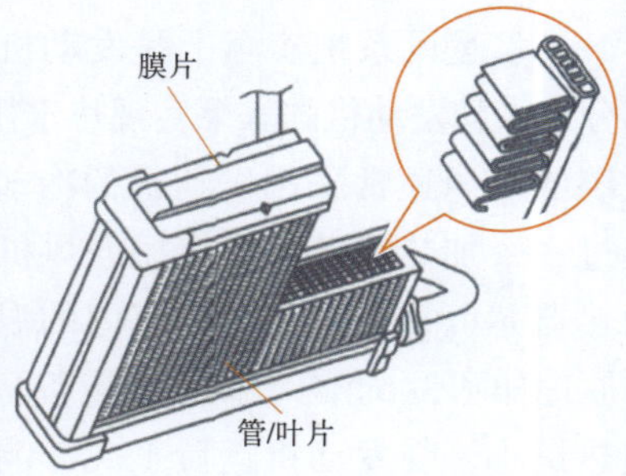

图 3-9 加热器芯的结构

2）水阀

水阀用来控制进入加热器芯的水量，进而调节暖风系统的加热量（图 3-10）。调节时，可通过控制面板上的调节杆或旋钮进行控制。

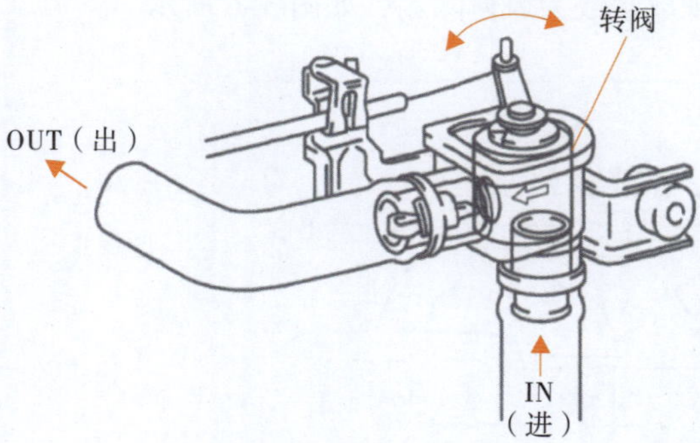

（a）水阀的结构

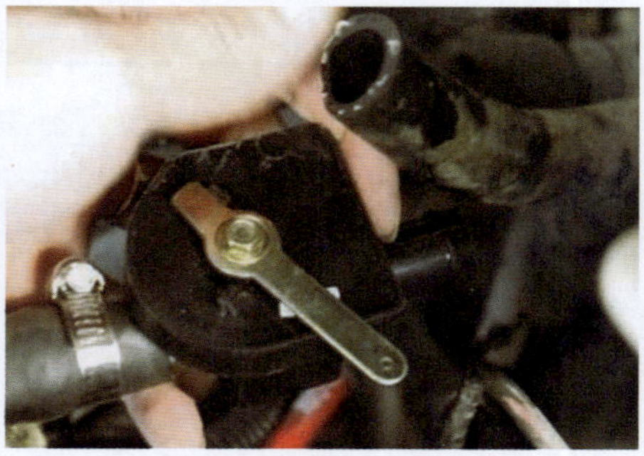

（b）实物图

图 3-10 水阀

3．鼓风机

鼓风机由可调节速度的直流电动机和鼠笼式风扇组成，其作用是将空气吹过加热器芯加热后送入室内。调节电动机的速度，可以调节对车厢内的送风量。鼓风机如图 3-11 所示。

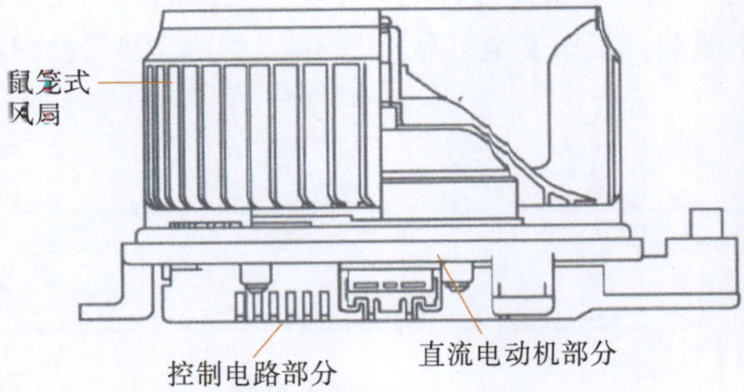

（a）结构图

（b）实物图

图 3-11　鼓风机

三、气暖式暖风装置

利用发动机排气管中的废气余热或冷却发动机后的灼热空气作为热源，通过热交换器加热空气，把加热后的空气输送到车室内供取暖用的装置，称为气暖式暖风装置。这种暖风装置受车速变化的影响大，对热交换器的密封性、可靠性要求高。

1. 气暖肋片式

如图 3-12 所示，在发动机排气管上装一段肋片管，管外套上外壳，管内通发动机排气，外壳与管子之间的夹层中通空气，这段管子就是热交换器。在鼓风机的作用下，将空气吸入并加热后送入车室。加肋片的目的在于增加换热面积以强化换热。值得注意的是排气中含有二氧化硫和水分等杂质，具有腐蚀性。因此，要求这段管子必须是耐腐蚀的，连接处应密封严实，且应经常检查。如果受腐蚀而导致管穿孔，废气将和空气一起进入车室内，危及人体健康和安全。现在这种系统已经较少使用。

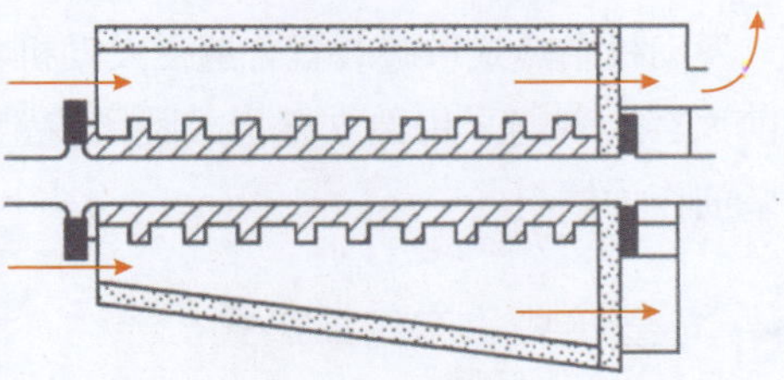
图 3-12　气暖肋片式装置

2. 气暖热管式

现在热管技术已被用于汽车换热，这项新技术的采用，大大地提高了取暖效果，且安全可靠。热管技术的工作原理如图 3-13 所示，车用发动机的废气流经热管的吸热端，利用鼓风机强制车室内空气流过热管的放热端，真空密闭的金属管（热管）内装入约占热管容积 1/3 的工作液体（工作液体的种类视工作温度的范围而定，有多种物质可以利用，一般情况下可选用水、氨、乙醇、R13 等），在管子下部（吸热端）的工作液体被发动机废气热流体加热，吸收热量后沸腾变为气体。由于气体的密度小而上升，到管子的上部将热量传给车室内的空气而凝结，垂直布置可利用重力差，加速凝结液回流，稳定其换热性能，凝结液沿管内壁流回下部，再吸热沸腾为气体。如此反复进行，不断地将下部的热量传到上部。这种气—气式热管换热器结构简单，启动快，传热系数高，换热效果好，不用外加动力，也无运动部件，维护方便；突出的特点是发动机排出的废气和进入车室内取暖用的空气互不泄漏，工作安全可靠。图 3-14 所示为热管换热器安装在汽车上的示例。

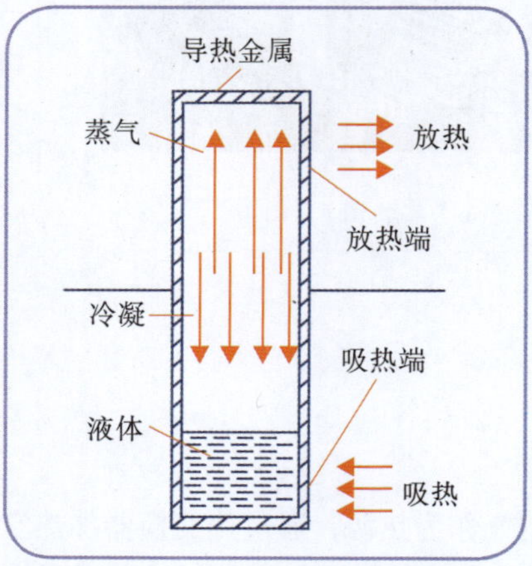

图 3-13　热管技术的工作原理

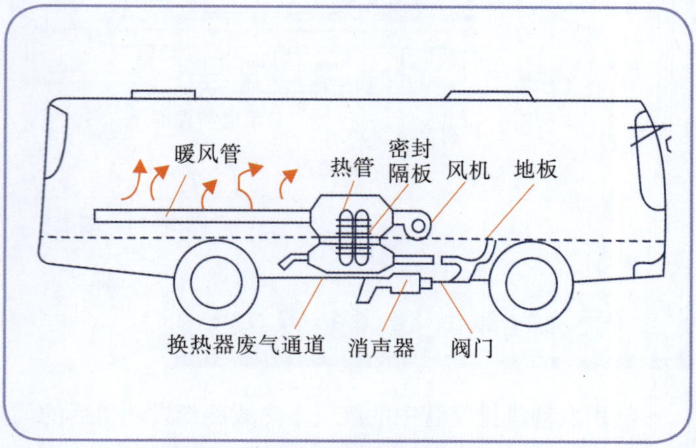

图 3-14　热管式汽车空调示例

四、独立燃烧式暖风装置

发动机余热式取暖装置普遍受发动机功率和工况影响较大，车速低、下坡时取暖效果不佳。目前大客车普遍采用独立燃烧式暖风装置，其热容量大，热效率可达 80%。一般可使用煤油、轻柴油作为燃料。

1. 直接式（空气加热式）

这种装置通常由燃烧室、热交换器、供给系统和控制系统四部分组成。燃烧室由火花塞和燃料分布器组成，燃料分布器直接装在空气送风机的电动机轴上，工作时，由其内部出来的燃油在离心力作用下雾化。热交换器位于燃烧室后端，由双层腔组成，内腔通过的是燃烧的高温气体，外腔通过的是新鲜空气，便于冷热交换。供给系统包括燃料供给系统、助燃空气供给系统和被加热空气供给系统三部分。其中，燃料供给系统由燃料泵、电动机、燃油电磁阀、油箱和输油管组成。助燃空气供给系统和被加热空气供给系统共用一台电动机，电动机两端各装一台鼓风机供两个系统使用。控制系统有手动和自动两种方式，用来控制电动机、电磁阀、点火装置及自动控制元件的工作。

该暖风装置工作时，燃油由电路电磁阀和液压泵来控制。当打开暖风开关时，电磁阀打开，电动机工作，与其同轴的燃料泵工作，燃油从油箱经滤清器进入燃料分布器，在离心力作用下飞散雾化，并与供给燃烧的空气混合进入燃烧室。火花塞通电点火，点燃混合气，燃烧后的高温气体在与新鲜空气换热后，由排气管排向大气。在电动机轴前端安装的空气送风机向系统内送入空气，经换热器加热后由暖气排出口进入车室内的管路和送风口。

由于燃烧时温度高，因此安全保护就相当重要，暖风出口温度过高时，过热保护器就开始动作，断开电磁阀的电源，停止燃油供应。另外，燃烧终止或停机时，供油中断，不再燃烧，送风机应继续运行一段时间，直至感测温度指示装置正常才停止，这样可保护燃烧室不会因过热而受损。

该装置的优点是取暖快，不受汽车行驶工况的影响。用空气作为热交换介质提供的暖风处于高温干热状态，舒适性差。

2 间接式

间接式独立暖风装置用水作为载热介质向车室内提供暖风，出风柔和，舒适感好，且采用内循环空气，灰尘少，效果较为理想。其最大优点是不仅可供车室内取暖用，还可预热发动机、润滑油和蓄电池等。如果这种水加热器与汽车发动机的冷却液系统连通起来，则可起互补作用。当发动机冷却液温度低于 80℃时，由加热器工作，而冷却液温度高于 80℃时，恒温器动作，自动切断燃油泵电源，由发动机冷却液提供热源。这样既可保证水加热器不致因过热而损坏，又可节约能源。

暖风系统示意图如图 3–15 所示，燃油和空气在燃烧室中混合燃烧，加热发动机的冷却液，加热后的冷却液进入加热器芯向外散热，降温后返回发动机再进行循环。

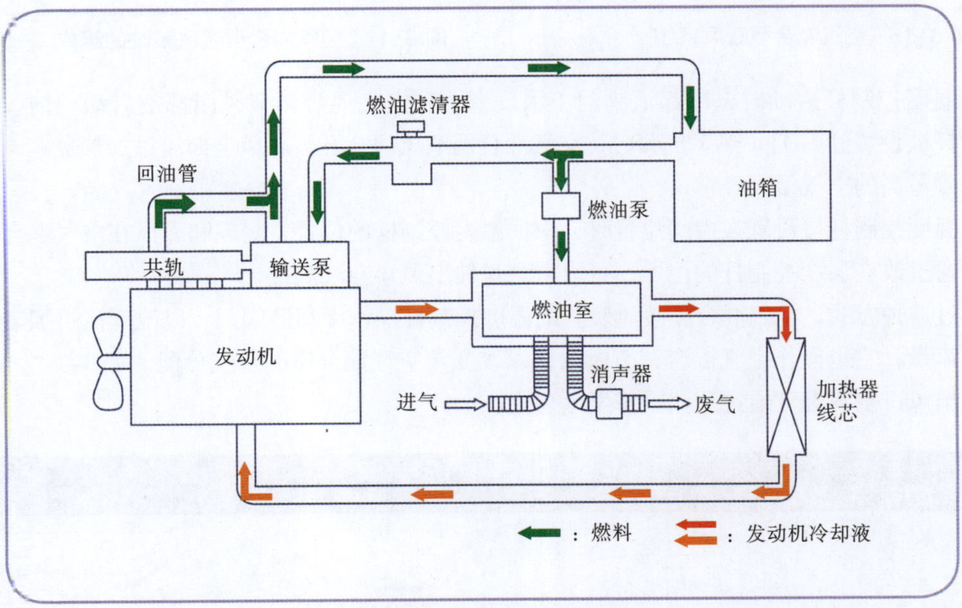

图 3–15　暖风系统示意图

五、暖风系统的温度调节

就暖风系统而言，车内温度的调节方式分为空气混合型和冷却液流量调节型两种。其中，空气混合型温度调节方式应用较多。

1. 空气混合型

空气混合型暖风系统（图 3–16）在暖风的气道中安装空气混合调节风门，该风门可以控制通过加热器芯的空气和不通过加热器芯的空气的比例，从而实现温度调节，目前绝大多数汽车均采用这种方式。

如图 3–17 所示，当鼓风机风扇工作时，通过进气门吸入的内外空气被连接至温度控制杆的空气混合调节风门，并被分为两股气流，一股气流通过加热器芯后变热；另一股气流不流过加热器芯，仍然保持较低的温度。

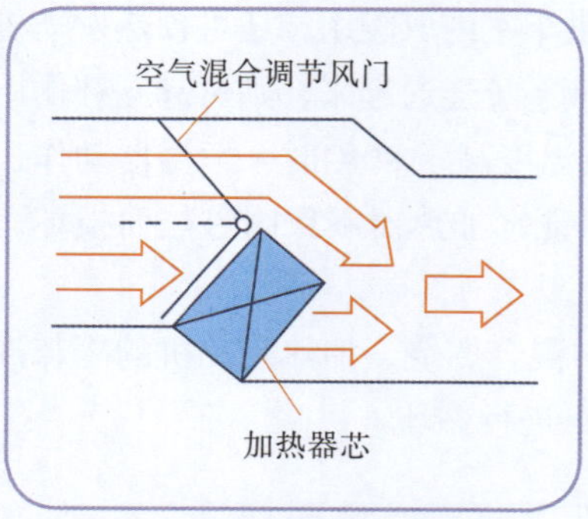

图 3–16 空气混合型暖风系统

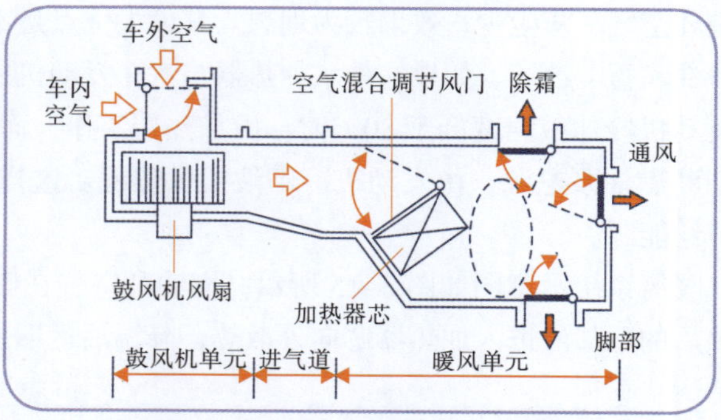

图 3–17 空气混合型暖风系统的组成

当温度控制杆启动时，冷却液阀门（水旋塞）和空气混合调节风门都被启动。例如，当温度控制杆被设置到 HOT（热）位置时，空气混合调节风门全开，冷风全部流过加热器芯。因此，可以得到最高的空气温度。

当温度控制杆被设置在中间位置时，根据温度控制杆的位置，暖风和冷风在空气混合室中被混合。通过改变温度控制杆的位置，可以得到最佳出风口空气温度。

通过这种方式，空气混合型暖风装置的温度控制杆操作冷却液阀门，以改变流过加热器芯的冷却液流量；它也操作空气混合调节风门，以改变至空气混合室的空气分配（表 3–1）。吹入乘客舱的出风口空气温度通过这些操作发生变化。

表 3–1 空气混合型暖风系统的空气分配

温度控制杆 / 旋钮	全冷	中间	全热
空气混合调节风门	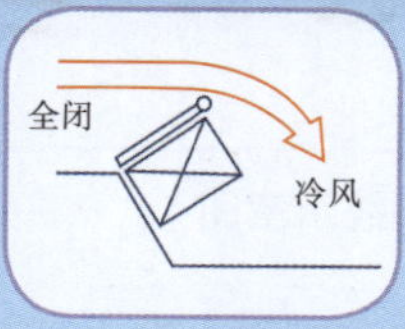	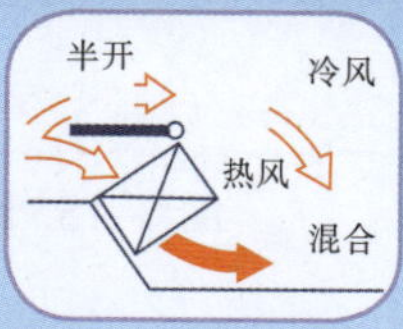	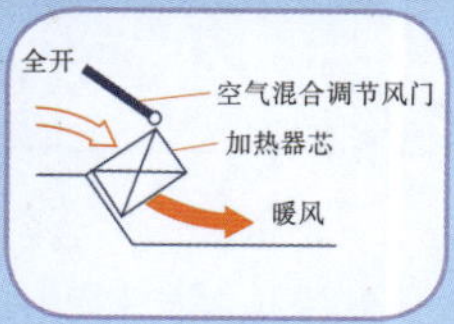
冷却液阀门	全闭	半开	全开

2. 冷却液流量调节型

冷却液流量调节型暖风系统（图 3–18）采用冷却液阀门调节冷却液流经加热器芯的流量，以改变加热器芯的温度，进而调节车内温度。

水暖式暖风系统的冷却液循环路线如图 3–19 所示。

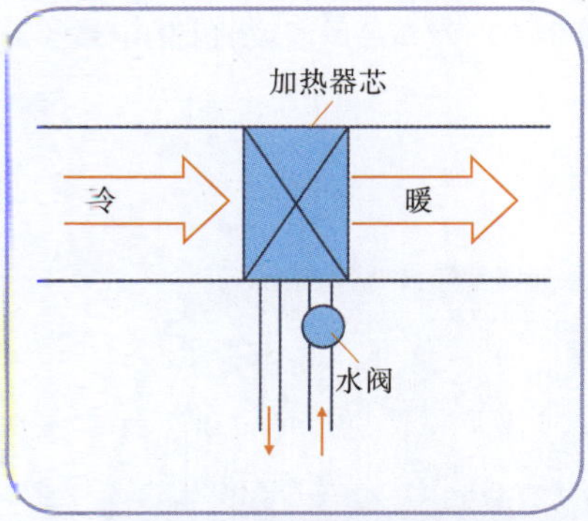

图 3–18 冷却液流量调节型暖风系统

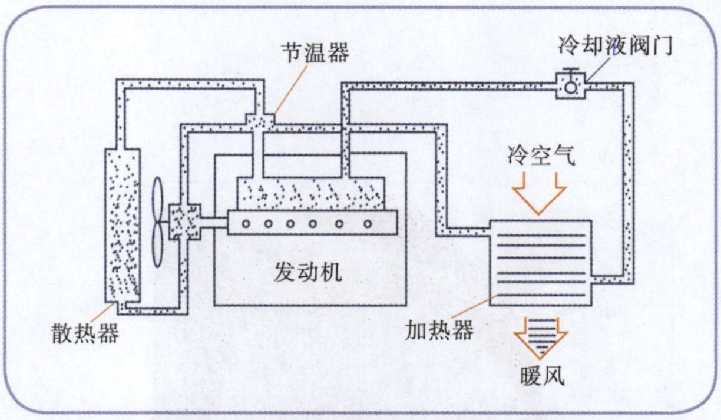

图 3–19 水暖式暖风系统的冷却液循环路线

六、汽车除霜 / 除雾装置

除霜 / 除雾装置用于消除严寒季节在风窗玻璃上积存的霜、雪，以及防止玻璃上起雾。车内乘客呼吸散发出的气体会使车内温度升高，当风窗玻璃表面的温度低时，气体中的水分会冻结在玻璃上，因此，需要除霜 / 除雾装置经常将热风从除霜口吹出，防止玻璃表面起雾。

目前汽车除霜 / 除雾方法有暖风吹拂除霜 / 除雾法和电加热除霜 / 除雾法两种。

1. 暖风吹拂除霜 / 除雾法

一般前风窗玻璃采用暖风吹拂除霜 / 除雾法。该方法是将暖风装置产生的热空气吹向前风窗玻璃，以实现除霜 / 除雾。

暖风除霜 / 除雾装置主要由鼓风机、进出暖风风管、除霜 / 除雾器喷口等组成。其中，除霜 / 除雾器喷口安装在风窗玻璃下部，暖风的进口和车内暖风装置的风管相连，以便直接利用暖风将覆盖于风窗玻璃表面的霜和冰雪融化，并防止玻璃起雾。

2. 电加热除霜 / 除雾法

后风窗玻璃距离暖风装置比较远，如果采用暖风吹拂除霜 / 除雾法，则暖风风管较长，布置较为困难，且热量损失较大。因此，汽车后风窗玻璃多采用电加热除霜 / 除雾法进行除霜 / 除雾。

电加热除霜 / 除雾法是在汽车玻璃的内侧印制导电胶，或者镀上氧化铟导电薄膜，通电后，导电胶或氧化铟导电薄膜发热，即可使汽车玻璃温度升高，实现除霜 / 除雾。

电热丝（导电胶或氧化铟导电薄膜）的消耗功率一般为 500~700W，玻璃表面温度可达 70~90℃。

如图 3–20 所示，采用电加热除霜 / 除雾法时，由于玻璃上印制有电热丝，会影响驾驶人的视线。因此，这种方法仅适用于汽车后风窗玻璃的除霜 / 除雾。

此外，汽车车外后视镜的除霜 / 除雾（图 3–21 和图 3–22），以及汽车座椅的电加热，也采用这种方法。

图 3–20　汽车后风窗玻璃上的电热丝

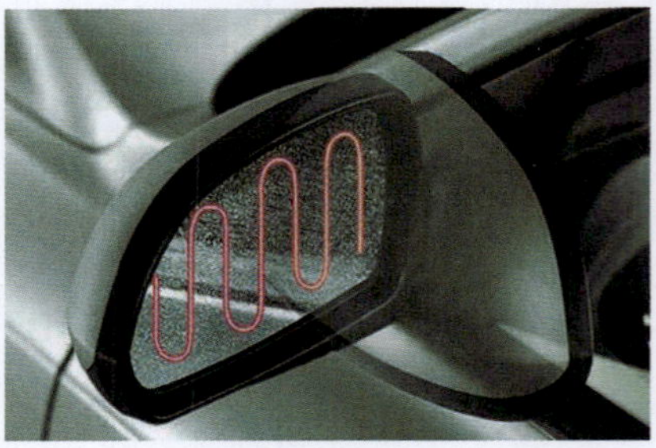

图 3–21　具有电加热除霜 / 除雾功能的车外后视镜

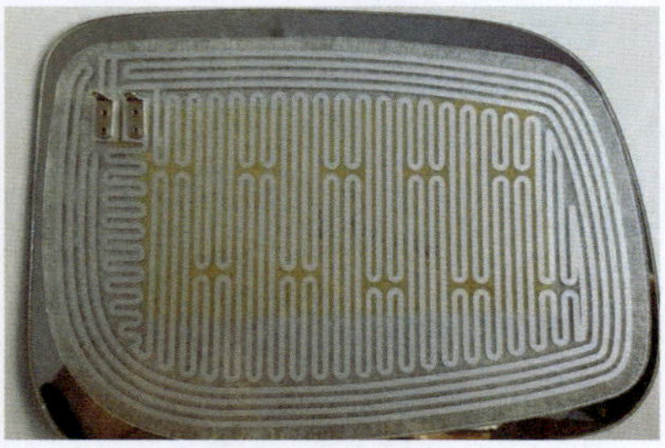

图 3–22　车外后视镜镜片背面的氧化铟导电薄膜

任务实践

1. 实践名称

暖风系统的拆装。

2. 实践准备

实训车辆、常用工具、汽车维修手册、抹布等。

3. 实践要求与注意事项

①拆卸过程中应轻拿轻放，不要暴力拆解。
②要小心回收冷却液，不要弄湿实训场地。
③防止烫伤、冻伤、划伤。
④使用维修手册时，要注意避免破损，手册应与使用车型相对应。

4. 操作步骤及检修

1）暖风箱的拆装

在拆卸前，应先断开蓄电池的搭铁线，并注意相关车辆装备的编码问题。安装后需要补充发动机冷却液，并且检查车辆装备。

（1）暖风箱的拆卸。

①排放冷却液，拆卸驾驶人侧储物箱、杂物箱，拆卸左侧风道、右侧风道、中央风道及挡水板、进风罩，松开通向热交换器冷却液管的卡箍，如图 3-23 所示。

②断开线束扎带 A、温度风门伺服电动机 6 针棕色插头 B、鼓风机 6 针黑色插头 C、除霜 / 脚向风门伺服电动机 6 针蓝色插头 D 和中央风门伺服电动机 6 针棕色插头 E 五个部件的连接，如图 3-24 所示。

③松开图 3-25 中箭头所指的暖风箱的两个紧固螺钉，向下拆下暖风箱。

（2）暖风箱的安装。

暖风箱的安装顺序与拆卸相反。

暖风箱的拆装情况：

①拆卸暖风箱过程中用到的工具是：________________________。

②拆卸暖风箱过程中比较难的是：________________________。

③暖风箱中的冷却液处理方式是：________________________。

④暖风箱的情况是：________________________。

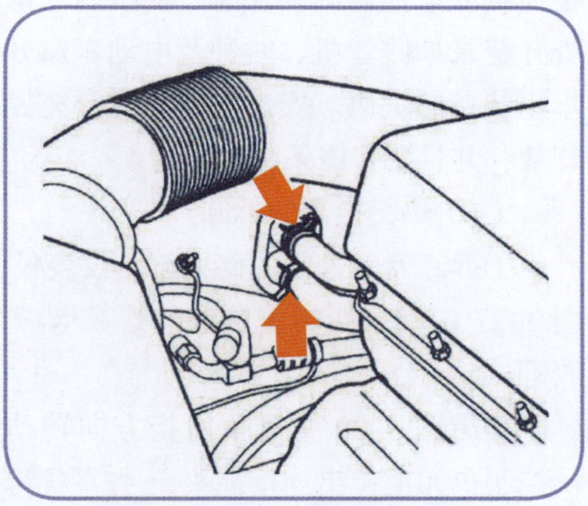

图 3-23　冷却液管卡箍的拆卸

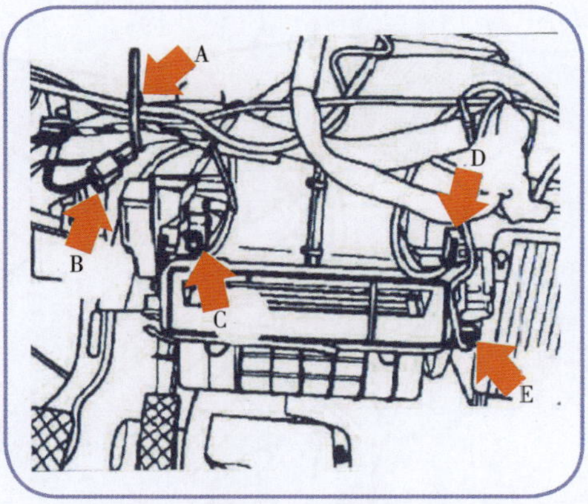

图 3-24　A、B、C、D、E 部件的连接

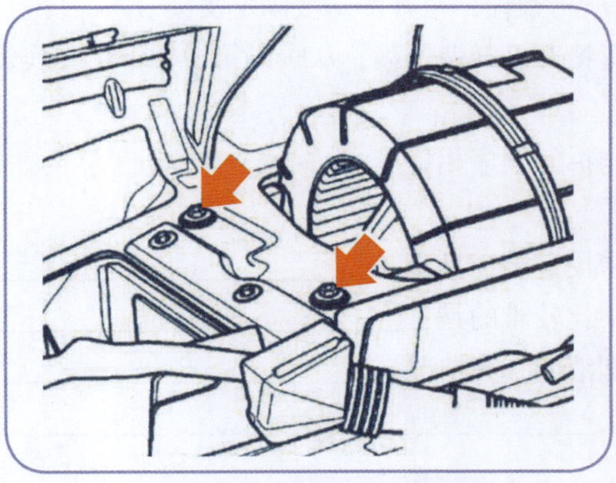

图 3-25　暖风箱紧固螺钉的拆卸

2）热交换器的拆装

热交换器的安装简图如图 3-26 所示。在进行热交换器拆装时，首先要断开蓄电池的搭铁线，并且注意操作说明中有关编码的提示。在连接蓄电池后必须注意，要按照维修手册检查并记录如收音机、时钟及电动车窗升降机等车用装备的编码。安装时要注意补充发动机冷却液，并且要将嵌条密封好。

（1）热交换器的拆卸。

①拆卸驾驶人侧的储物箱、仪表板，松开图 3-27 中箭头所指的两处胶管喉卡箍，拔下胶管。

②沿图 3-28 中箭头所指方向转动钩环，从控制单元上拉出连接插头，拧下螺母，拆下安全气囊控制单元。

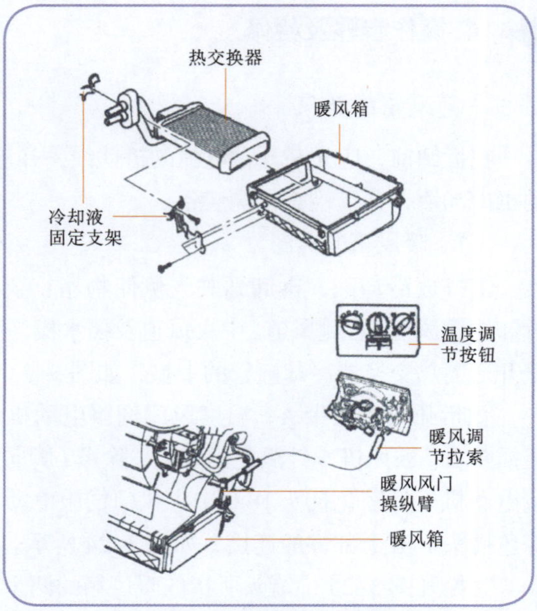

图 3-26 热交换器的安装简图

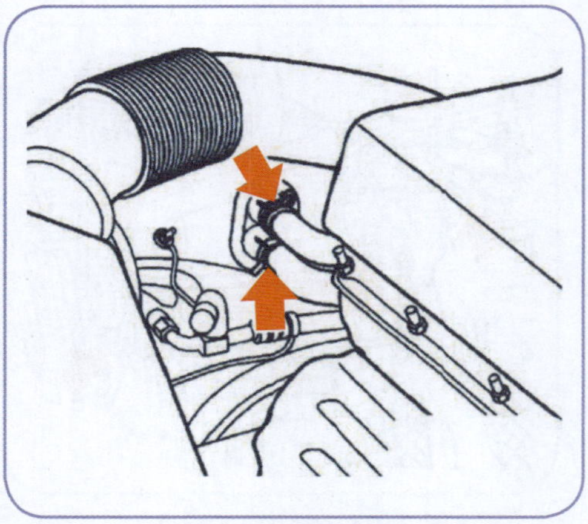

图 3-27 拆卸胶管

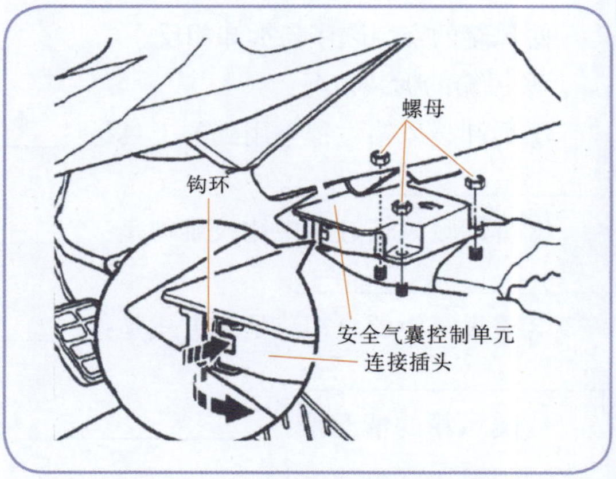

图 3-28 拆卸安全气囊控制单元

③松开图 3-29 中箭头 A 所指的固定夹扣，沿箭头 B 所指方向水平地拆下暖风箱。

④旋出图 3-30 中箭头所指螺栓，松开冷却液固定支架。

⑤慢慢用一字螺钉旋具撬开冷却液罩盖，从暖风箱中拆下热交换器。

（2）热交换器的安装。

热交换器的安装顺序与拆卸顺序相反。

热交换器的拆装情况：

①拆卸热交换器过程中用到的工具是：________________________________。

②拆卸热交换器过程中比较难的是：________________________________。

③热交换器安装后冷却液的补充情况：________________________________。

④热交换器的情况是：____。

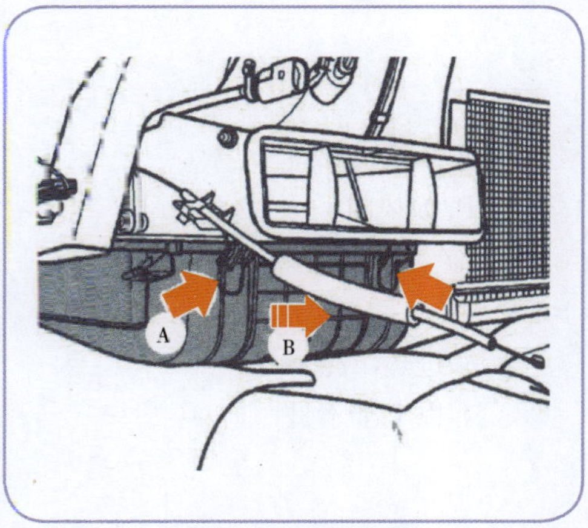

图 3-29 拆卸暖风箱

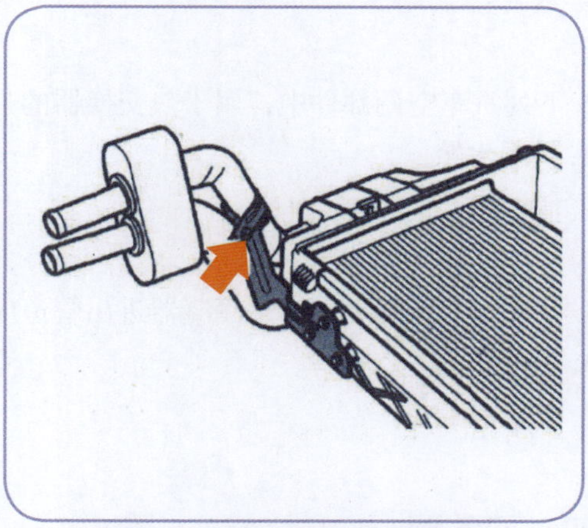

图 3-30 松开冷却液固定支架

5. 实践总结

____

____

____

____

任务练习

一、填空题

1. 汽车 __________ 的主要作用是和 _________ 一起将空气调节到乘员感觉舒适的温度。

2. _____________ 实际上是发动机 _____________ 的一部分，借助发动机的 ____________ 实现 _________。

3. _________ 的作用是将 _________ 吹过 _________ 加热后送入车内。

二、判断题

1. 加热器芯由水管、水泵和散热器片组成。（ ）

2. 冷凝器不是热交换器，它的作用只是将气态制冷剂变成液体制冷剂。（ ）

3. 自动空调控制系统的控制面板上也设有 A/C 按键。（ ）

三、选择题

1. 下列汽车空调部件中，不是热交换器的是（ ）。

A. 供暖水箱　　B. 冷凝器

C. 蒸发器　　D. 鼓风机

2. 下列汽车空调部件中，属于热交换器的是（　　）。

A. 供暖水箱　　B. 储液干燥器

C. 压缩机　　D. 鼓风机

3. 空调制冷系统工作时，冷凝器进出管道应（　　）。

A. 进冷出热　　B. 进热出冷

C. 进出一致　　D. 以上都不是

四、问答题

1. 简述汽车空调热水暖风系统的工作原理。

2. 简述气暖暖风装置的结构特点。

3. 简述暖风系统温度调节方式。

任务二

汽车空调配气系统

任务目标

完成本学习任务后，学生在基础知识和基本技能方面应达到以下要求。

●知识目标

（1）掌握配气系统的结构、组成。

（2）掌握汽车空调的配气方式。

（3）掌握汽车空调的温度调配控制原理。

（4）掌握汽车空调控制面板按键的功能。

●能力目标

能够描述空调系统的配气流程。

任务引入

一辆凯美瑞轿车行驶5万公里后，打开空调制冷系统除霜功能时，除霜吹风口无风，该车前不久发生了事故并对其进行了维修，将车开至丰田维修站点进行检测，初步判定为除霜风门故障，需要对其进行拆卸检查。通过拆卸发现除霜风门已损坏、卡滞，对其进行疏导、维修后空调除霜功能恢复正常。下面进入汽车空调配气系统的学习。

相关知识

一、汽车空调配气系统组成

汽车空调配气系统根据空调的工作要求，可以将冷、热风按合理配置送到驾驶室内，满足调节需要。汽车空调配气系统分解图如图 3-31 所示。

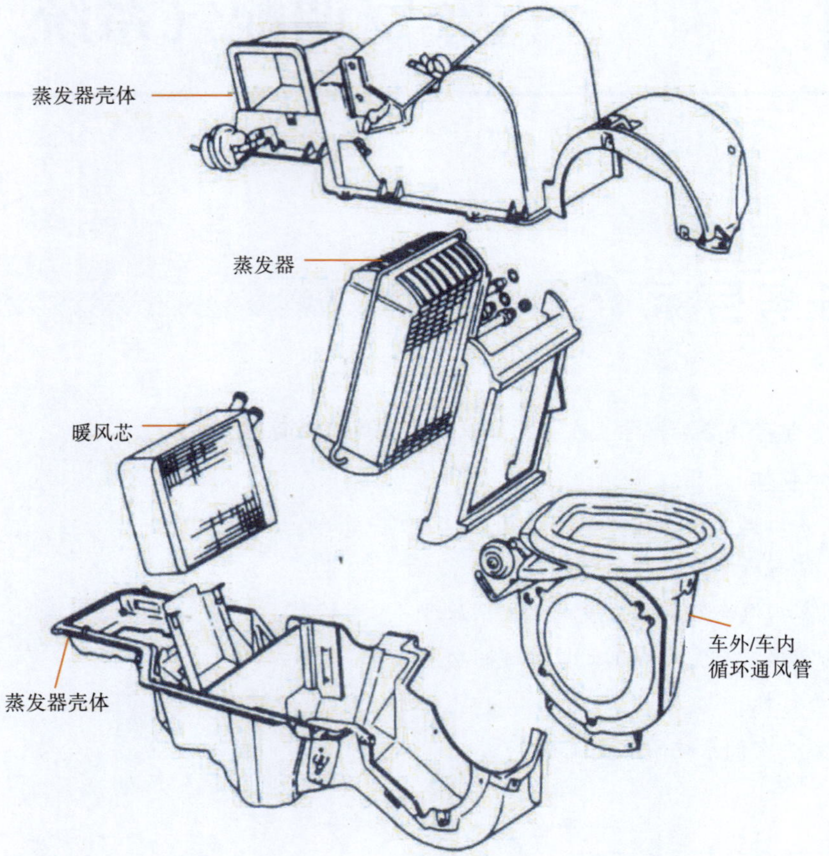

图 3-31　典型的汽车空调配气系统分解图

图 3-32 所示是汽车空调配气系统组成，它通常由三部分构成：第一部分为空气进入部分，主要用来控制新鲜空气和室内循环空气的比例，由风门和伺服器组成；第二部分为空气混合部分，主要由加热器、蒸发器和调温门组成，用来提供所需温度的空气；第三部分为空气分配部分，使空气吹向面部、脚部和风窗玻璃。它们是通过手动控制钢索（手动空调）、真空气动装置（半自动空调）或电控气动装置（全自动空调）与仪表台空调控制键连接动作，执行配气工作的。

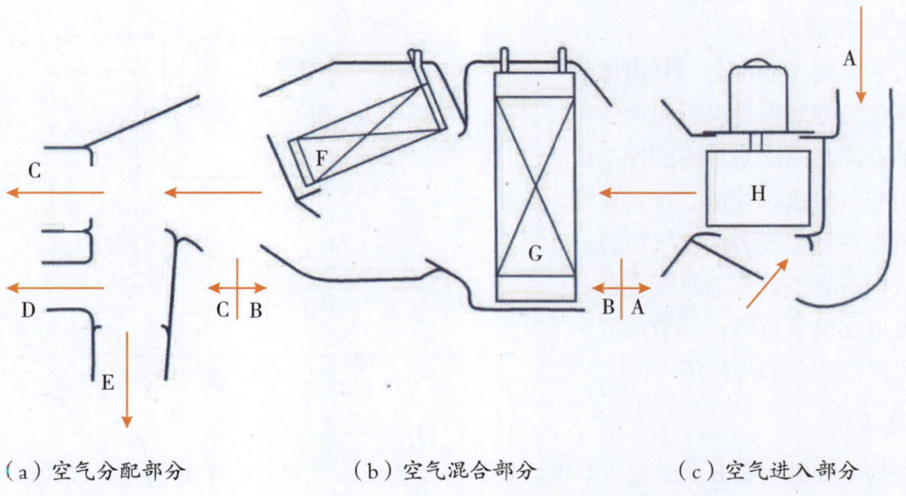

图 3-32　汽车空调配气系统组成

1. 空气进入部分

空气进入部分如图 3-33 所示，由新鲜（车外）空气入口、车内循环空气入口、新鲜 / 车内循环空气风门、鼓风机、电动机及空气出口组成。新鲜空气入口为系统提供车外新鲜空气，车内循环空气入口为系统提供车内循环空气。

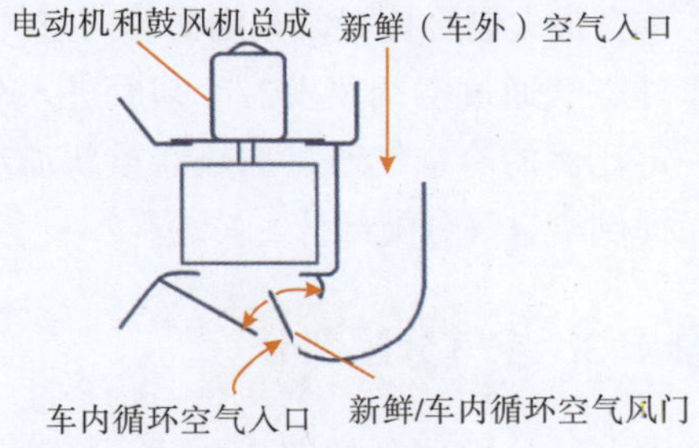

图 3-33　空气进入部分

新鲜 / 车内循环空气风门的位置决定了系统的工作模式。图 3-34（a）所示为 100% 新鲜空气供给，图 3-34（b）所示为 100% 车内循环空气供给。实际上，除最大制冷（MAX A/C）模式外，其他模式都是车外新鲜空气供给。在最大制冷模式下，空气由车内循环空气供给。但即使在此模式下，某些系统仍提供 20% 的新鲜空气，这样可以保持一个稍高的车内气压。稍高的车内气压可以防止有害废气进入，因为当车窗紧闭时这些废气聚集在车内，对乘客来说是非常危险的。

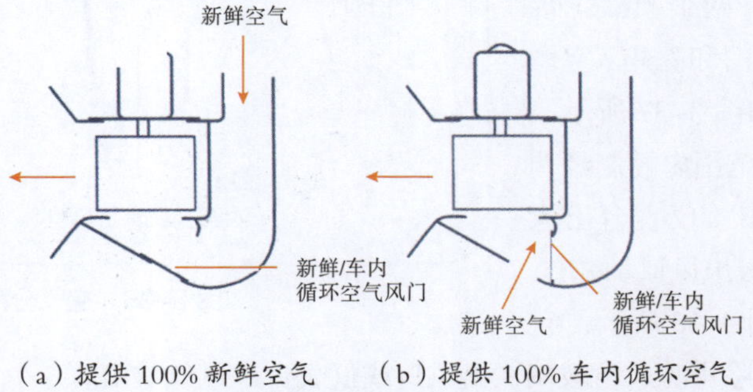

图 3-34　新鲜 / 车内循环空气风门的位置

2. 空气混合部分

空气混合部分如图 3–35 所示，它是配气系统的核心部分。它由加热器、空调蒸发器和混合风门组成。空气的流动方向在图中是从右到左。混合风门对空气流进行控制，或者使空气流通过加热器，或者使空气流绕过加热器，但所有空气都通过蒸发器。这部分可以在整个范围内调节温度，为车内提供舒适的乘坐环境。

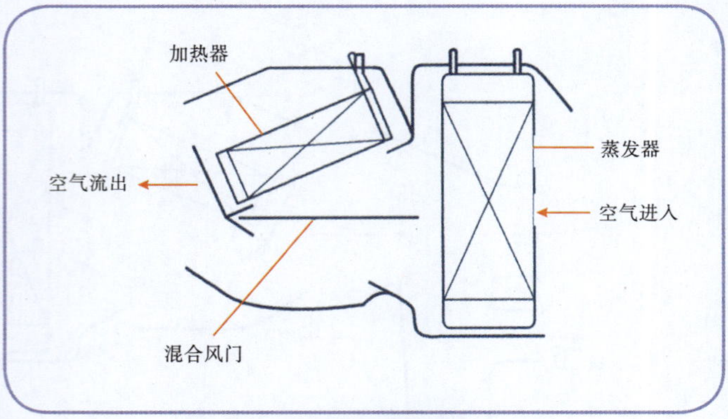

图 3–35 空气混合部分

1）暖风

当冷却液控制阀打开时，允许热的发动机冷却液流入加热器。车外的冷空气通过加热器时被加热。此时空调系统不工作，当空气通过蒸发器时对空气温度没有影响。通过调节混合风门的位置可以达到希望的温度，这样可以允许一定比例的车外冷空气绕过加热器与热空气混合。冷、热空气混合后达到希望的温度和湿度，然后进入空气分配部分。

2）制冷

在最大制冷位置，车内循环的空气通过蒸发器后直接回到车内。除了最大制冷位置，新鲜的车外空气通过空调蒸发器冷却后进入车内。希望的温度由混合风门的位置决定，混合风门允许一定比例的冷空气通过加热器重新加热。冷空气和重新加热的空气混合后达到希望的温度，然后提供给空气分配部分。

3. 空气分配部分

空气分配部分如图 3–36 所示，它引导经温度和湿度调节的空气由地板出风口、除霜出风口或仪表台出风口吹出。另外，被调节的空气也可以通过任意组合的出风口吹出，这取决于模式风门的位置。

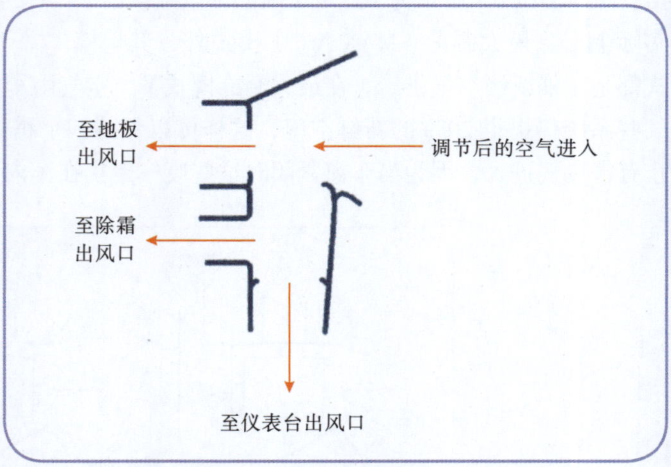

图 3–36 空气分配部分

空气分配部分有两个模式（混合）风门：高 / 低风门和除霜 / 空调风门。高 / 低风门如图 3–37 所示，它可以在 0%~100% 范围内控制经调节的空气由高出风口（仪表台出风口）或低出风口（地板出风口）吹出。除霜 / 空调风门如图 3–38 所示，它控制经调节的空气由除霜（风窗玻璃）出风口或仪表台出风口吹出。

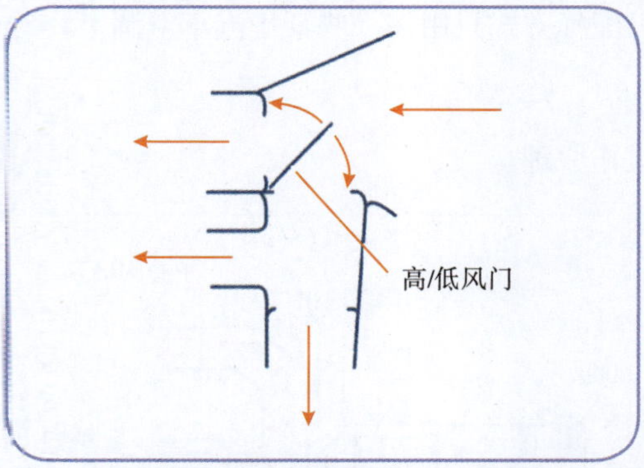

图 3-37　空气分配部分的高 / 低风门

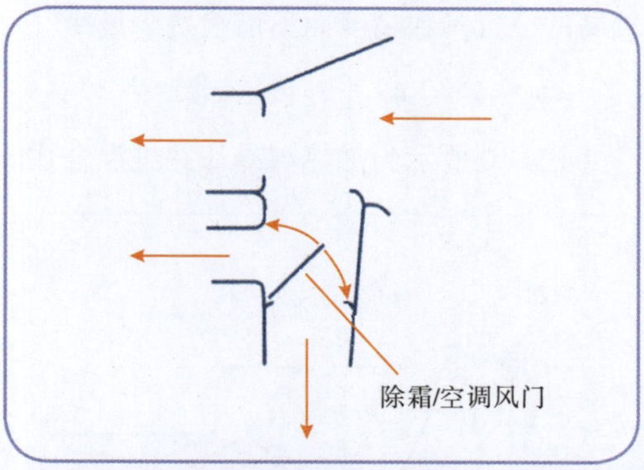

图 3-38　空气分配部分的除霜 / 空调风门

二、汽车空调配气方式

1. 按空气流动路径分类

1）空气混合式配气方式

图 3-39（a）所示为空气混合式配气流程图。从图中可看出其工作过程为：车外空气 + 车内空气→风机→蒸发器→加热器→各吹风口。进入蒸发器后再进入加热器的空气量可用风门进行调节。若进入加热器的风量少，也就是冷风量相对较多，这时冷风由冷气吹出口吹出；反之，则吹出的热风较多，热风由除霜吹出口或热风（脚部）吹出口吹出。

空气混合式配气方式的优点是能节省部分冷气量，缺点是冷暖风不能均匀混合，空气处理后的参数不能完全满足要求，即被处理的空气参数精度较差。

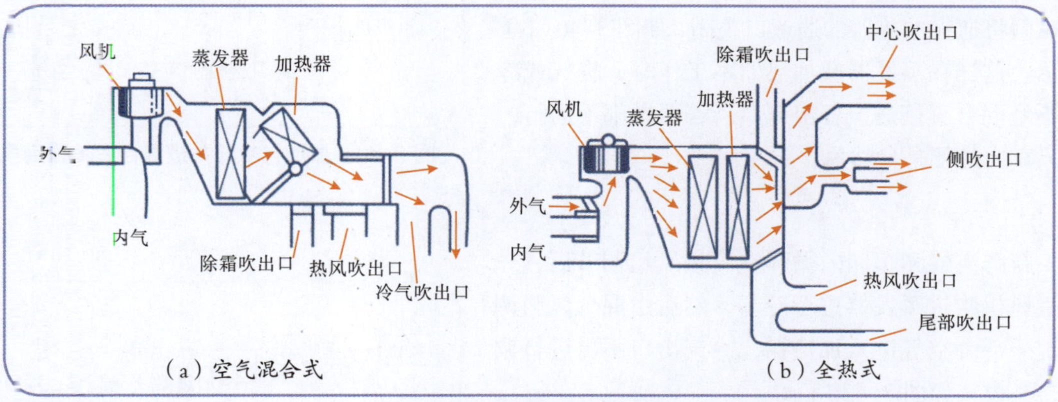

图 3-39　汽车空调配气流程

2）全热式配气方式

图 3-39（b）所示为全热式配气流程图。从图中可看出其工作过程为：车外空气 + 车内空气→风机→蒸发器→加热器→各吹风口。全热式与空气混合式的区别在于由蒸发器出来的冷空气全部直接进入加热器，两者之间不设风门进行冷热空气的风量调节。

全热式配气系统的优点是被处理后的空气参数精度较高，缺点是浪费一部分冷气，即为了达到较高的空气参数精度而不惜浪费少量冷气。这种配气方式只用在一些豪华汽车空调上。

3）加热与冷却并进混合式配气方式

图 3-40 所示为加热与冷却并进混合式配气工作原理。

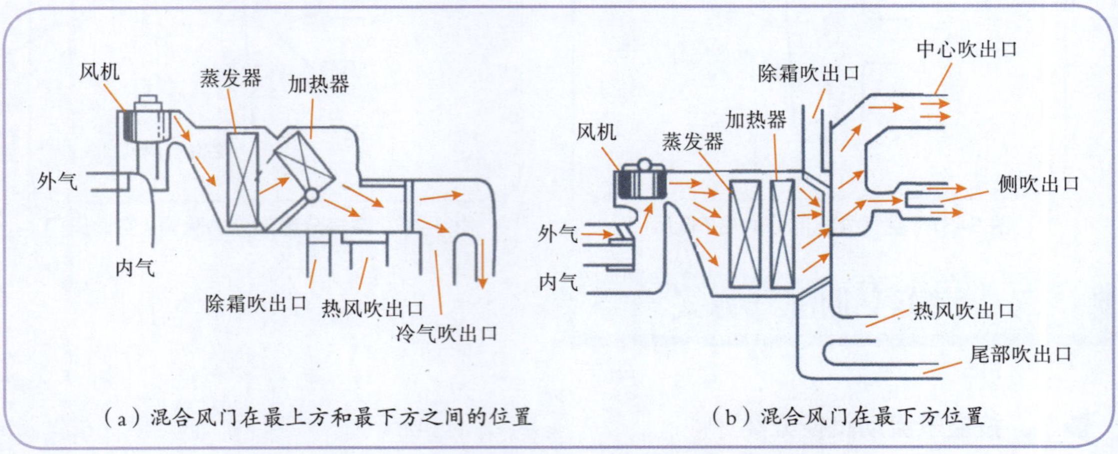

图 3-40 加热与冷却并进混合式配气工作原理

该配气方式工作时，混合风门可以在最上方与最下方之间的任何位置开启或停留，如图 3-40（a）所示。当空气由风机吹出后，由风门调节进入并联的蒸发器和加热器，蒸发器的冷风从上面吹出，对着人身上部，而热空气对着脚下和除霜处。由于风量和温度多种多样，由风门调节空气流量的大小分别进入蒸发器和加热器，以满足不同温度、风量的要求，其工作模式如图 3-41 所示。

当混合风门处在最上方时，混合风门将通往蒸发器的通道口关闭；当混合风门处在最下方时，混合风门将通往加热器的通道口关闭，如图 3-40（b）所示。这样在蒸发器或加热器不工作时，暖气或冷气不经混合直接送至各出风口。若两者都不运行，送入车内的便是自然风。

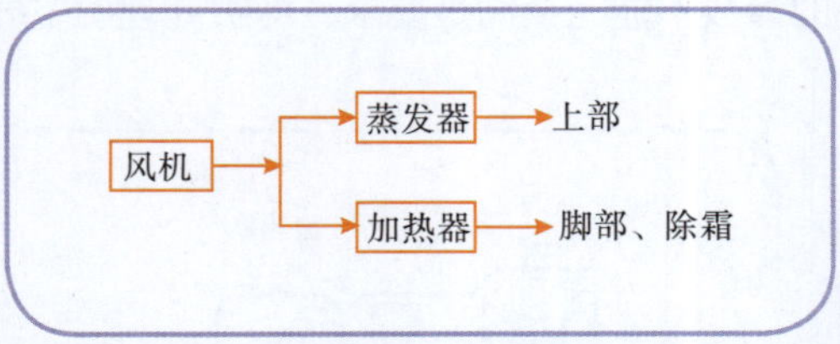

图 3-41 加热与冷却并进混合式工作模式

4）半空调配气方式

新鲜空气和车厢内循环空气经风门调节后，先经过风机吹进蒸发器进行冷却，然后由混合风门调节，一部分空气进入加热器，冷气出口不再进行调节，其模式如图 3-42 所示。

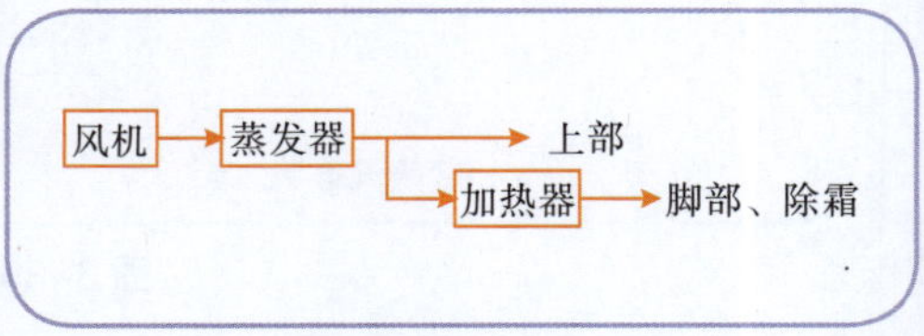

图 3-42 半空调工作模式

同样，由风门来调节送入车内的空气温度。若蒸发器不工作，将空气全部引到加热器，则送出的是暖风；若加热器不工作，则送出的全部是冷风；若两者都不工作，则送出的是自然风。系统结构如图 3-43 所示。

从目前汽车空调的配气方式来看，空气混合式使用得最多。它将空气经过蒸发器进行降温除湿处理后，用调节风门将一部分空气送到加热器加热，出来的热气和冷气再混合；它可以调节人们所需要的各种温度的空气，而且除霜的热风可直接从加热器引到除霜风口，直接吹向风窗玻璃。它的最大特点是效率高，节能显著。

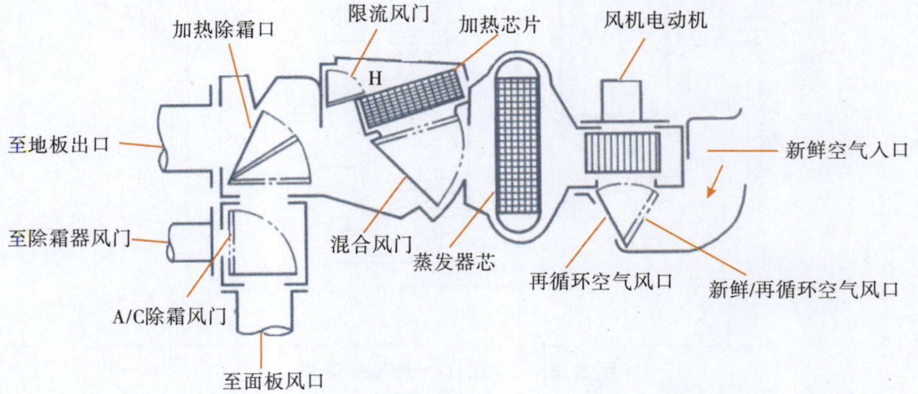

图 3-43　半空调配气系统结构

2. 按功能分类

1）冷暖分开型

制冷和采暖系统各自分开，由两个完全独立的冷风机和暖风机所组成，各有各的送风机，控制系统也是完全分开的。制冷时完全吸入车内空气，采暖时既可吸入车内空气，也可吸入车外新风。如图 3-44 所示，这种结构占用空间较多，主要用在早期的汽车空调中。

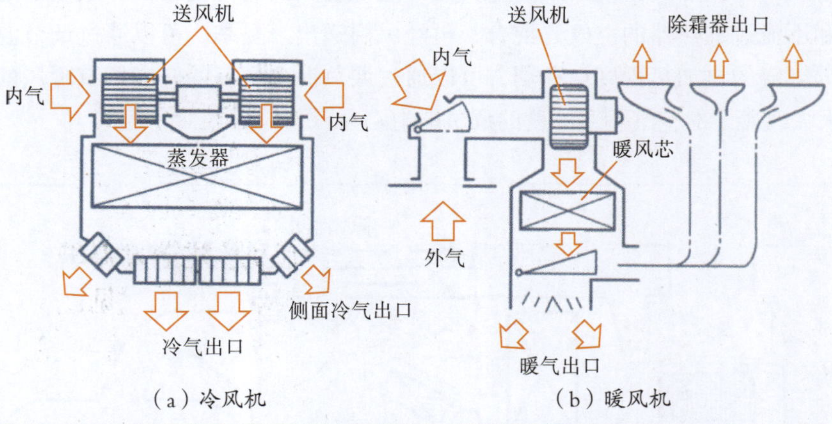

图 3-44　冷暖分开型汽车空调

2）冷暖合一型

在暖风机的基础上增加蒸发器和冷气出风口，但制冷和采暖各自分开，不能同时工作。目前，许多轿车还采用这种结构。此种形式虽然结构合一，但供冷和采暖的功能仍然是分开的，如图 3-45 所示。

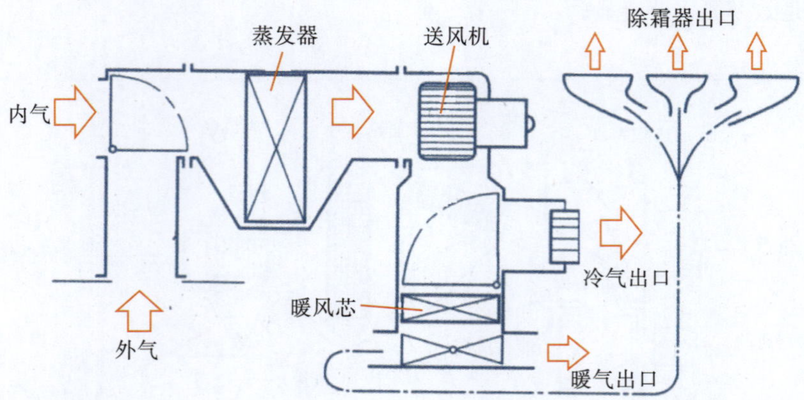

图 3-45 冷暖合一型汽车空调

3）全功能型

全功能型汽车空调集制冷、除湿、采暖、通风、净化于一体，既可供冷气，又可供暖气，还可进行通风、除尘。

冷暖分开型和冷暖合一型的缺点是冷风机只能降温、除湿，不能调节送风的相对湿度。夏季，当车内需要冷风时，风机吸入外界的湿热空气，经过蒸发器的冷却、除湿，变成冷风送入车内。然而，这种脱去冷凝水而吹出来的冷风，尽管绝对含湿量减少了，但相对湿度却在 95% 以上，这种冷而湿的风直接吹到乘员身上，并不舒适。因此，必须设法在冷风吹出来之前降低其相对湿度。简单的办法就是将冷却除湿后的空气适当地再加热，北京切诺基吉普车空调配气就属于这种类型，图 3-46 为其空调空气处理系统示意图。它在蒸发器和加热器之间设置了一个可以连续调节的混合风门。从蒸发器流出来的空气可以随混合风门的开闭，部分或全部通过加热器。流过加热器和不流过加热器的空气先混合，再经风门送出。夏季，可以通过调节混合风门的开度来调节冷湿空气的再加热程度。冬季，可以通过调节混合风门的开度调节暖风的温度。混合风门的设置大大改善了对空气相对湿度的调节能力。

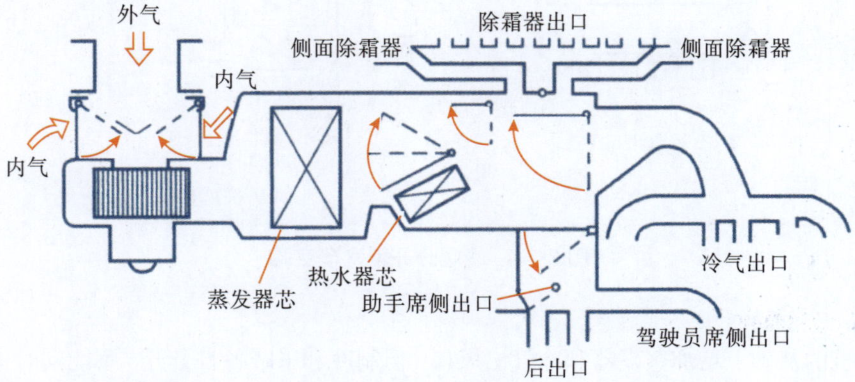

图 3-46 全功能型汽车空调空气处理系统示意图

三、汽车空调的温度调配控制

目前汽车空调基本上采用冷暖一体化形式，其温度调配控制如图 3-47 所示。

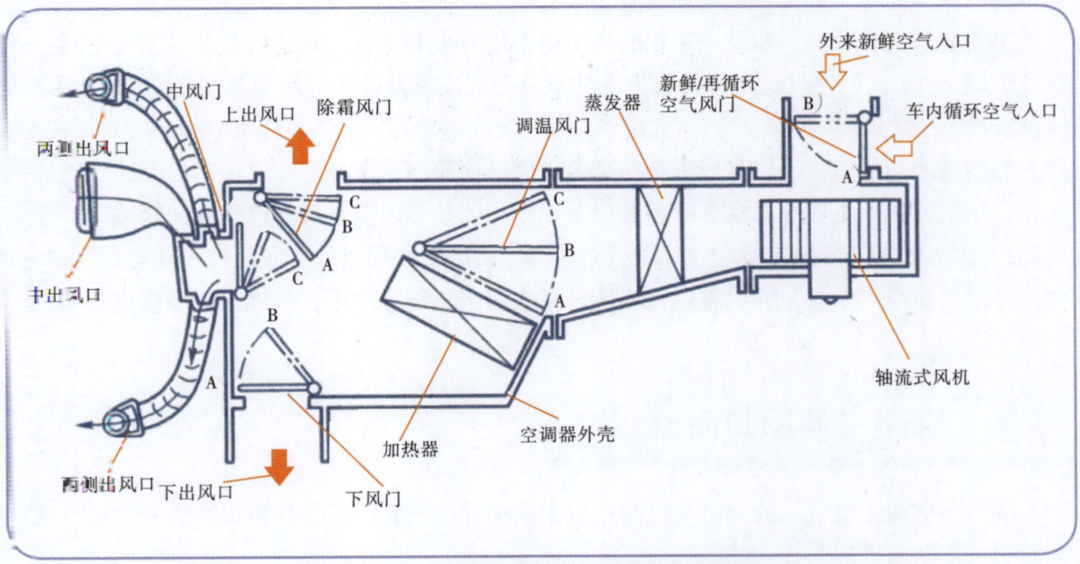

图 3-47 汽车空调的温度调配控制

空气在风机的输送下，经过蒸发器，产生降温除湿变化。调温风门的作用是调节空气的温度。当调温风门在 A 位置时，冷空气不经过加热器，这时的空气温度最低，供夏天时降低车内温度。当调温风门在 B 位置时，有一部分空气经过加热器后温度升高；另一部分空气不经过加热器，两部分不同温度的空气混合后，得到某一温度的空气，输送到车内。调温风门在 A 与 C 之间的任一位置，可以得到所需调配温度的空气。这样，人们可以根据实际需要调节调温风门的位置，来调节车内的温度。当调温风门在 C 位置时，全部冷空气通过加热器，得到较高温度的空调暖风。显然，经过蒸发器降温除湿和不经过蒸发器降温除湿的两种 C 位置的空气状态是不同的，最大的区别是相对湿度不同，温度也有所差别。

调节温度后的空调气体需要经过除霜风门、中风门和下风门输送到车内。当车前风窗玻璃有霜和雾时，可以打开除霜风门，让外来空气经蒸发器除湿后，再全部通过加热器加热后变成热空气，从上出风口吹向前风窗玻璃，进行除霜。冬天，乘员脚下较易感觉寒冷，这时可以打开下风门，让热空气从下出风口吹向脚部。一般情况下，空调风从中出风口吹向乘员的前上部。调节中、侧出风口上的栅格，可以将空气导向头部和前胸各部位。

空气温度除与调温风门有关外，还取决于风机的转速和新鲜 / 再循环风门的位置。当车内空气循环使用时，在没有外来空气的条件下，车内的空气温度波动较小。在夏天需要快速降低车内温度时，便需要使用车内循环空气的方式，让通过蒸发器的气流温度不断下降，然后送入车内，这样才能快速降低空气温度。而当冬天外面空气较冷，需要车内温度尽量高，也反复循环车内已经升温的空气。但一般情况下，为了保证车内空气清新，均使用外来空气引进车内的方式；否则，车内空气混浊，令人感觉不舒服。

风机转速也能使人们感觉到空调环境的改变。若用高速空气流输送空调风，虽然此时空调风吸收蒸发器和加热器的能量和低速时差不多，但由于风速快、流量大，则空气流的温度比低速时高，而人还是觉得高速时温度低。产生这种错觉的根本原因是空气流速高，换热量增加，能较快蒸发人皮肤上的水分。所以，夏季都采用高速风，而冬季则采用慢速风。因为夏季风速越快，人觉得越凉爽；而冬季的慢速风会使人觉得暖和。

这里需要指出，吹向风窗玻璃除霜的热空气采用外来的空气。其原因是在冬季行车时，外面的空气干燥，而车内的空气经人体呼吸出来的水分和人体蒸发的水分所渗湿，相对湿度比车外高，在风窗玻璃上，受到环境的冷却而达到饱和，继续受环境冷却，就会在玻璃上起一层薄霜或水雾，妨碍人们的视线。显然，这层霜或雾是在车内玻璃这面而不是车外。如果用车内循环空气加热后来除霜，结果就会产生更厚的水雾附在玻璃上，其原因是车内湿空气加热后吹向冷玻璃，湿度立刻提高，使玻璃的霜变成雾或水蒸气而凝成小水珠，所以必须用车外空气经过再加热后喷向玻璃。这时，外面的冷空气干燥，吹向玻璃化霜后，吸收其水蒸气而除霜，玻璃表面不会再有水汽。

四、汽车空调控制面板

各型汽车空调系统空气的调节与控制过程大同小异，下面以科鲁兹轿车冷暖一体化空调系统为例说明，控制面板如图 3-48 所示。

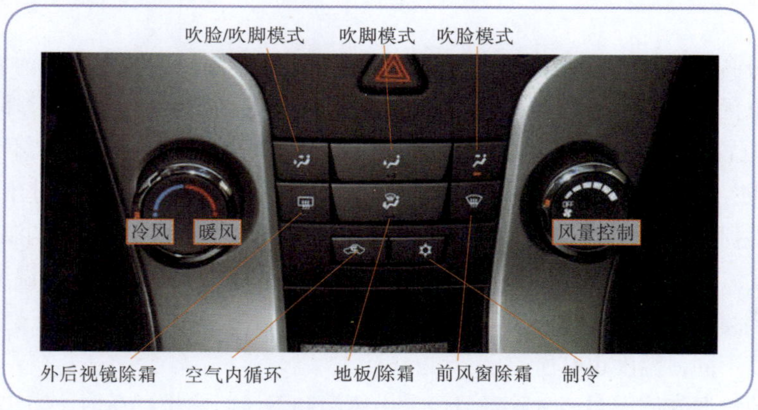

图 3-48　科鲁兹手动空调控制面板

科鲁兹空调采暖及制冷装置仅在发动机运转且鼓风机打开的情况下工作。旋转左、右两个旋钮开关，可以调节温度和鼓风机转速。按压相应的按钮可以开启或关闭相应功能。开启某项功能后，按钮内的指示灯随之亮起。再按一下按钮，该功能即被关闭。

1. 基本操作

①后风窗加热按钮。后风窗加热功能仅在发动机运转的情况下工作。打开大约 10min 后，加热功能会自动关闭，也可以按压此按钮提前关闭加热功能。

②制冷装置按钮。制冷装置开启后，按钮中的指示灯随即亮起。

③空气流向调节开关。

：气流吹向前风窗玻璃。

：气流吹向上身。

：气流吹向脚部空间。

：气流吹向风窗玻璃和脚部空间。

：气流同时吹向脚部和上身。

2 车内采暖和制冷

①车内采暖。按下开关 ，旋转温度调节开关，设置合适的温度。建议将车内温度设定在 24℃。旋转鼓风机开关，设定鼓风机转速。按下空气流向调节开关，调节送风方向。

②车内制冷。按下按钮 ，开启制冷装置。按钮上的指示灯随即亮起。旋转温度调节开关，设置合适的温度，建议将车内温度设定在 24℃。旋转鼓风机开关，设定鼓风机转速。按下空气流向调节开关，调节送风方向。

对于采暖系统，只有在发动机达到工作温度时，才能发挥最大加热功率并快速除去车窗玻璃上的冰雪。对于制冷系统，在制冷装置打开时不仅可以降低车内温度，而且空气湿度也会降低。这样可在车外湿度较高的情况下提高乘员的舒适度，并能防止车窗玻璃形成水雾。

如果无法打开制冷装置，可能有以下原因：

- 没有起动发动机；
- 鼓风机已关闭；
- 车外温度低于 3℃；
- 制冷装置的压缩机由于发动机冷却液温度过高而暂时关闭；
- 空调的熔丝损坏了；
- 其他故障。

3. 空气内循环模式

按压开关 ，即可打开或关闭空气内循环模式。如果此开关中的指示灯亮起，说明其处于打开状态。在空气内循环模式下，车外空气不会进入车内。空气仅仅在车内循环运行。因此，开启空气内循环模式可防止车外混浊难闻的空气进入车内。在车外温度较低时，空气内循环模式可以改善加热效率，因为此时只对车内的空气进行加热。

在车外温度较高时，开启空气内循环模式可以改善制冷效率，因为此时只对车内的空气进行制冷。为安全起见，在空气内循环模式下，如果把空气流向调节开关转到位置 ，空气内循环模式便会关闭。再次按压开关 可以重新打开空气内循环模式。在打开空气内循环模式的情况下请勿吸烟，因为烟雾会沉积在制冷装置的蒸发器和空调滤清器上，从而导致难以去除的异味。

利用出风口中间的导流片可以上下 / 左右调节气流方向，前部通风口的分布如图 3-49 所示。此外，还可以通过此导流片旋转相应的出风口调节空气流向。拨动出风口旁的滚花小轮，可以开启或关闭相应的出风口，如图 3-50 所示。

图 3–49 前部通风口的分布

图 3–50 出风口通道调节

任务实践

1. 实践名称

空调配气流程检查。

2. 实践准备

空调系统实训台、蓄电池、常用工具、汽车维修手册等。

3. 实践要求与注意事项

①规范操作实训设备，注意人身安全。
②不推搡、不打闹，保证实训场地整洁、卫生。
③仔细观察各模式下空调系统的配气流程。
④使用维修手册时，要注意避免破损，手册应与使用车型相对应。

4. 操作步骤及检查

1）记录

（1）完成此项检查所使用的汽车空调系统名称是：____________________。

（2）此空调的配气系统组成部件包括：____________________。

2）检查

汽车空调配气系统如图 3–51 所示，按下汽车空调控制面板各功能键，检查各风门的工作情况，并记录当前工作模式下空调系统的配气流程。

（1）按下空调控制面板中的键。观察各风门的动作情况，此时空调系统的配气流程是：
____。

（2）按下空调控制面板中的键。观察各风门的动作情况，此时空调系统的配气流程是：
____。

（3）按下空调控制面板中的键。观察各风门的动作情况，此时空调系统的配气流程是：
____。

(4) 按下空调控制面板中的 [icon] 键。观察各风门的动作情况，此时空调系统的配气流程是：____。

(5) 按下空调控制面板中的 [icon] 键。观察各风门的动作情况，此时空调系统的配气流程是：____。

(6) 按下空调控制面板中的 [icon] 键。观察各风门的动作情况，此时空调系统的配气流程是：____。

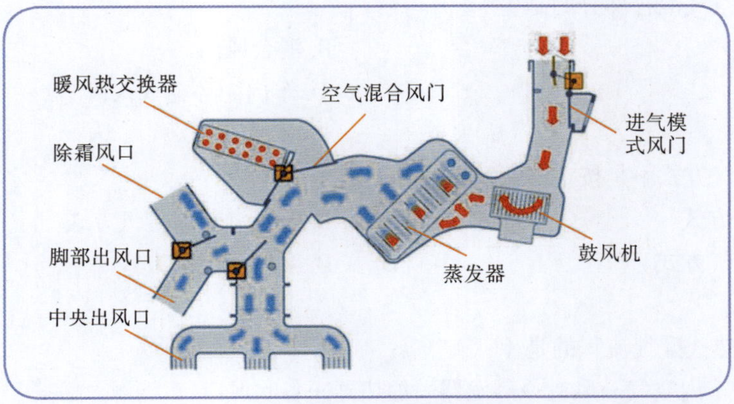

图 3-51 汽车空调配气系统

5. 实践总结

____

____

____

____

任务练习

一、填空题

1. 空气进入部分由 ________、________、________、________、________ 及空气出口组成。

2. ________________ 的 ________ 决定了系统的工作模式。

3. 空气混合部分由 ________、________ 和 ________ 组成。

4. 空气分配部分有两个模式风门：________ 和 ________。

二、判断题

1. 空调的除霜风门控制经调节的空气由除霜出口或地板出口吹出。（ ）
2. 空气混合式配气方式的优点是能节省部分冷气量。（ ）
3. 从目前汽车空调的配气方式来看，空气混合式使用得最少。（ ）

三、选择题

1. 下列不属于空气混合部分的是（ ）。

A. 空调蒸发器　B. 混合风门
C. 加热器　D. 车内循环空气入口

2. 下列空调配气方式不是按空气流动路径分类的是（ ）。

A. 全热式配气方式　B. 空气混合式配气方式
C. 冷暖合一配气方式　D. 半空调配气方式

4. 下列属于全热式配气流程的是（ ）。

A. 车外空气 + 车内空气→风机→蒸发器→加热器→各吹风口
B. 车外空气 + 车内空气→蒸发器→风机→加热器→各吹风口
C. 车外空气→风机→蒸发器→加热器→各吹风口→车内空气
D. 车内空气→风机→蒸发器→加热器→各吹风口→车外空气

四、问答题

1. 简述汽车空调空气混合部分的结构组成。

2. 什么是空气混合式配气方式？

3. 汽车空调是怎样实现温度控制的？

任务三
汽车空调通风与空气净化装置

任务目标

完成本学习任务后，学生在基础知识和基本技能方面应达到以下要求。

●知识目标

（1）掌握汽车通风装置的功用与类型。

（2）掌握空气净化装置的结构与工作原理。

●能力目标

能够独立完成空调系统的清洗。

任务引入

一辆卡罗拉轿车行驶10万公里后，车主发现打开空调控制面板上的A/C开关后，车内冷气正常，但是出风口吹出的冷气有发霉的气味。将车开至丰田维修站点进行检测，初步判定为空调系统脏污、空调格脏堵。清洗空调系统，更换新的空调格后，空调系统出风恢复正常。下面进入汽车空调通风与空气净化装置的学习。

相关知识

一、通风装置

汽车空调通风装置的主要功能是换气，即打开通风口，利用汽车迎面风的空气动压进行通风或利用空调系统中的鼓风机进行强制通风换气。

车厢内空间狭小，车内空气由于乘员呼出的二氧化碳、水蒸气、烟气等而受到污染，须经过通风换气来净化，同时调节车内的温度和湿度。

此外，通风对于防止车窗玻璃起雾也很有益处。

维持舒适条件所需要的最低限度的换气量称为必要换气量（每人需 25~36m^3/h），为此应设置即使在汽车车窗紧闭的情况下，仍能从车外引入新鲜空气的通风装置。

1. 动压通风方式

动压通风（自然通风）方式是利用汽车行驶时，车外空气对汽车产生的风压，通过进风口和排风口实现通风换气。

进风口与排风口的位置（图 3-52）要根据汽车行驶时车身表面的风压分布状况和车身结构来确定。一般车身大部分是负压区，仅前面风窗玻璃及前围上部等小部分为正压区。在设置时要求进风口必须装在正压区，排风口必须装在负压区，以便充分利用汽车行驶所产生的动压而引入大量的新鲜空气。

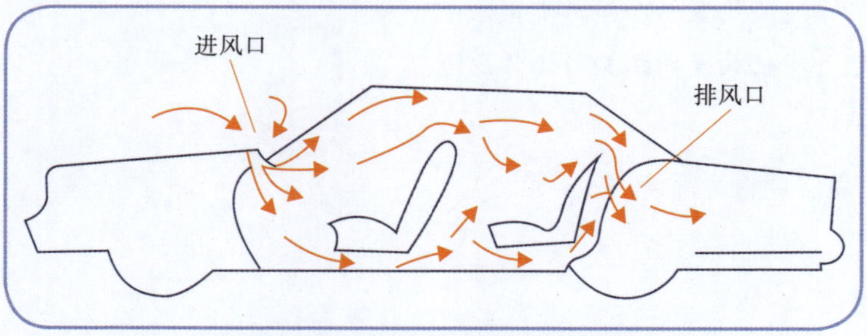

图 3-52　进风口与排风口的位置

同时，进风口应尽可能远离地面，以防止吸入地面附近的受污染空气和灰尘。进入车内的空气流速最佳范围是 1.5~2.0m/s。排风口的压力系数随着不同的安装位置而改变，要尽可能加大排风口的有效面积，以提高排风效果，还必须注意防止尘埃、噪声及雨水、洗车水的侵入。

动压通风方式不消耗动力，但空气在车内流过时，会形成车辆行驶阻力。

2. 强制通风方式

采用动压通风方式进行换气，车辆在静止和在低速行驶时，通风量过小，故绝大多数汽车都采用强制通风方式。强制通风是采用电动鼓风机强制车外新鲜空气进入车厢内的一种通风方式。

在汽车行驶时，强制通风经常与动压通风一起配合使用。乘用车均采用动压通风与强制通风相结合的方式，其通风装置与采暖装置、制冷装置等结合在一起而形成完整的空调系统，导入的外气既可经调节，也可不经调节而进入车内。

但是空气的进入到排出能否起到有效的作用，还取决于空气在车内的流动状态（图 3–53）。因此，要提高车内的舒适性，必须对空调空气入口的布局进行周密的考虑。

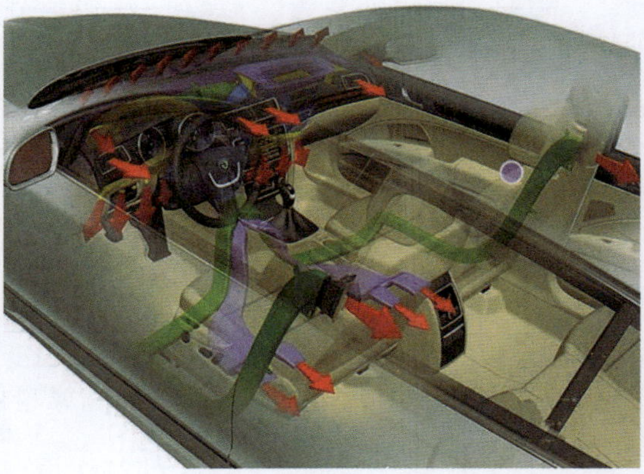

图 3–53　车内气流方向

3. 新鲜 / 再循环空气的切换

如图 3–54 所示，采用强制通风时，既可以采用车内空气再循环方式（Recirc，亦称内循环模式），只循环车厢中的空气；也可以采用车外新鲜空气方式（Fresh，亦称外循环模式）。

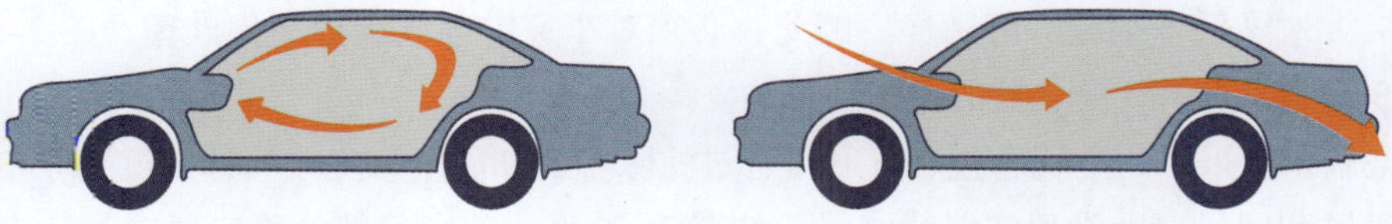

（a）内循环模式　　（b）外循环模式

图 3–54　通风模式

如图 3–55 所示，可以通过空调控制面板上的内循环模式按钮和外循环模式按钮进行新鲜 / 再循环空气的切换。

图 3–55　通风模式选择按钮

有些通风系统还有中间调节方式，即将一定比例的车外新鲜空气与一定比例的车内再循环空气混合后，再吹向车内。

当车辆制冷负荷很大、在隧道中行驶、交通拥堵或车外环境空气污浊时，宜选择内循环模式进行通风。选择外循环模式进行通风时，可以吸入车外的新鲜空气，并在加热时有效防止车窗玻璃结霜。

近年来，一些车辆为了从车厢的顶部吸进新鲜空气并使内部空气沿底部循环而采用了双层控制系统。当选择外循环模式（室外空气进入）时，车厢内的空气会因空气混合门处于 MAX-HOT 位置而突然变热，其加热效率通常低于内循环模式下的加热效率，因为全部的空气都来自车外（冷空气）。

如图 3-56 和图 3-57 所示，新鲜 / 再循环空气双层控制系统能够从车厢顶部吸入新鲜空气，并从底部循环车内空气。同时，还能保持和内循环模式一样的加热效率，并可以防止内循环模式下易发生的车窗结霜。

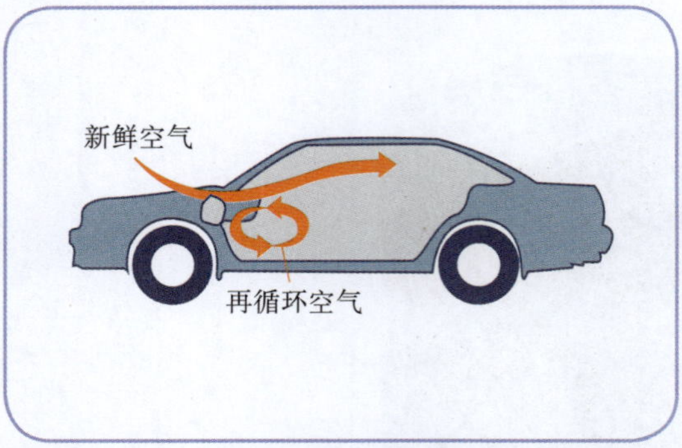

图 3-56 新鲜 / 再循环空气双层控制系统的气流分布

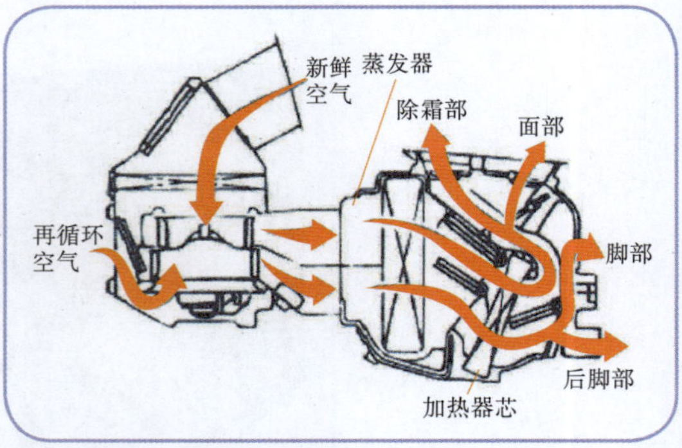

图 3-57 新鲜 / 再循环空气双层控制系统的结构

二、空气净化系统

汽车空调的空气净化包括两部分：车室外空气的净化和车室内循环空气的净化。车室外空气受到环境的污染，如粉尘、公路上汽车排出的废气（含有 CO_2、CO、NO_x、SO_x、HC 和烟雾）；车室内循环空气受工作过程和人的活动的污染，如发动机的废气通过车底的缝隙进入车室内及人体发出的汗臭、CO_2 等，对人体健康都会造成不利的影响，使人精神疲倦，容易造成行车事故。这些污染极大地降低了空调的舒适性。因此，必须对车室内空气进行净化处理，图 3-58 所示为新马自达 3 空调系统空气净化器的位置及结构。

汽车空调系统采用的空气净化装置通常有过滤除尘式和静电除尘式两种。过滤除尘式是在空调系统的送风和回风口处设置空气滤清器，如图 3-58 所示，它仅能滤除空气中的灰尘和杂物。其结构简单，定期清理过滤网上的灰尘和杂物即可，故广泛用于各种汽车空调系统中。静电除尘式则在空气进口的过滤器后再设置一套静电除尘装置，或单独安装一套用于净化车内空气的静电除尘装置。它除具有过滤和吸附烟尘等微小颗粒杂质的作用外，还具有除臭、杀菌、产生负氧离子以使车内空气更为新鲜洁净的作用。由于其结构复杂，成本高，因此只用于高级轿车和旅行车上。

1. 过滤除尘

过滤除尘主要是对尘埃起筛滤作用和拦截作用，还有惯性作用和扩散作用。过滤除尘主要用无纺布、过滤纤维纸组成干式纤维滤清器和金属网格浸油滤清器。干式纤维滤清器中，较大粒度的尘埃，由于惯性作用，来不及随气流转弯而碰撞到孔壁上，在重力作用下跌落下来；微小颗粒，在围绕交错的纤维表面做布朗运动时，和纤维接触而沉积下来，并且在与纤维摩擦中产生静电作用，被纤维吸附在其表面。其优点是简单、价廉，缺点是气流阻力太大。

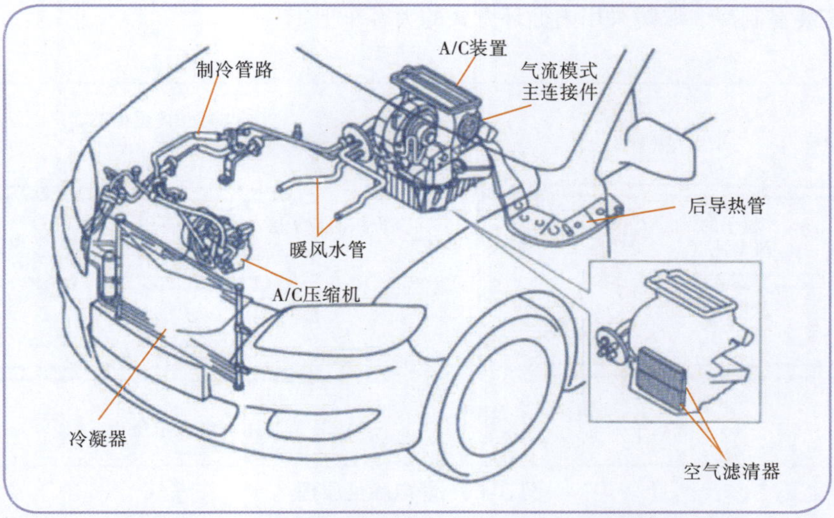

图 3-58　新马自达 3 空调系统空气净化器的位置及结构

金属网格浸油滤清器是由多层金属网格组成的，沿气流方向分布孔径逐渐减小的金属网。空气过滤室下面有一个油槽，并用电动泵将油雾化喷在网格上。当尘埃随空气通过滤清器时，因多次曲折运动，总会碰撞到孔格上，并被油粘住，随油滴一起跌落到槽底。这种滤清器简单、价廉、效果好。

图 3-59 所示为静电除尘式空气净化装置的空气净化过程，预滤器装在最前端，用于过滤大颗粒的杂质。

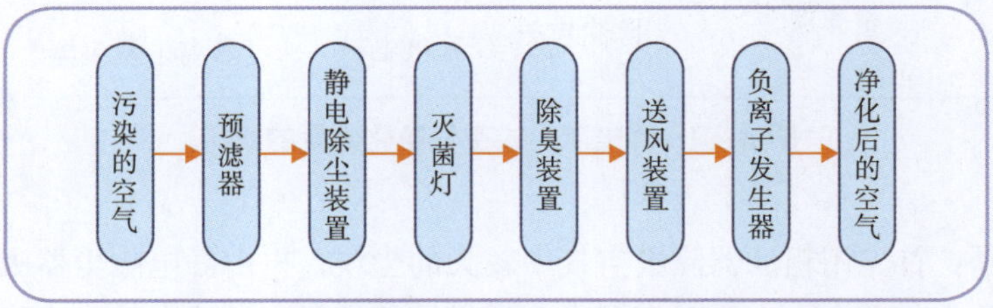

图 3-59　静电除尘式空气净化装置的空气净化过程

2. 静电除尘

静电除尘器以静电除尘方式把微小的尘埃颗粒、烟灰及汽车排出的气体中含有的微粒吸附在除尘板上。其工作原理是高压放电时产生的加速离子通过热扩散或相互碰撞而使浮游尘埃颗粒带电，然后在高压电场中库仑力的作用下，克服空气的阻力而被吸附在除尘电极板上，如图 3-60 所示。其中，图 3-60（a）所示是放电电极流出的辉光电流使尘埃颗粒带电的状况，图 3-60（b）所示为带电的尘埃颗粒向除尘电极板运动的状况。

灭菌灯用于杀死吸附在除尘板上的细菌，它是一只低压水银放电管，能发射出波长为 353.7nm 的紫外线，其杀菌能力约为太阳光的 15 倍。

除臭装置用于除去车厢内的油料及烟雾等的气味。一般采用活性炭过滤器、纤维式或滤纸式空气过滤器来吸附烟尘和臭气等有害气体。图 3-61 所示为实用的静电除尘式空气净化装置的结构，它通常安装在制冷、取暖采用内循环方式的大客车上。

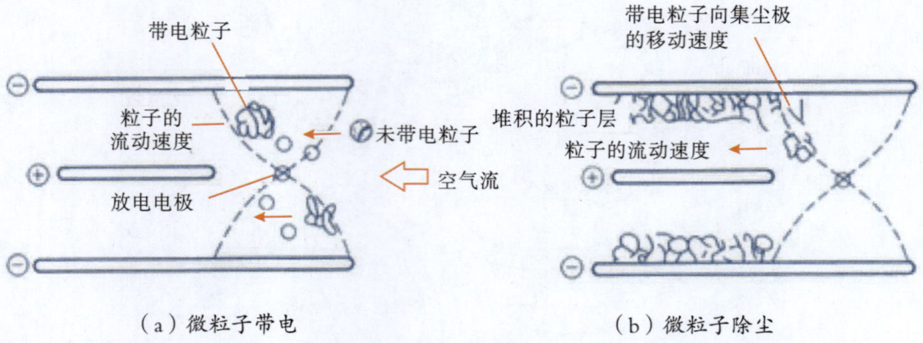

图 3-60 静电除尘原理

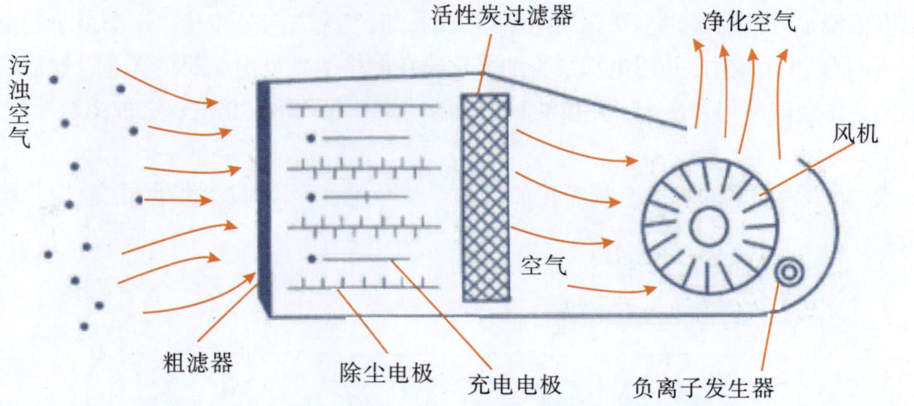

图 3-61 静电除尘式空气净化装置的结构

其工作过程是：首先用粗滤器除去空气中较大的尘埃，再由静电除尘器吸附微小尘埃，通过活性炭过滤器除去烟和臭气，由负离子发生器供给负离子，最后由鼓风机将净化的空气送入车室内。净化后的空气清洁度很高，可以充分满足乘员对舒适性的要求。有些车辆的空气净化系统在滤清器中加入活性炭，可吸收空气中的异味；有些车辆在净化系统中设有烟雾传感器，当传感器检测到车内存在烟气时，便通过放大器自动使鼓风机以高速挡运转，排出车内的烟气。这种净化系统如图 3-62 所示。

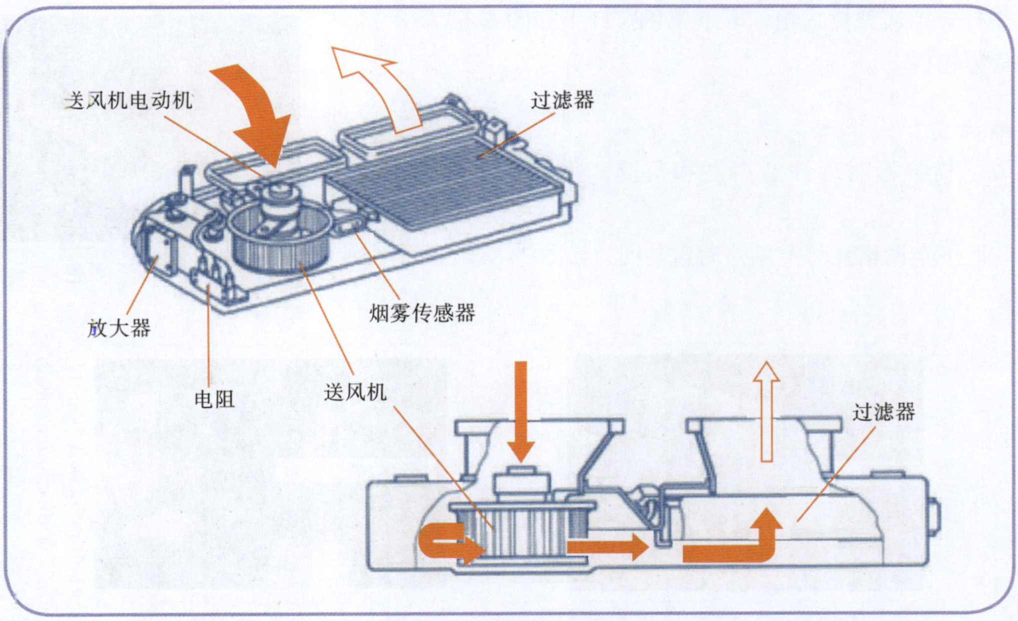

图 3–62　空气净化系统

任务实践

1. 实践名称

空调系统的清洁。

2. 实践准备

实训车辆、空调清洗剂 、常用工具、汽车维修手册、毛巾等。

3. 实践要求与注意事项

①拆卸过程中应轻拿轻放，不要暴力拆解。
②规范操作实训设备，注意人身安全。
③不推搡、不打闹，保证实训场地整洁、卫生。
④仔细观察各模式下空调系统的清洗情况。
⑤使用维修手册时，要注意避免破损，手册应与使用车型相对应。

4. 操作步骤

空调系统的清洁步骤如下。
①将车辆置于水平宽阔地面。

②打开副驾驶货物箱，取下黑色拉杆，如图 3–63 所示，并将货物箱拆下。

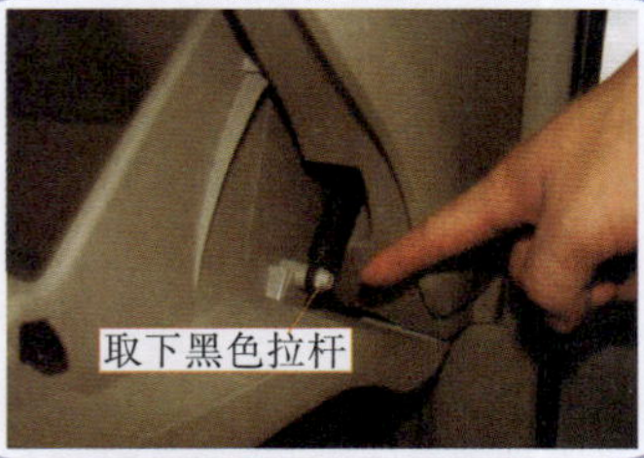

图 3–63　取下黑色拉杆

◆注意：

取下货物箱时应注意力度和角度，避免暴力造成部件损坏。

③取下空调格并将空调格后盖装回，如图 3–64 和图 3–65 所示。

图 3–64　取下空调格

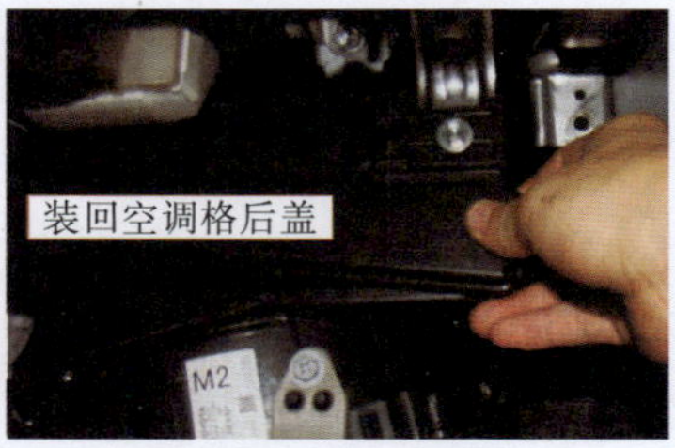

图 3–65　装回空调格后盖

④在汽车空调脚部吹风口下方分别垫上毛巾。清洗过程中系统内的脏物可能会随清洗剂一同从脚部吹风口排出，毛巾能有效吸附脏物，避免弄脏汽车前排地板，如图 3–66 所示。

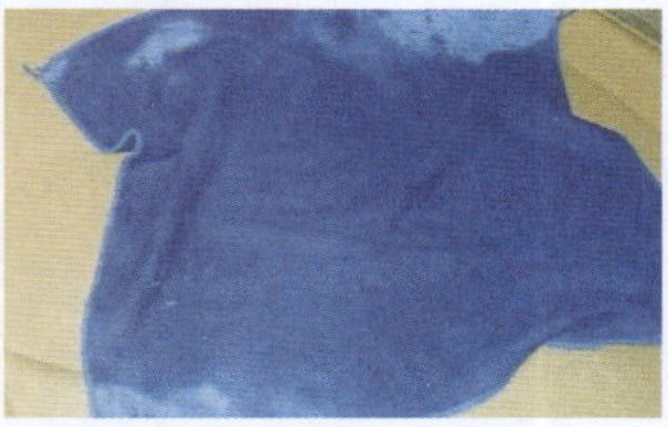
图 3–66　在脚部吹风口下方垫上毛巾

⑤打开前引擎盖，如图 3–67 所示。

⑥起动车辆并打开空调，将空调鼓风机挡位调到最大，如图 3–68 所示。

图 3–67　打开前引擎盖

图 3–68　将空调鼓风机挡位调至最大

◆注意：

此时应关闭 A/C 和内循环。

⑦正式清洗前将空调清洗剂摇匀，并将包装内的软管套上，接着将空调的风量开到最大并调整到外循环模式。将空调清洗剂从空调进气口喷入，此时清洗剂泡沫将随气流进入整个配气风道。喷入空调清洗剂如图 3–69 所示。

⑧按下空调控制面板上不同工作模式键（图 3–70），使清洗剂进入不同的气道。

⑨清洗剂喷完后，可以让空调系统再运行几分钟。熄火后，清洗剂在对蒸发器和风道进行清洁后会消泡成为液体顺排水口流出车外。各出风口也可能会有部分泡沫或液体，应及时用抹布清理。

⑩清洗结束后，安装空调格和货物箱。如果空调格过脏，应更换新的空调格，如图 3–71 所示。

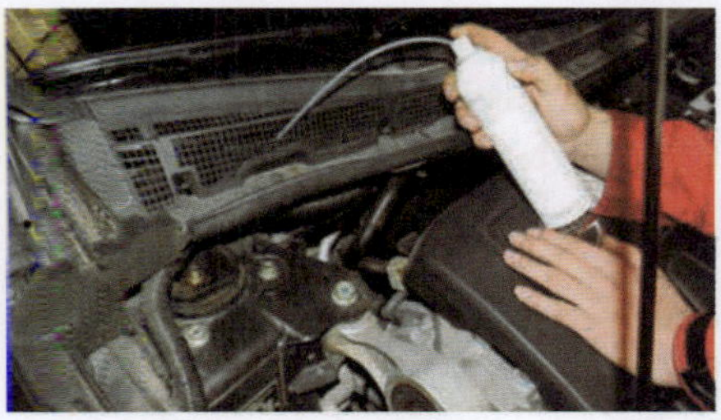

图 3–69 喷入空调清洗剂

图 3–70 按下控制面板上不同工作模式键

图 3–71 装上新的空调格

5 实践总结

____

____

____

____

任务练习

一、填空题

1. 汽车空调通风装置的主要功能是 __________，即 __________，利用汽车迎面风的空气动压 __________ 或利用空调系统中的 __________ 进行 __________ 换气。

2. 动压通风方式不 __________，但空气在车内流过时，会形成车辆 __________。

3. 汽车空调的空气净化包括两部分：__________ 的净化和 __________ 的净化。

二、判断题

1. 在汽车行驶时，强制通风经常与动压通风一起配合使用。 （ ）

2. 过滤除尘主要是以静电方式将微小的颗粒吸附在除尘板上。 （ ）

3. 汽车空调空气净化系统有过滤除尘式和静电除尘式两种。（ ）

4. 灭菌灯用于杀死吸附在除尘板上的细菌。（ ）

5. 灭菌灯的杀菌能力约为太阳的 150 倍。（ ）

三、选择题

1. 下列表述错误的是（ ）。

A. 在交通拥堵或车外环境空气污浊时，宜选择内循环模式进行通风

B. 绝大多数汽车都采用强制通风方式

C. 强制通风是采用蒸发器强制车外新鲜空气进入车厢内的一种通风方式

D. 乘用车均采用动压通风方式与强制通风方式相结合的方式

2. 汽车空调的通风方法有（ ）。

A. 动压通风　　B. 强制通风

C. 顶面通风法　　D.A、B 都是

3. 灭菌灯用于杀死吸附在除尘板上的（ ）。

A. 虫卵　　B. 病毒

C. 细菌　　D. 微生物

四、问答题

1. 简述汽车空调强制通风方式的定义。

2. 简述汽车空调过滤除尘的结构特点。

3. 简述汽车空调静电除尘的结构特点。

项目四

汽车空调自动控制系统

项目描述

为了确保汽车空调系统正常工作，以及当汽车空调系统出现故障时，保护汽车空调系统不致损坏，汽车空调系统中设置了一系列调节控制元件、执行机构和安全保护装置，从不同角度、以不同方法实现对汽车空调系统的控制和保护。本项目将从汽车空调系统的控制、汽车空调的保护、汽车自动空调的组成与工作原理等方面进行介绍。

任务一
汽车空调的控制

任务目标

完成本学习任务后，学生在基础知识和基本技能方面应达到以下要求。

●知识目标

（1）掌握汽车空调的控制原理与措施。

（2）掌握汽车空调系统控制元件的结构与安装位置。

●能力目标

能够描述汽车空调部件的控制原理。

任务引入

为了使汽车空调系统能正常工作，车内能维持所需要的舒适温度和送风条件，汽车空调系统中有一系列的控制元件和执行元件配合工作，来完成汽车空调系统的控制。下面进入汽车空调控制的学习。

相关知识

一、电磁离合器及系统压力控制

1. 电磁离合器控制

电磁离合器安装在压缩机上，其作用是控制发动机与压缩机的动力传递，是目前空调制冷系统的主要控制元件之一。电磁离合器接合，发动机驱动压缩机运转，能够实现空调制冷；电磁离合器分离，切断发动机到压缩机的动力传递，空调系统不制冷。

当接通空调开关（图 4-1）使空调制冷系统进入工作状态时，电磁离合器继电器线圈通电，继电器触点闭合，电磁离合器的定子线圈通电，线圈通电后产生电磁吸力，将压盘吸向带轮，使两者接合在一起（图 4-2），发动机的动力通过带轮传递到压盘，带动压缩机运转。

如图 4-3 所示，当断开空调开关使空调制冷系统停止工作时，电磁离合器继电器线圈断电，继电器触点断开，电磁离合器的定子线圈断电，电磁吸力消失，压盘与带轮分离，此时带轮通过轴承在压缩机壳体上空转，压缩机停止运转。

对电磁离合器的控制，既可以通过主令信号（如接通或断开空调开关）进行，以实现主令控制；也可以通过其他信号（如制冷剂回路的高压压力开关、低压压力开关或高低压组合开关等）进行，以实现安全保护。

图 4-1　空调开关（A/C 开关）

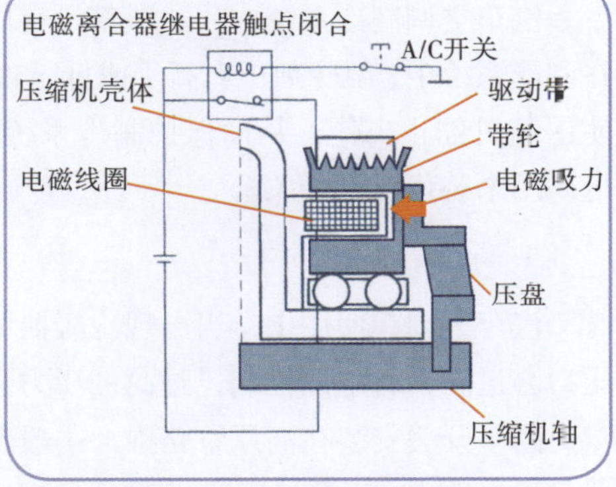

图 4-2　电磁离合器的接合状态

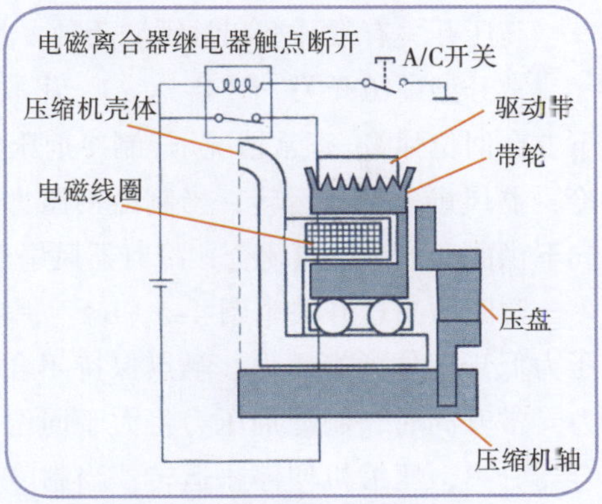

图 4-3　电磁离合器的分离状态

2. 防止蒸发器结霜控制

如果蒸发器的温度低于 0℃，凝结在蒸发器表面的水分就会结霜或结冰，严重时将会堵塞蒸发器的空气通路，导致系统制冷效果大大降低。因此，必须控制蒸发器的表面温度不得降到 0℃以下。

控制蒸发器温度的方法通常有三种：一是利用接于蒸发器上的恒温器控制压缩机的运转，防止蒸发器结霜；二是利用低压回路中的低压开关控制压缩机运转，防止蒸发器结霜；三是用蒸发压力调节器控制蒸发器的压力，防止蒸发器结霜。

3. 制冷循环的压力控制

空调制冷系统中如果出现压力异常，将会造成系统的损坏。如果系统压力过低，说明制冷剂存量过少，；冷冻机油不能随制冷剂一起循环，易使压缩机因缺油而损坏；如果由于制冷剂过多或冷凝器冷却不良造成系统压力过高，则有可能造成系统部件胀裂而损坏。因此，在空调制冷系统工作时，必须对系统压力进行监测，防止出现压力异常。

通常压力过低的保护手段是，当压力低于规定值时，低压开关切断压缩机的电路使压缩机停止工作。压力过高的保护措施是，当压力高于规定值时，既可以采用增大对冷凝器的冷却强度使压力降低的方式保护，也可以采用切断电磁离合器的电路使压缩机停止运转的方式进行保护（图4-4）。通常增大冷却强度控制的压力要低于切断离合器控制电路的压力。

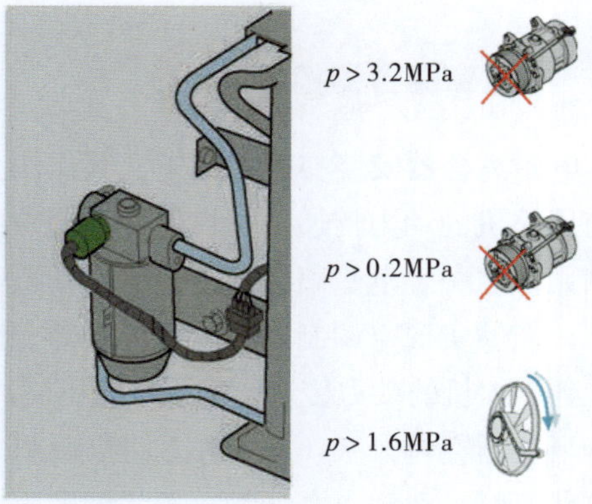

图 4-4　大众车系空调压力开关 F129 的功能

汽车空调制冷系统中，一般都设有压力开关，如高压开关、低压开关、高低压组合开关等。在制冷系统中，制冷剂压力高于或低于规定的极限值时，压力开关会自动切断电磁离合器的电流，使压缩机停止工作，从而保护制冷系统不受损坏。此外，从控制蒸发器温度的角度来说，它也可以用来替代温控开关。

1）高压开关

汽车空调在使用中，当出现冷凝器堵塞、冷却风扇不转或制冷剂过量等不正常状况时，系统压力会过高，若不加控制，过高的压力会损坏系统元件。

高压开关安装在高压管路中，一般装在储液干燥器上，串联在压缩机电磁离合器电路或冷凝器风扇电路中，当系统压力过高时，高压开关动作，切断离合器电路或接通冷却风扇高速挡电路，防止压力继续升高，避免造成系统的损坏。

高压开关有常开型和常闭型两种，其结构如图 4-5 所示。

常开型高压开关［图 4-5（a）］串联在冷凝器风扇电路中，金属膜片的上方通高压侧制冷剂，下方有回位弹簧。正常情况下，制冷剂压力低于回位弹簧压力，金属膜片向上拱曲变形，触点断开，冷凝器风扇以低速运转；当制冷剂压力异常升高时，制冷剂压力大于回位弹簧压力，金属膜片向下拱曲变形，触点闭合，冷凝器风扇以高速运转，以加强冷却。

常闭型高压开关［图 4-5（b）］串联在压缩机的电磁离合器电路中。正常情况下，制冷剂压力低于回位弹簧压力，触点保持闭合状态，电磁离合器接合，压缩机正常运转；当制冷剂压力异常升高时，制冷剂压力将大于回位弹簧压力，金属膜片向下拱曲变形，触点断开，电磁离合器分离，压缩机便停止运转；当制冷剂压力下降到正常值时，金属膜片会向上拱曲变形，使触点恢复闭合，于是电磁离合器恢复接合，压缩机恢复正常运转。

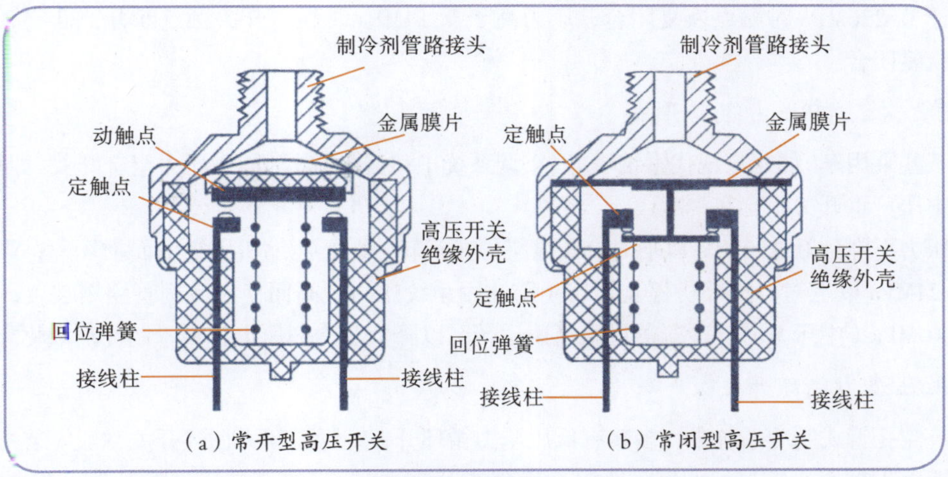

图 4–5　高压开关

2）低压开关

当制冷系统的制冷剂不足或泄漏时，冷冻机油也有可能随之泄漏，造成空调系统润滑不良。如果压缩机在缺油状态下运行，将导致严重损坏。

低压开关通常用螺纹接头直接安装在高压管路中，串联在电磁离合器电路中。低压开关的触点在常态下是闭合的，其内部结构如图 4–6 所示。

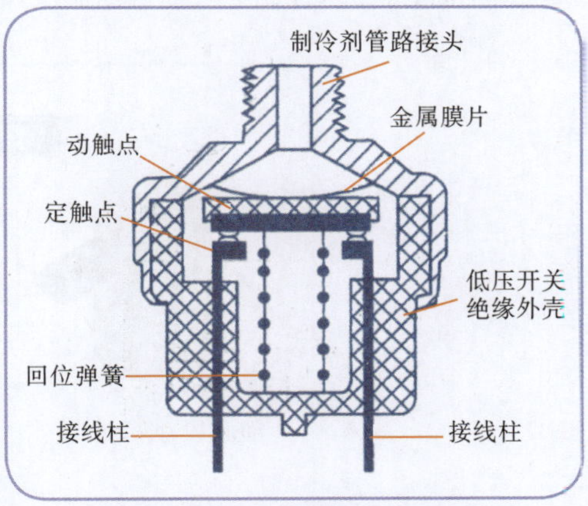

图 4–6　低压开关内部结构

当制冷剂压力正常时，常闭触点接通压缩机电磁离合器电路，电磁离合器接合，压缩机正常运转。当因发生制冷剂泄漏等故障而使系统压力过低时，制冷剂压力将低于回位弹簧压力，金属膜片会向上拱曲变形，使常闭触点断开，于是电磁离合器分离，压缩机便停止运转，以防止损坏压缩机。

3）高低压组合开关

将高压开关与低压开关装在一个壳体内，即构成高低压组合开关。高低压组合图开关一般安装在制冷剂高压回路中，其实物如图 4–7 所示。

图 4–7　高低压组合开关实物照片图

高低压组合开关串入压缩机控制回路中，同时具有高压保护和低压保护功能。在系统正常时，该开关触点闭合，电磁离合器工作正常；当系统压力过高或系统压力过低时，该压力开关动作，触点断开，使压缩机停止工作。通常，当压力低于 0. 196MPa 时，低压开关触点断开，压力高于 0. 226MPa 时触点恢复闭合；压力高于 3. 14MPa 时高压开关触点断开，低于 2. 55MPa 时触点恢复闭合。

4）高、低、中压力组合开关

在某些乘用车(如北京现代索纳塔等)空调系统中,还采用高、低、中压力组合开关,即将高压、低压、中压三重开关组合在一起。

当压力下降到 0. 196MPa 以下时，压缩机停止运转（防止压缩机因缺油而损坏）；当压力上升到 3. 24MPa 以上时，压缩机停止运转（防止因系统压力过高而使制冷剂管路爆裂）；当压力达到 1. 40MPa（中压）时，冷凝器风扇高速运转，以降低制冷剂压力，便于制冷剂液化。

5）低压压力循环开关

在节流孔管式制冷系统中，多装有低压压力循环开关。低压压力循环开关一般安装在气液分离器中或蒸发器至压缩机的低压管路中。其触点为常闭状态，当系统压力降至 200kPa 时，触点断开；当系统压力升至 350kPa 时，触点恢复闭合。

如图 4–8 所示，低压压力循环开关串联在压缩机电磁离合器线圈的得电回路中，通过断开或接通压缩机离合器来控制蒸发器表面温度，达到防止蒸发器结霜的目的。

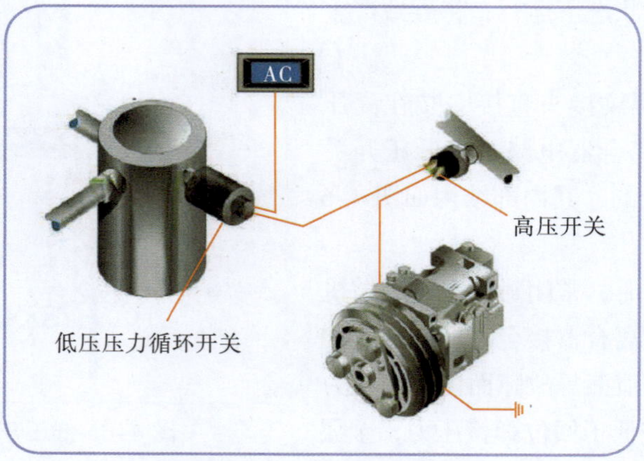

图 4–8 低压压力循环开关

6）制冷剂压力传感器

该传感器安装在冷凝器和蒸发器之间的管路上。压力传感器要向动力控制模块（PCM）输送管路中制冷剂压力的变化信号（连续变化，压力越高，输出的电压越高），动力控制模块据此实现以下控制：当压力高于 2. 7MPa 时，断开电磁离合器；当压力低于 0. 285MPa 时，断开电磁离合器；加强怠速控制，补偿空调的怠速负荷；控制冷却风扇的工作等。

制冷剂压力传感器为不可修复件，损坏后只能更换新件。压力传感器一般有三根引线：电源线（灰色线）、搭铁线（黑色线）、信号线（红 / 黑线）。电源线电压为 5V，信号线的电压随着制冷系统压力的升高而均匀增大。

二、风机的控制

1. 冷凝器风扇的控制

1）冷凝器 / 散热器风扇的控制

很多乘用车空调系统的冷凝器与发动机冷却系统的散热器合用一个风扇，称为冷凝器 / 散热器风扇。该风扇由直流电动机驱动，习惯上称之为电子扇。

当冷却液温度较低时，电子扇不工作；冷却液温度升高到某一设定值时，电子扇以低速转动；当温度进一步升高到另一设定值时，电子扇则以高速运转。

当空调制冷系统开始工作时，不管冷却液温度高低，电子扇都以低速运转；当制冷系统压力高过某一设定值时，电子扇则以高速运转。

当空调系统的冷凝器与发动机冷却系统的散热器合用一个风扇冷却时，多采用风扇电动机串联电阻的方法对风扇进行调速，称为串联电阻调速。当空调系统的冷凝器与发动机冷却系统的散热器各用一个风扇进行冷却时，多采用改变两个风扇的连接关系（串联或并联）的方法对风扇进行调速，称为串并联调速。

2）冷凝器风扇与散热器风扇的控制

采用冷凝器 / 散热器风扇时，系统结构比较简单，但由于要兼顾冷凝器和散热器的需要，冷却效果并不理想，多用于低档乘用车的空调系统。

图 4–9 所示为冷凝器和散热器风扇控制电路，用压力开关、冷却液温度开关和三个继电器控制冷凝器风扇和散热器风扇的转速。此电路可以实现风扇不转、低速运转、高速运转三级控制。3 号继电器只在空调制冷系统工作时起作用，使冷凝器风扇以低速或高速运转。2 号继电器为双触点继电器，用来控制冷凝器风扇的转速。1 号继电器用于控制散热器风扇。压力开关在空调制冷系统压力高时断开，压力低时接通。冷却液温度开关在冷却液温度低时接通，温度高时断开。

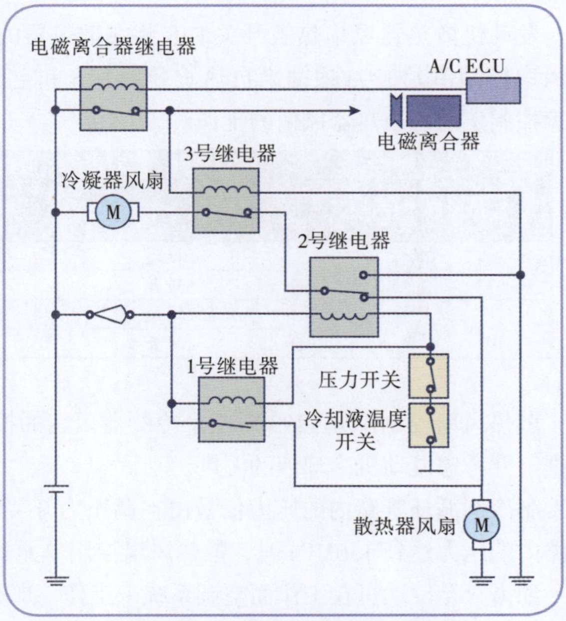

图 4–9　冷凝器和散热器风扇控制电路

关闭空调 A/C 开关时，3 号继电器不工作，冷凝器风扇也不工作。如果冷却液温度过高，冷却液温度开关断开，1 号继电器线圈断电，触点闭合，散热器风扇运转，加强散热。

打开空调 A/C 开关，3 号继电器线圈通电，触点闭合。如果冷却液温度较低，空调系统内压力也较低，2 号继电器线圈也通电，使其下触点闭合，形成冷凝器风扇和散热器风扇的串联电路，两个风扇都以低速运转。如果冷却液温度升高或制冷系统内压力增大，压力开关或冷却液温度开关切断 2 号和 1 号继电器线圈电路，使 2 号继电器的上触点闭合，1 号继电器的触点接通，将冷凝器风扇和散热器风扇连接成并联电路，两个风扇都以高速运转。

3）散热器风扇与多个冷凝器风扇的组合控制

如图 4–10 所示，在大众高尔夫 / 奥迪 A3（Golf/Audi A3）等乘用车上，采用散热器风扇与多个冷凝器风扇协同工作的散热方式，散热风扇控制单元 J293（图 4–11）根据来自热敏开关 F18 和空调压力开关 F129 的信号，对发动机散热器风扇及两个冷凝器风扇进行组合控制。

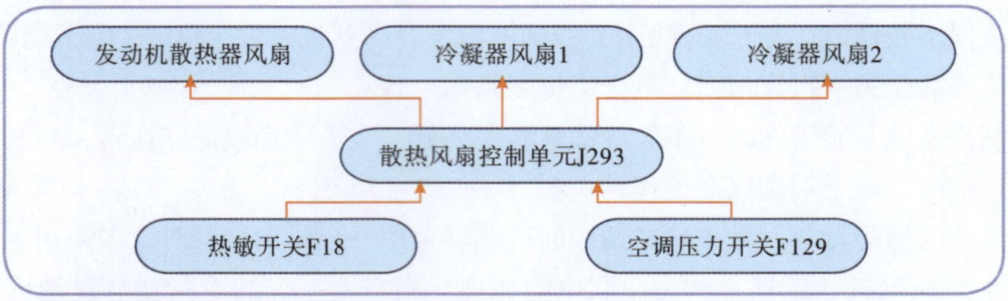

图 4–10 散热器风扇与多个冷凝器风扇的组合控制（高尔夫 / 奥迪 A3 乘用车）

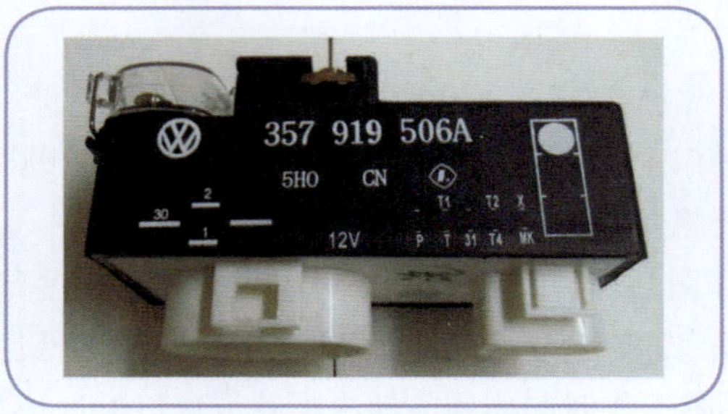

图 4–11 散热风扇控制单元 J293

发动机散热器风扇热敏开关 F18 装在散热器的入水口处，用于检测发动机冷却液温度。散热风扇控制单元 J293 根据来自热敏开关 F18 和空调压力开关 F129 的信号，按照表 4–1 所示的规律控制发动机散热器风扇的工作。

表 4–1 对发动机散热器风扇的控制

散热风扇工作挡位	散热风扇电路状态	发动机冷却液温度 /℃	制冷剂管路内的压力 / MPa
1 挡	接通	92~97	＜ 1.6
	断开	84~91	–
2 挡	接通	99~105	＞ 1.6
	断开	91~98	–

散热风扇控制单元 J293 对两个冷凝器风扇的控制，以制冷剂循环管路内的压力为主要控制依据，并考虑发动机冷却液的温度。

制冷剂循环管路内的压力信号由空调压力开关 F129 或高压传感器 G65 提供。当制冷剂循环管路内的压力达到 1. 6MPa 时，散热风扇控制单元 J293 将风扇切换到 2 挡运行（表 4–2）。

如果只是发动机在工作而空调系统未工作，那么就只有发动机散热器风扇工作，而两个冷凝器风扇并不工作。发动机散热器风扇具体以 1 挡还是 2 挡工作，则取决于发动机冷却液的实际温度。

表 4-2 对两个冷凝器风扇的控制

空调 A/C 开关的状态	制冷剂管路内的压力 /MPa	发动机冷却液温度 /℃	两个冷凝器风扇工作挡位
ON（压缩机已接通）	> 0.2	–	两个风扇均以 1 挡运行
	高压 HP > 1.6	> 99	两个风扇均以 2 挡运行
	< 1.6	< 99	两个风扇均以 1 挡运行

2. 蒸发器鼓风机的控制

蒸发器鼓风机工作时，电动机驱动一个离心风扇（笼式风扇），驱使空气通过蒸发器及加热器。目前，汽车的蒸发器鼓风机转速控制方法有两种，中低档汽车空调系统多采用串电阻有级调速法，而高档汽车空调系统多采用脉宽调制无级调速法。

1）串电阻有级调速法

所谓串电阻有级调速法，是指在鼓风机电路中，串接一个变阻器（图 4-12，亦称调速电阻），通过鼓风机开关改变鼓风机驱动电路的电阻值来控制鼓风机转速。由于变阻器只有有限的几个挡位（电阻值），与之相适应，鼓风机转速也就有几个不同的工作挡位（转速），其转速变化是有级的、阶跃的。

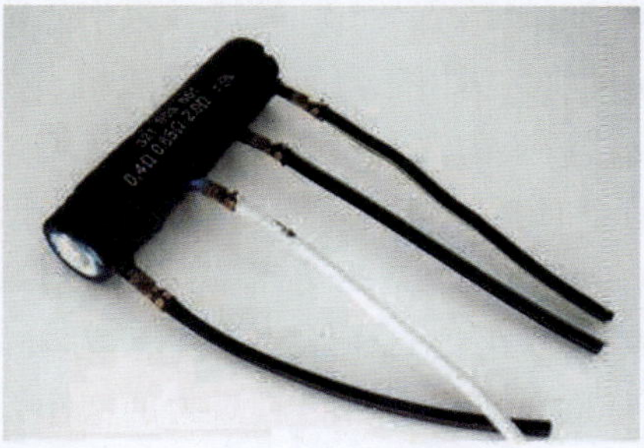

图 4-12 变阻器

手动鼓风机控制电路如图 4-13 所示。鼓风机开关与鼓风机变阻器的作用是，调节空调系统的空气流量，并作为空调器本身的控制开关。鼓风机变阻器串联于鼓风机开关与电动机之间，其压降被用于改变电动机的端电压，控制电动机转速和调节空气流量。

当电动机运转时，变阻器会发热，需要冷却。因此，变阻器一般都安装在鼓风机电动机之前的蒸发器冷风风道内，确保其通风散热良好。

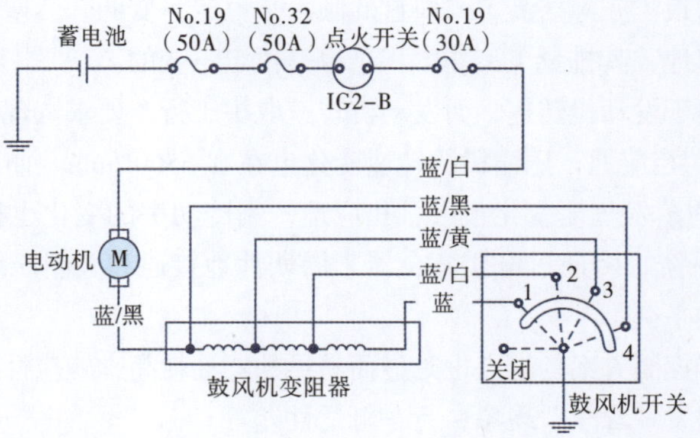

图 4-13 手动鼓风机控制电路

2）脉宽调制无级调速法

串电阻有级调速法结构简单，成本低廉，但由于转速变化是有级的、阶跃的，很难实现鼓风量与鼓风需求之间的动态平衡，且鼓风机噪声大，能耗也高。因此，高档汽车空调系统和全自动空调系统多采用脉宽调制无级调速法。

所谓脉宽调制（Pulse Width Modulation，PWM）是指用微处理器的数字输出信号来对模拟电路进行控制，是一种对模拟信号电平进行数字编码的方法。以数字方式控制模拟电路，可以大幅度降低系统的成本、功耗和鼓风机噪声，并实现无级调速。宝马、保时捷、大众、福特、通用等高档乘用车的鼓风机广泛采用PWM 无级调速器（图 4–14）进行控制。

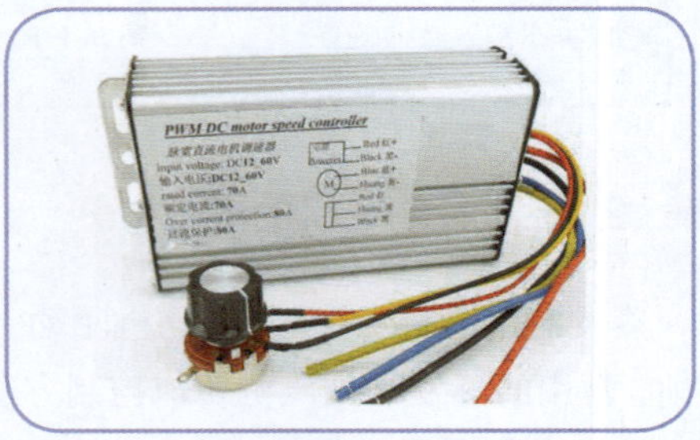

图 4–14　PWM 无极调速器（12V/30A）

对于同一套汽车空调鼓风机系统，采用串电阻有级调速法时，其高速挡运行噪声可达 66dB，而采用脉宽调制无级调速法时，在最高转速下，其运行噪声可降低至 48dB，降噪效果十分显著。

目前，适用于汽车空调暖风机、蒸发器鼓风机和冷凝器风扇的汽车直流电动机无级调速器（图 4–15）产销量日益提高。汽车直流电动机无级调速器的适用电压为 12/24V，功率范围为 20~350W，能量转换效率可达 98. 5%，尺寸一般为 35mm×（47~85）mm×60mm，是一种极具潜力的汽车鼓风机调速电阻器的更新换代产品。

图 4–15　汽车直流电动机无级调速器

三、压缩机排量与工作模式的控制

1. 控制压缩机排量的作用与意义

定排量压缩机的摇板（亦称摇盘）或斜盘的倾角是恒定不变的，活塞的有效行程也是恒定不变、不可调节的。相应地，其排量（工作容积）也是恒定不变的。

压缩机的功率取决于发动机转速，而发动机转速取决于行车要求。现代汽车发动机的最高转速一般可达 6500r/min。相应地，压缩机的转速变化也在 0~6500r/min。如此大的转速变化范围，使得蒸发器内制冷剂的蒸发程度变化很大，相应地，制冷功率的变化也很大。因此，对于采用定排量压缩机的制冷系统，多通过电磁离合器来周期性地接通和关闭压缩机，从而实现制冷功率与车室内热湿负荷的平衡。

但这种循环离合器控制方案的缺点也是显而易见的：油耗高，响应性差，容易矫枉过正；行车动力不稳定，容易引发“耸车”现象，行车舒适性差等。

为了能与不同的发动机转速、环境温度或驾驶人所选择的车内温度相匹配（总而言之就是要与制冷需求相适应），开发出了功率可调的变排量压缩机。对于摇板式或斜盘式变排量压缩机（图 4–16），多采用这样的技术路线：改变摇板或斜盘的倾角→改变活塞的有效行程→改变压缩机排量。

与定排量压缩机不同，在空调装置工作时（按下 A/C 开关后），变排量压缩机一直都是处于工作状态的。其排量变化范围一般在 5%~100%。

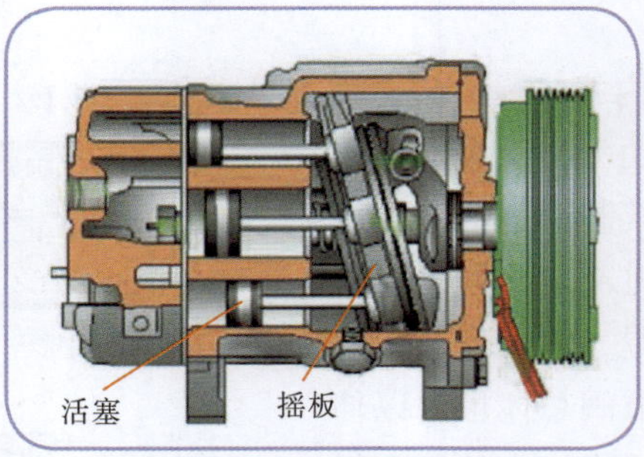

图 4-16 变排量压缩机

2. 变排量压缩机的机械控制

1）初始状态

如图 4-17 所示，摇板或斜盘由前、后弹簧支撑在主轴上，其倾角（倾斜状态）取决于摇板箱内的压力（又称腔压，即活塞顶部和活塞底部的压力比）。摇板箱内的压力由作用在压力调节阀上的制冷剂出口压力（高压）、制冷剂入口压力（低压）及定径节流管（校准用节流孔）来确定。

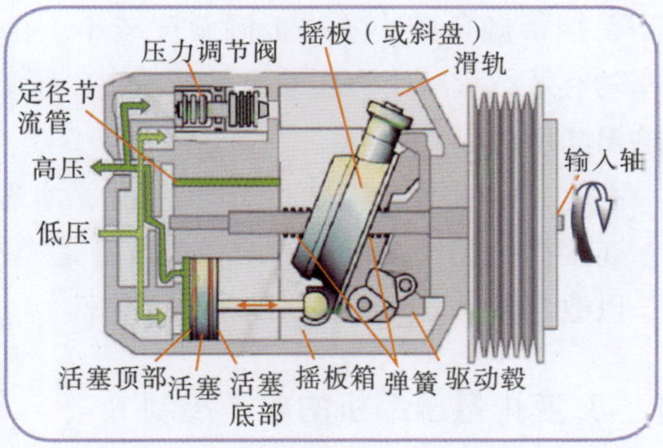

图 4-17 变排量压缩机结构简图

在空调装置关闭的情况下，高压、低压及摇板箱内的压力是相同的。此时，前、后弹簧将摇板或斜盘置于输出功率为压缩机总功率 40% 的位置。

2）大排量的控制

如图 4-18 所示，当车室内的热湿负荷比较大，需要压缩机输出较大的功率，以实现高强度制冷时，对压缩机而言，其制冷剂出口压力（高压，即排气压力）和制冷剂入口压力（低压，即吸气压力）都比较高。于是，波纹管 2 被较高的排气压力压缩，波纹管 1 被较高的吸气压力压缩，压力调节阀总体被压缩，压力调节阀阀口打开，摇板箱内的压力通过压力调节阀腔体及压缩机吸气口卸压。

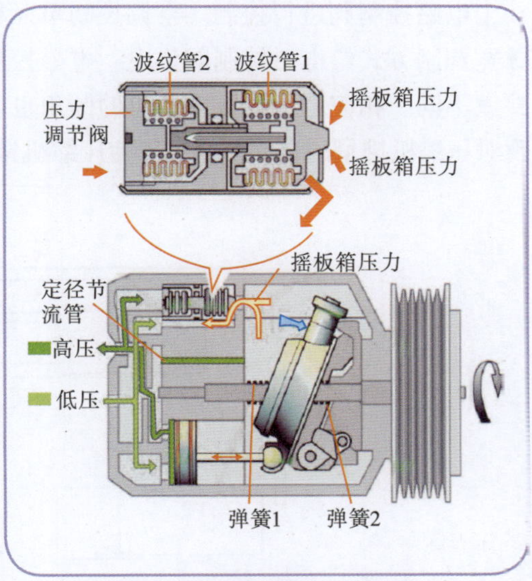

图 4-18 大排量工作状态
（斜盘倾角大，活塞有效行程长）

于是，摇板箱内的压力降低，活塞顶部的排气压力与弹簧 1 的弹力的合力大于活塞底部摇板箱压力和弹簧 2 的弹力的合力，在驱动毂摇板倾角控制机构的作用下，摇板倾角增大（摇板倾斜度增大），则活塞的有效行程增大，压缩机排量增大，压缩机输出功率增大。

3）小排量的控制

如图 4-19 所示，当车室内的热湿负荷比较小，需要压缩机输出较小的功率，以实现低强度制冷时，对压缩机而言，其制冷剂出口压力（高压，即排气压力）和制冷剂入口压力（低压，即吸气压力）都比较低。于是，波纹管 2 和波纹管 1 均得以伸长，压力调节阀总体也得以伸长，压力调节阀阀口关闭，摇板箱内的压力得以升高。

于是，活塞顶部的排气压力与弹簧 1 的弹力的合力小于活塞底部摇板箱压力和弹簧 2 的弹力的合力，在驱动毂摇板倾角控制机构的作用下，摇板倾角减小（摇板倾斜度减小），则活塞的有效行程减小，压缩机排量减小，压缩机输出功率减小。

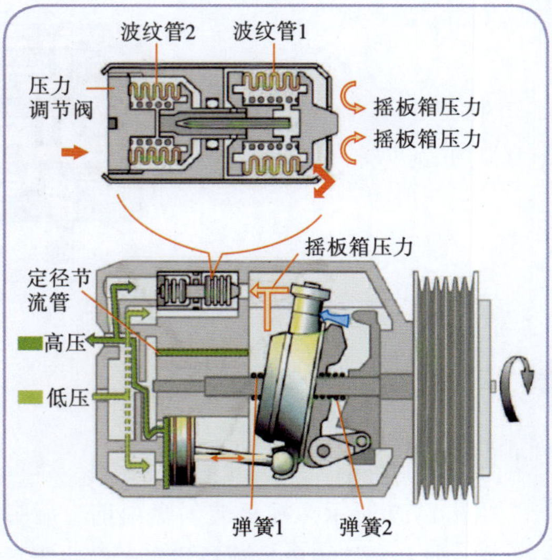

图 4-19 小排量工作状态
（斜盘倾角小，活塞有效行程短）

由此，借助压缩机内部的压力变化，实现了压缩机排量和输出功率的自动变化。

连接排气腔与摇板箱的定径节流管是经过严格标定的，用于使排气腔与摇板箱进行压力连通，以改善低排量时压缩机的工作平稳性。

3. 变排量压缩机的电子控制

目前，大众及丰田等车系广泛采用在机械控制式变排量压缩机的基础上发展而来的电子控制式变排量压缩机。

如图 4-20 所示，在装备电子控制式变排量压缩机的空调系统中，活塞顶部和底部的压力差由一个电磁控制阀进行控制。空调控制单元根据反映制冷系统运行状态的温度和压力信号，通过脉宽调制方式给电磁控制阀供电。电磁控制阀阀芯所处的位置不同，则活塞顶部和底部的压力差就不同。相应地，摇板或斜盘的倾角也就不同，压缩机的排量和输出功率也就不同，以此实现对压缩机排量的自动控制，可使压缩机排量在 0~100% 范围内平滑变化。

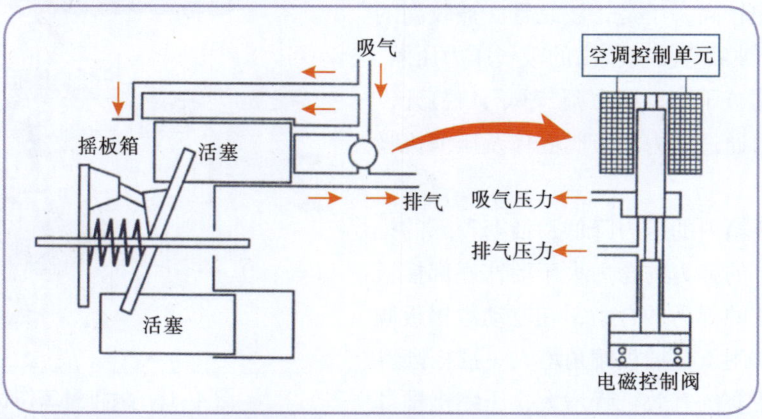

图 4-20 电子控制式变排量压缩机的控制机构（皇冠乘用车空调系统装备）

如图 4–21 所示，当车室内的热湿负荷比较大，需要压缩机输出较大的功率，以实现高强度制冷时，空调控制单元按照高占空比给电磁控制阀供电，电磁控制阀处于关闭状态，排气压力被引入活塞右侧，使活塞顶部压力大于活塞底部压力，弹簧被压缩，摇板或斜盘倾角增大，活塞行程增大，相应地，压缩机的排量和输出功率也增大。

随着车室内热湿负荷的逐渐较小，空调控制单元以一定的、较小的占空比，通过脉宽调制方式给电磁控制阀供电。电磁控制阀阀芯向上移动，使吸气压力与排气压力适度沟通，进而使活塞顶部压力逐渐减小，摇板或斜盘倾角逐渐减小，活塞行程逐渐减小，相应地，压缩机的排量和输出功率也逐渐减小。

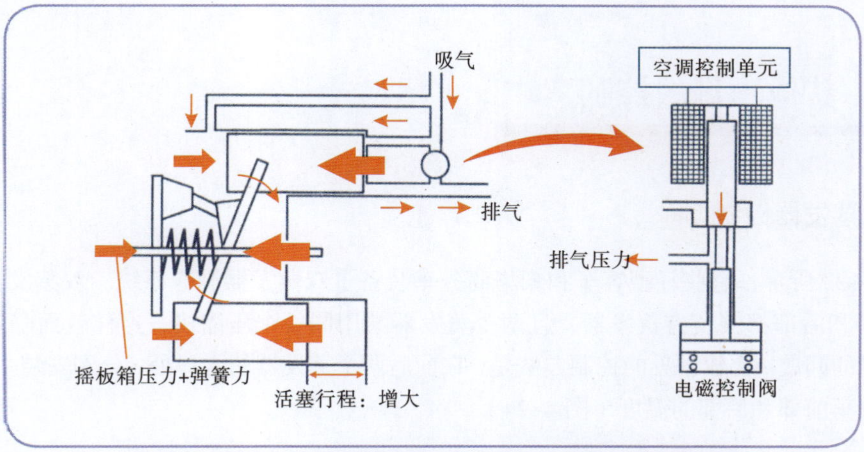

图 4–21　倾角最大（排量达到 100%）时控制机构的状态

如图 4–22 所示，当电磁控制阀打开（空调控制单元不给电磁控制阀通电）时，吸气压力与排气压力完全连通，进而使活塞顶部压力减至最小，摇板或斜盘倾角减至最小（与主轴垂直），活塞行程减至最小（其值为 0），压缩机的排量和输出功率减至最小（其值为 0）。

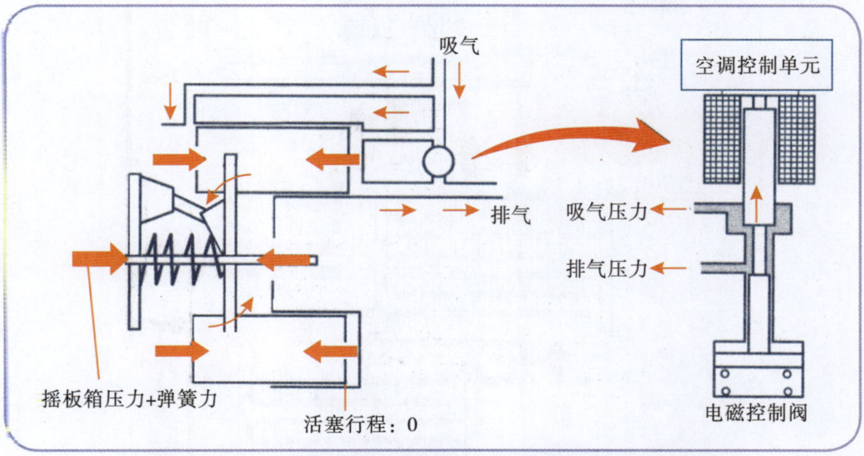

图 4–22　倾角最小（排量达到 0）时控制机构的状态

4. 压缩机工作模式的控制

有些汽车为了提高燃油经济性，采用了双级压缩机工作模式控制。在空调控制电路中设有两个并联且互锁的开关：A/C 开关和 ECON 开关。当接通 A/C 开关时，空调 ECU 根据蒸发器温度传感器的信号，在较低的温度下控制压缩机电磁离合器的通断；当接通 ECON 开关时，空调 ECU 便在较高的温度下控制压缩机电磁离合器的通断，这样就可以减少压缩机工作的时间，从而减少汽车的燃油消耗。同时在压缩机停机时，发动机的负载减少，汽车的动力输出可以得到提高。

四、其他项目的控制

1. 双蒸发器控制

如图 4-23 所示，有些轻型客车和豪华商务车装备了双蒸发器制冷系统。双蒸发器制冷系统在车辆前部和后部都安装有蒸发器，且两个蒸发器共用同一个压缩机，这样就面临着前后蒸发器分别控制的问题。比较常见的控制方法是，在前后两个蒸发器的入口处，分别安装一个电磁阀，用来控制汽车前部和后部的温度（图 4-24）。

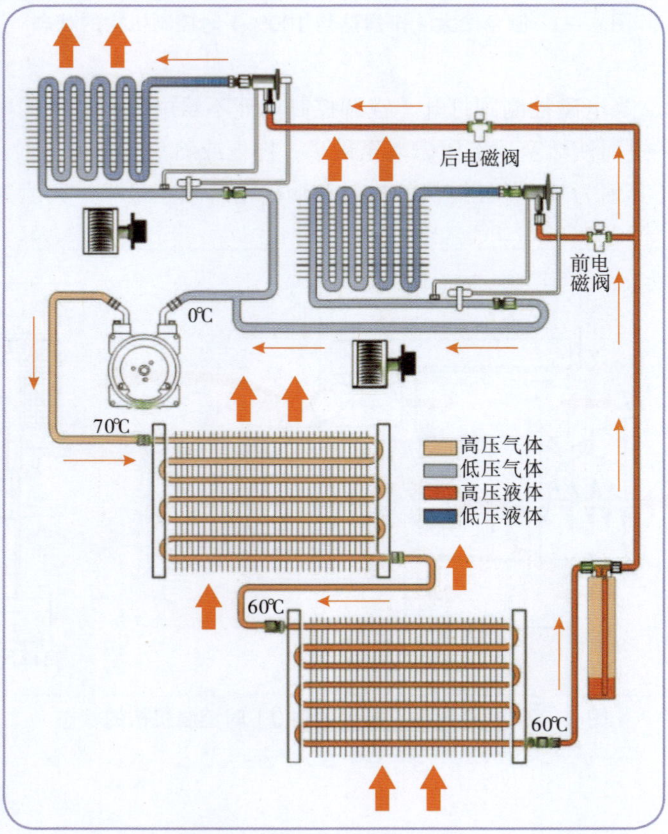

图 4-23 双蒸发器制冷系统

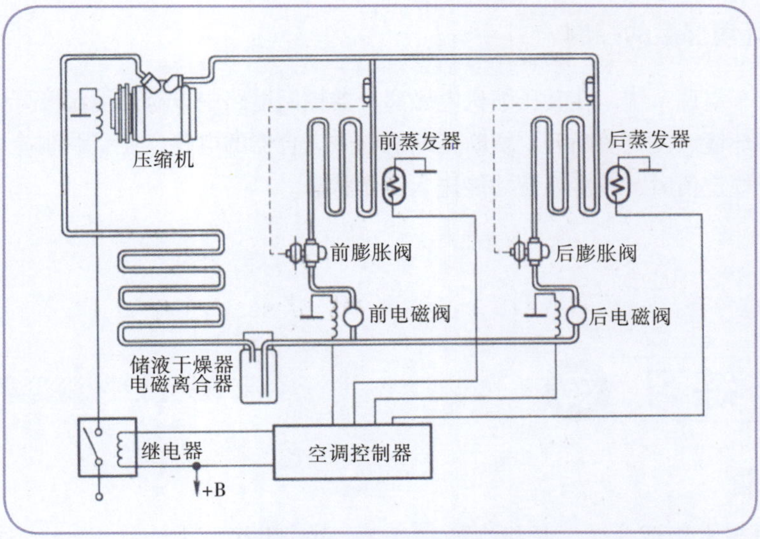

图 4–24　双蒸发器控制

2. 发动机的怠速提升控制

在车流量较大且拥挤的城市道路上行驶时，汽车发动机经常处于怠速运转状态，发动机的输出功率低，如果此时开启空调的制冷系统，可能会造成发动机过热或停机。为了防止这种情况的发生，在空调控制系统中采用了怠速提升装置，如图 4–25 所示。

当接通空调开关（A/C 开关处于 ON 状态）后，发动机 ECU 便可接收到空调开启信号，ECU 便控制怠速控制阀将怠速旁通气道的通路开大，使进气量增加，提高怠速转速；如果是节气门直动式怠速控制机构，ECU 便控制电动机将节气门开大，提高怠速转速。从这个意义上说，空调开关（A/C 开关）是作为发动机怠速转速控制系统的前馈信号发挥作用的。

应当指出，图 4–25 所示发动机怠速提升装置并非单独为汽车空调系统设计的，而是发动机自身的转速控制系统固有的组成部分，只不过是在发动机转速控制程序中增加了“A/C 开关处于 ON 状态”这一运行条件，并为此设计了相应的控制子程序而已。

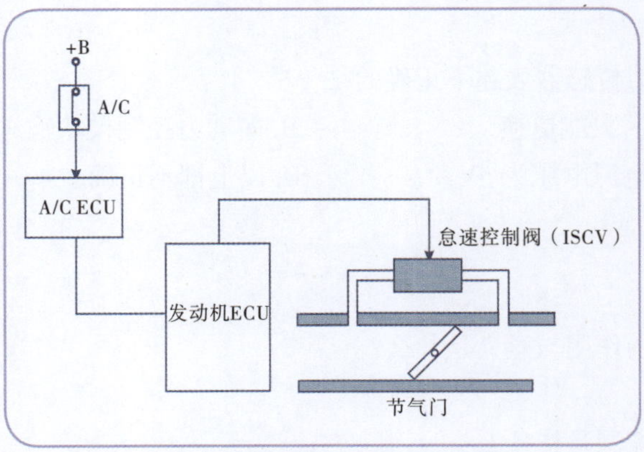

图 4–25　发动机怠速提升装置

3. 基于环境温度的控制

还有部分汽车空调系统，在其压缩机电磁离合器控制电路中设有环境温度开关，当环境温度低于规定值时，环境温度开关断开，切断压缩机电磁离合器的电路，使空调制冷系统不能工作。当环境温度高于规定值时，制冷系统才能进入工作状态。

任务练习

一、填空题

1. 所谓串电阻有级调速法，是指在__________中，串接一个__________，通过__________改变鼓风机驱动电路的__________来控制鼓风机__________。

2. 定排量压缩机的__________或__________的倾角是__________的，活塞的__________也是不变、不可调节的。

二、判断题

1. 高压开关安装在高压管路中，一般装在储液干燥器上。（ ）
2. 常闭型高压开关串联在压缩机的电磁离合器电路中。（ ）
3. 当冷却液温度低时，电子扇也低速旋转。（ ）

三、选择题

1. 下列不属于空调制冷系统压力开关的是（ ）。

A. 高压开关　　B. 低压开关
C. 高低压组合开关　　D. 恒压开关

2. 下列对制冷剂压力传感器表述不正确的是（ ）。

A. 不可修复，损坏后只能更换　　B. 向动力控制模块输送制冷剂压力变化信号
C. 压力传感器工作电源电压为 5V　　D. 以上都不正确

四、问答题

1. 控制压缩机排量的作用与意义是什么？

2. 发动机怠速提升控制是指什么？

3. 汽车空调鼓风机的控制方法有哪些？

任务二 汽车空调的保护

任务目标

完成本学习任务后，学生在基础知识和基本技能方面应达到以下要求。

● 知识目标

(1) 掌握汽车空调的保护原理。

(2) 掌握汽车空调系统保护元件的结构与安装位置。

● 能力目标

能够描述汽车空调部件的保护原理。

任务引入

为了保证汽车空调系统安全稳定运行，必须设置一个完整的安全保护系统。汽车空调有哪些保护措施？具体是怎么样实现保护的？下面带着问题进入汽车空调保护的学习。

相关知识

一、制冷剂的过热保护

常见的制冷系统过热保护装置有三种：过热开关、热力熔断器、制冷剂温度开关。它们的结构各有特点，但都用于检测高压回路中的制冷剂温度，当制冷剂温度超过规定值时，就会切断压缩机电磁离合器的得电回路。

1. 过热开关与热力熔断器

过热开关（图 4–26）安装在压缩机缸体后侧、高压管出口处。保护压缩机过热开关的壳体和盖板之间用 O 形密封圈密封，一个特殊成形的限位圈把开关固定就位，并使壳体通过压缩机搭铁，当温度过高时，膜片变形使触点闭合。

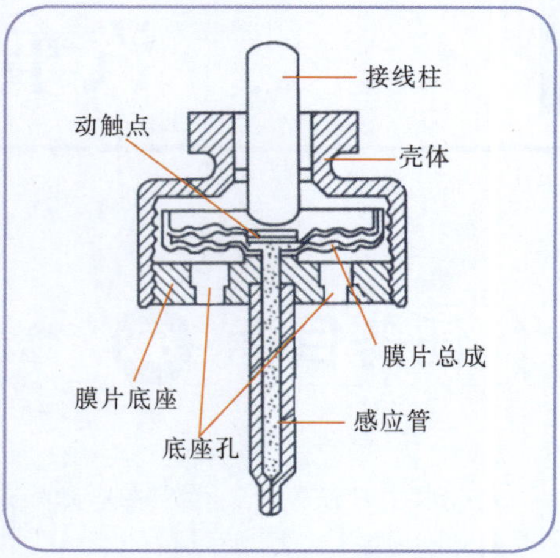

图 4–26　过热开关结构

如图 4–27 所示，热力熔断器与过热开关配合使用，当过热开关闭合时，通向电磁离合器的电流通过热力熔断器的加热丝，使加热丝温度升高，直到熔断器熔体熔化，使电磁离合器电路断开，压缩机停止运转。

过热开关是一种温度、压力感应开关，在正常情况下过热开关处于断开状态，电磁离合器电流流过熔断器的熔体。如果系统出现过热情况，当过热开关检测到系统处于高温、低压状态时，过热开关触点闭合，就有电流流过加热丝，其产生的热量会使熔断器熔体快速熔化，使压缩机电磁离合器线圈的得电回路断开，压缩机停止工作，起到保护作用。

制冷系统的高温、低压状态通常在缺少制冷剂时出现。如果压缩机继续运转，会因缺少润滑油而过热损坏。因此，通过过热开关与热力熔断器组合使用，可对压缩机进行有效的过热保护。

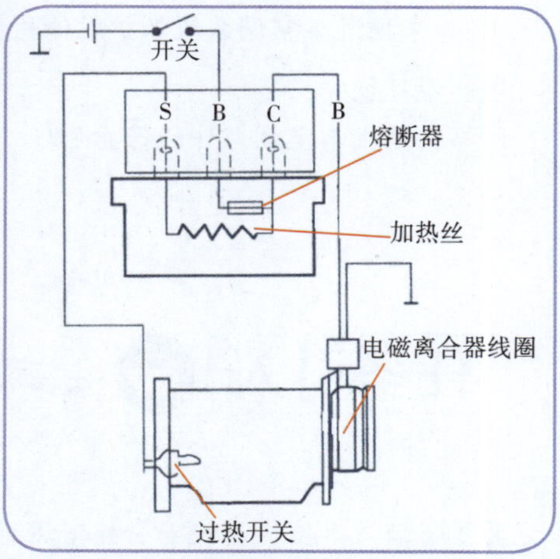

图 4–27　热力熔断器与过热开关配合使用

2. 制冷剂温度开关

在部分叶片式压缩机和斜盘式压缩机上装有制冷剂温度开关，以防止压缩机因温度过高而损坏。如图 4–28 所示，当制冷剂的温度超过 180℃时，该开关断开，切断压缩机电磁离合器的电路。

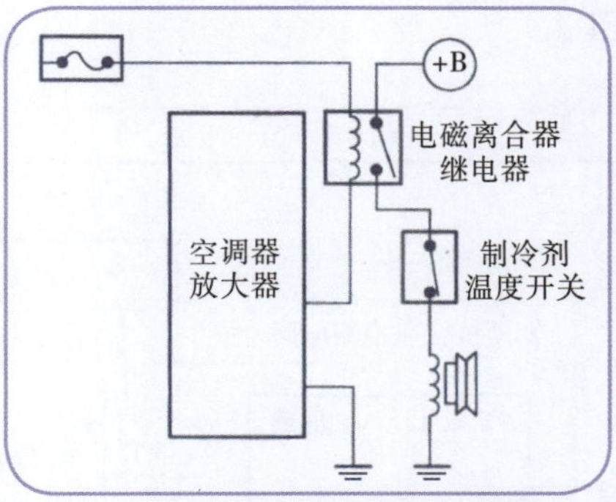

图 4–28　发动机过热保护电路

二、发动机的相关保护

1. 发动机的过热保护

如图 4–29 所示，为了防止发动机冷却液温度过高，有些汽车空调控制电路中设有冷却液温度开关或冷却液温度传感器。当冷却液温度高于一定值（一般为 105℃）时，自动切断压缩机电磁离合器电路，使压缩机停止运转，以防止发动机过热。当温度下降到某一设定值（约为 95℃）时，再接通电磁离合器电路，使压缩机重新投入工作。

发动机冷却液温度传感器则应用于自动空调中。发动机冷却液温度传感器通常由 ECU 提供一个 5V 基准电压。此时，发动机冷却液温度传感器随冷却液温度的变化产生并送出一个回馈电压信号给 ECU。ECU 将冷却液温度传感器的回馈电压信号经 A/D 转换、计算、放大、类比处理后，再去控制压缩机电磁离合器的工作状态（接通或断开）。

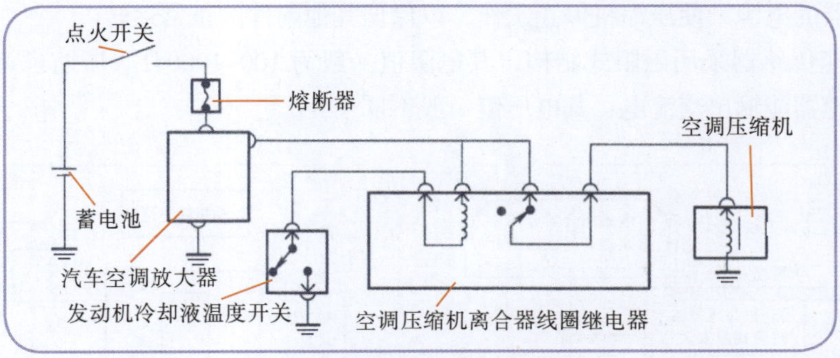

图 4–29　发动机过热保护电路

2. 发动机的失速保护

当发动机负荷过大、过载或转速过低时，应使压缩机停止工作，以防止发动机失速、熄火。因此，大部分自动空调系统在发动机不转或转速过低时，压缩机是不工作的。

发动机失速保护电路如图 4–30 所示。空调 ECU 通过检测点火线圈的点火脉冲来计算发动机转速（汽油发动机），当发动机的转速低于某一阈值时，将压缩机电磁离合器切断。

此外，在采用车载网络技术的汽车上，发动机转速信号亦可由发动机转速传感器产生并由车载网络系统传给汽车空调 ECU。

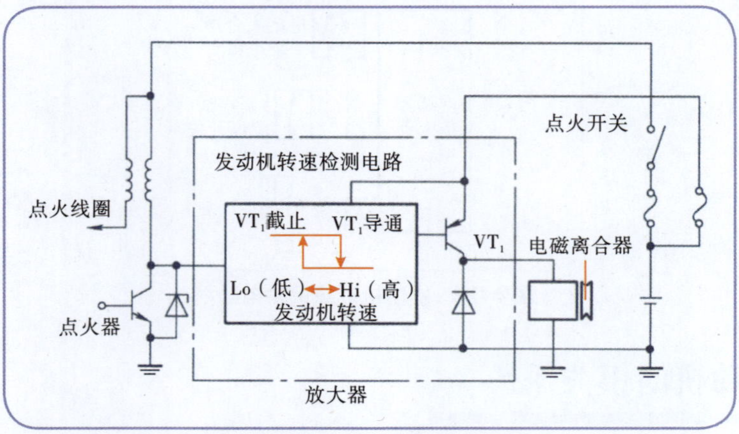

图 4–30 发动机失速保护电路

3. 压缩机传动带的打滑保护

当动力转向油泵、发电机、冷却液泵等附件与空调压缩机采用同一传动带驱动时，如果压缩机出现故障而锁死，则有可能损坏传动带。为了防止发生这种情况，有些汽车空调的控制电路中采用了传动带保护控制装置。

空调放大器（或 ECU）通过比较发动机转速与压缩机转速来判断压缩机传动带是否打滑。判断压缩机传动带是否打滑的逻辑框图如图 4–31 所示，压缩机传动带打滑保护电路如图 4–32 所示。

空调放大器同时接收发动机的转速信号和压缩机的转速信号，并对两个转速信号进行比较，当这两个转速信号的差值超过某一限值时，空调放大器便认定压缩机出现故障，随后就切断压缩机电磁离合器的电源，使压缩机停止工作，以保证其他附件的正常运转。

压缩机转速传感器采用磁阻式结构，其电阻值一般为 100~1000Ω。压缩机离合器工作时，压缩机转速传感器能输出交流电，其电压值一般不低于 5V。

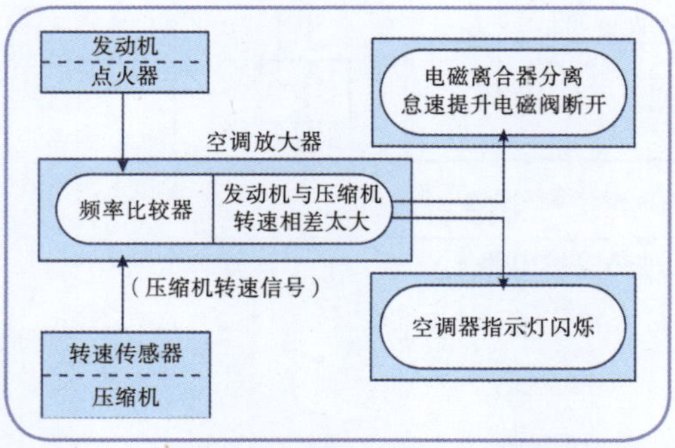

图 4–31 判断压缩机传动带是否打滑的逻辑框图

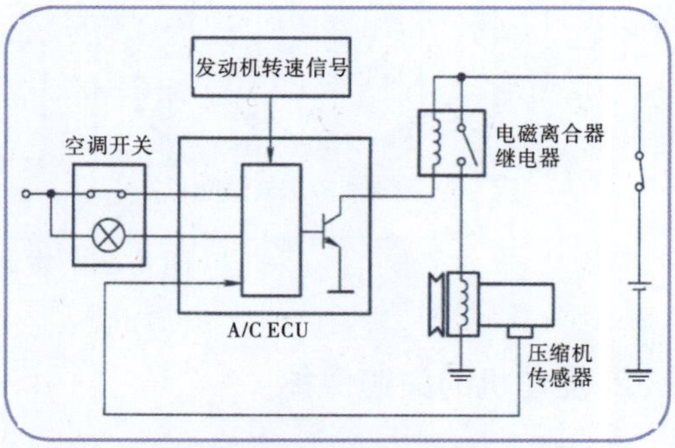

图 4–32 压缩机传动带打滑保护电路

4. 汽车“加速能力”的保护

对于非独立式汽车空调系统而言，空调压缩机的驱动功率占发动机输出功率的 12%~17%。

汽车空调系统工作时，车辆的加速能力会有一定程度的下降。

汽车"加速能力"保护亦称汽车空调"加速切断"控制，其作用是在汽车加速时暂时切断空调压缩机电磁离合器线圈的得电回路，使压缩机暂停工作，以使汽车有足够的动力进行加速、超车，且不损坏压缩机零件。一般情况下，压缩机电磁离合器线圈的得电回路断开 12s 之后（此时，车辆已经完成加速、超车），又能自动接通，压缩机自动恢复工作。

汽车"加速能力"保护电路由一个微动开关和一个控制簧片组成。控制簧片由加速踏板臂控制，当汽车加速踏板达到其行程的 90% 时，加速踏板臂碰到切断器的控制簧片，从而使切断器断开压缩机电磁离合器的电源，压缩机停止运行。当切断器断开时，压缩机转速为 4500r/min 左右。由于压缩机的最高极限转速一般为 6000r/min，从而保证了压缩机不会超速运转，保护了压缩机零件免受损坏。切断器断开后，由于压缩机停止了工作，发动机不再供给压缩机功率，从而提高了汽车的加速性能。

早期的乘用车由于发动机储备功率较低，为了提高超车能力，常采取这种保护措施。随着电子控制技术的发展，新型乘用车的空调系统取消了汽车"加速能力"保护电路，代之以对发动机和空调系统的控制程序进行修改，通过监控节气门位置传感器，在节气门开度超过 90% 时，就自动切断压缩机工作。也就是说，原来通过硬件实现的汽车"加速能力"保护，现在转为通过软件来实现。

而对于动力强劲的高档乘用车而言，由于其发动机储备功率很大，就无须采用汽车"加速能力"保护措施。

5. 制动力和转向助力的保护

在某些汽车空调控制电路中，还装有制动助力真空开关和动力转向切断开关，以实现汽车制动力和转向助力保护。

制动助力真空开关的作用是每当制动系统需要最大制动力时，断开空调压缩机。制动助力真空开关通常串联在压缩机离合器电路中，它不向空调 ECU 提供数据。

动力转向切断开关用于当车辆转向需要最大转向助力时，断开空调压缩机。动力转向切断开关通常控制压缩机电磁离合器线圈的继电器，进而控制压缩机的工作。

三、制冷剂的过压保护

1. 压力安全阀

压力安全阀亦称减压安全阀、泄压阀，是一种利用压力而不是温度驱动的阀门，可以迅速释放高压制冷剂而使其压力不会超过规定的最大值。

在汽车空调制冷系统中，如果冷凝器通风、散热不足，或者制冷系统的热负荷过大，则在冷凝器、储液干燥器的高压端，制冷剂管路内的制冷剂压力就会变得非常高，有使制冷剂管路爆裂的危险。为消除这一隐患，一般在高压管路上安装有压力安全阀（图 4-33）。

当系统压力处于正常范围之内时，压力安全阀是关闭的。当管路压力上升到 3. 51~4.40MPa 时，压力安全阀打开，泄放制冷剂（将管路中的制冷剂释放到大气中去，以降低管路压力）；当管路压力降至3.02MPa后，压力安全阀自动关闭，停止泄放制冷剂。压力安全阀的泄放特性如图4-34所示。

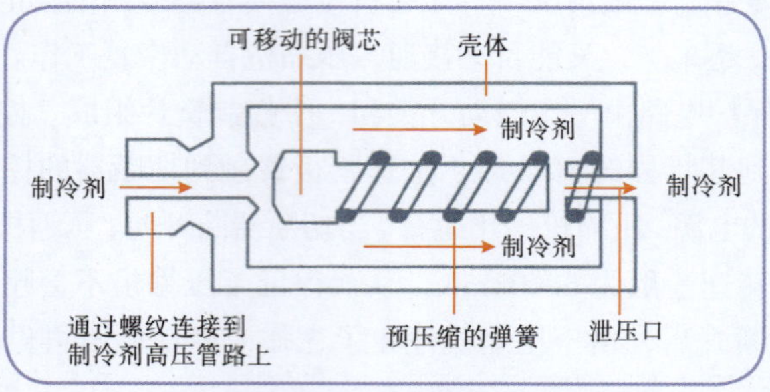

图4-33　压力安全阀的结构示意图

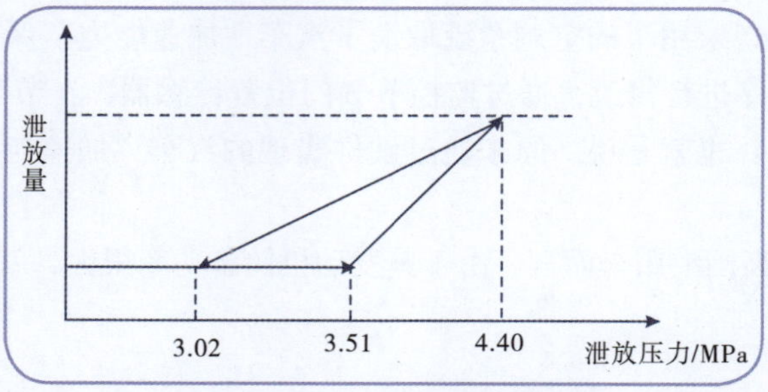

图4-34　压力安全阀的泄放特性

2. 易熔塞

为了简化结构，有些汽车空调系统在储液干燥器顶端安装有易熔塞，以代替压力安全阀，用作安全装置。当高压端压力升高到3MPa或温度上升到95~105℃时，易熔塞中的铅锡合金熔化，将制冷剂排放到大气中去，从而防止制冷装置损坏。

任务练习

一、填空题

1. 发动机__________、________或__________时，应使压缩机停止工作，以防止发动机________、________。

2. 常见的制冷系统过热保护装置有三种：________、________、________。

3. 过热开关安装在__________后侧、__________处。

二、判断题

1. 当系统压力处于正常范围之内时，压力安全阀是关闭的。（　　）
2. 制冷系统的高温、低压状态通常在缺少制冷剂时出现。（　　）
3. 在正常情况下过热开关处于闭合状态。（　　）
4. 压缩机转速传感器采用磁励式结构。（　　）

三、选择题

1. 压力安全阀又称（　　）。

A. 减压安全阀　　B. 泄压阀

C. A 和 B 都正确　　D. A 和 B 都不正确

2. 通过（　　）组合使用，可对压缩机进行有效的过热保护。

A. 过热开关与热力熔断器　　B. 压力安全阀与易熔塞

C. 过热开关与易熔塞　　D. 压力安全阀与热力熔断器

3. 压缩机转速传感器的电阻一般为（　　）。

A. 1~10Ω　　B. 10~100Ω

C. 100~1000Ω　　D. 1000~10000Ω

四、问答题

1. 制冷剂的过热保护指的是什么？

2. 发动机的过载保护有哪些？是怎样实现的？

3. 制冷剂的过压保护指的是什么？

任务三 汽车自动空调的组成与工作原理

任务目标

完成本学习任务后，学生在基础知识和基本技能方面应达到以下要求。

● 知识目标

（1）了解汽车自动空调系统的功能。

（2）掌握汽车自动空调系统的基本组成。

（3）掌握汽车自动空调系统的工作原理。

● 能力目标

能够描述汽车自动空调系统的组成与工作原理。

任务引入

汽车自动空调的“自动”体现在它自动化的电气控制系统上。用户只要设定一个自己认为比较舒适的送风温度，空调系统就会自动运转，从而达到用户的期望目标。下面进入汽车自动空调的组成与工作原理的学习。

相关知识

一、自动空调系统的功能

现代汽车自动空调系统一般具有以下几种功能。

1. 空调控制

空调控制包括温度自动控制、风量控制、运转方式的自动控制、换气量控制等，以满足车内乘员对空调舒适性的要求。

2. 节能控制

节能控制即压缩机运转工况的控制、换气量的最佳控制及随温度变化的换气切换、根据车内外温度自动切断压缩机电源等的控制。

3. 故障诊断存储

空调系统发生故障，ECU 将故障部位信息用故障码的形式存储起来，以便在需要修理时指示故障部位。

4. 故障、安全报警

故障、安全报警包括制冷剂不足报警、制冷压力高压或低压报警、离合器打滑报警、各种控制器件的故障判断报警（直到故障修复为止）。

5. 显示

显示功能包括显示给定的温度、控制温度、控制方式、运转方式的状态及运转时间等。

二、自动空调系统的基本组成

自动空调系统由制冷、暖风、送风、控制等分系统组成。其中，制冷系统包括压缩机、冷凝器、蒸发器等，与手动空调相似。暖风系统有热交换器、水阀等。送风系统有鼓风机、风道、吸入与吹出风门等。自动空调与手动空调结构组成的最大差别是控制系统，自动空调电子控制系统主要是由传感器、执行元件和空调控制单元（ECU）组成。自动空调模块和传感器如图 4–35 所示，自动空调控制系统如图 4–36 所示。

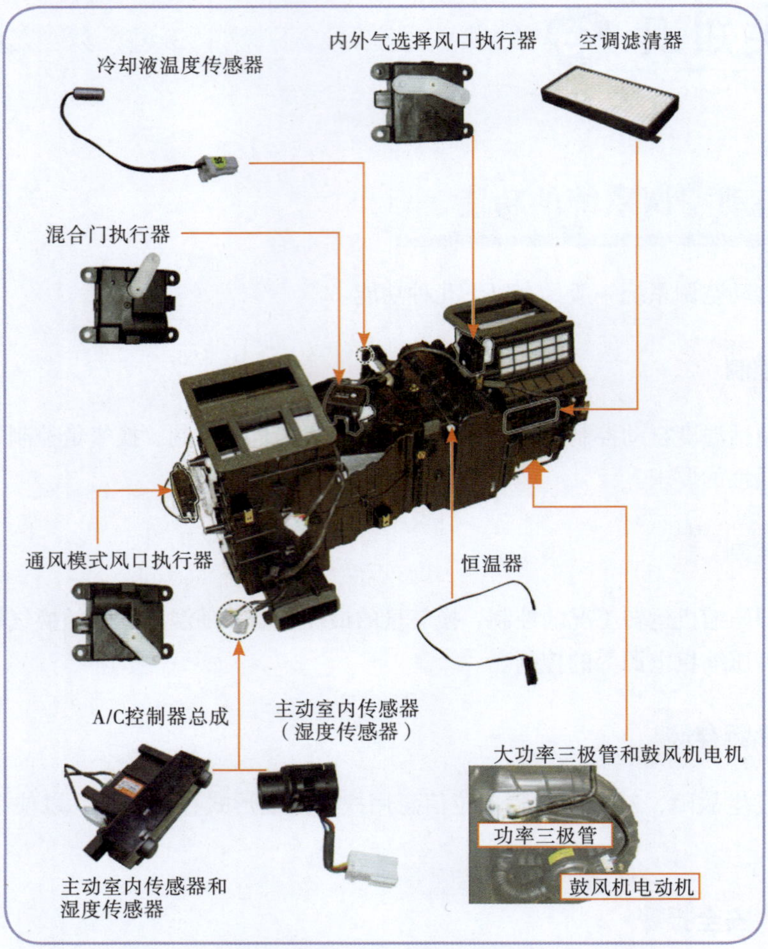

图 4–35　自动空调模块和传感器

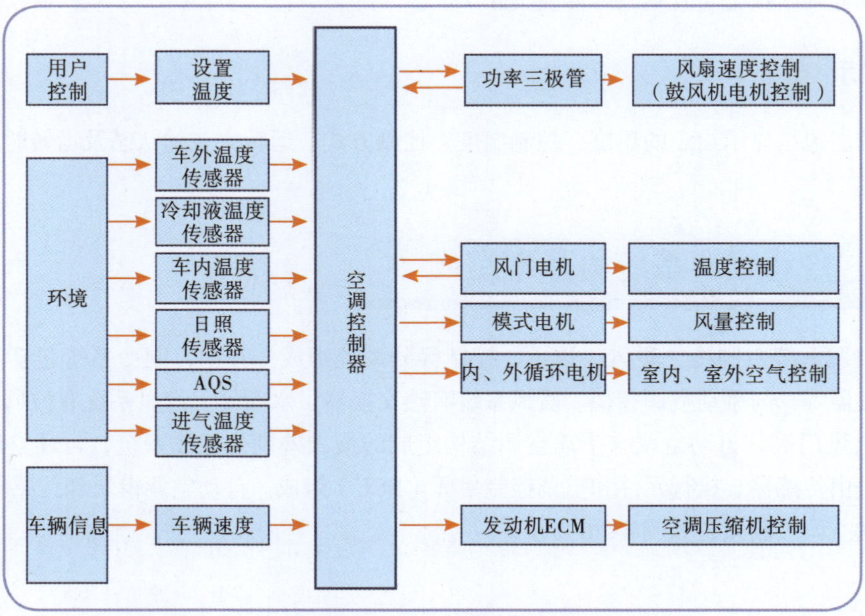

图 4–36　自动空调控制系统

1. 传感器

(1) 车内温度传感器

车内温度传感器也称室内温度传感器、车内气温传感器。

车内温度传感器是自动空调的重要传感器之一。它会影响出风口空气的温度、鼓风机的转速、进气门的位置及模式门的位置等。车内温度传感器通常安装在仪表台后面的吸气装置内，如图4-37所示。

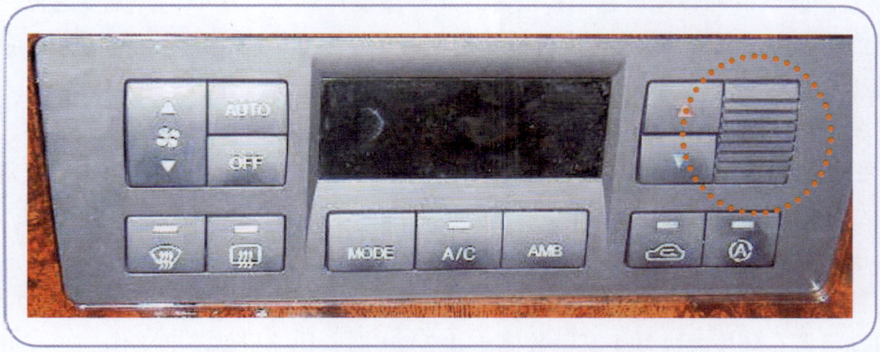

图 4-37　车内温度传感器的安装位置

按强制导向车内温度传感器的气流方式不同，车内温度传感器可分为电动机型和吸气器型两种，如图4-38所示。

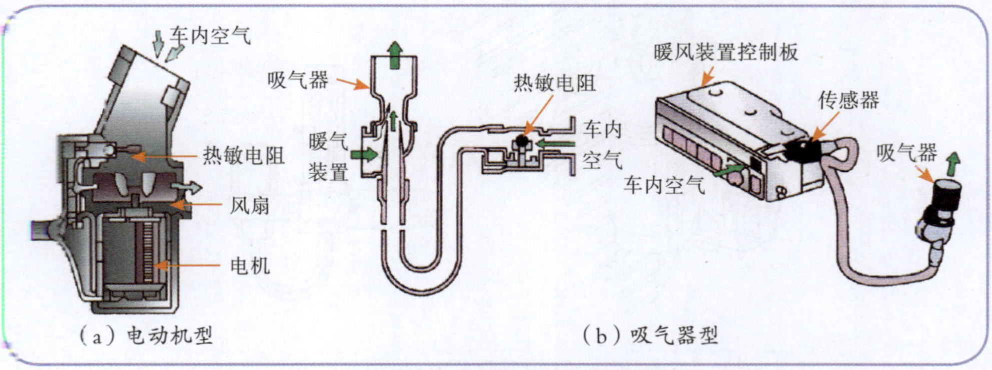

图 4-38　车内温度传感器的结构

吸气器型车内温度传感器内有一根抽风管连接车内温度传感器与空调的管道，与空调管道连接处有文丘里式效应管装置（射流装置，图4-39中点A所示），鼓风机工作，空气快速流过就会产生负压。这样就有少量空气流过车内温度传感器，如图4-39所示。

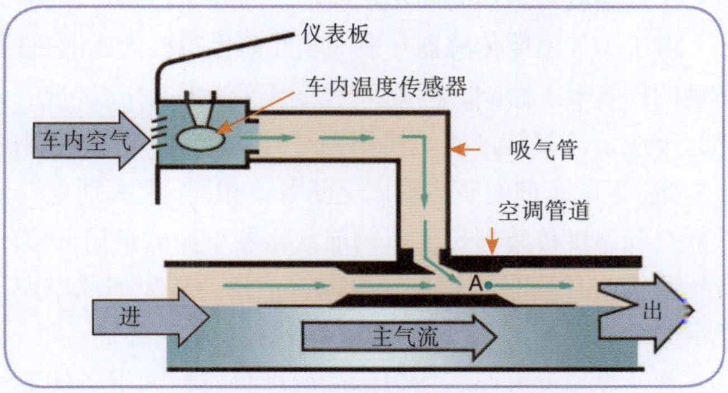

图 4-39　吸气器型车内温度传感器的工作原理

2）车外温度传感器

车外温度传感器是自动空调的重要传感器之一。它能影响出风口空气的温度、鼓风机的转速、进气门的位置、模式门的位置及压缩机的工作状态等。车外温度传感器的作用有以下几个。

第一，确定混合门的位置，从而决定出风口的空气温度。车外温度传感器指示的车外温度越高，混合门就越朝“冷”的方向移动，出风口的温度越低；反之，车外温度传感器指示的车外温度越低，混合门就越朝“热”的方向移动，出风口的温度就越高。

第二，确定鼓风机的转速，从而决定出风口的风量。在制冷工况下，车外温度传感器指示的车外温度越高，鼓风机的转速就越高；反之，车外温度传感器指示的车外温度越低，鼓风机的转速就越低。在取暖工况下，车外温度传感器指示的车外温度越高，鼓风机的转速就越低；反之，车外温度传感器指示的车外温度越低，鼓风机的转速就越高。

第三，确定进气门的位置，从而影响车内空气的温度与新鲜度。在制冷工况下，车外温度传感器指示的车外温度高，一般进气门处于内循环位置，随着时间的推移，车内空气温度下降，进气门可以处于 20% 新鲜空气的位置。

第四，确定模式门的位置。

第五，控制压缩机。

一般自动空调在环境温度低于某一数值（如 2℃）时，压缩机就不会工作。

车外温度传感器一般安装在前保险杠内或水箱之前，如图 4-40 所示。

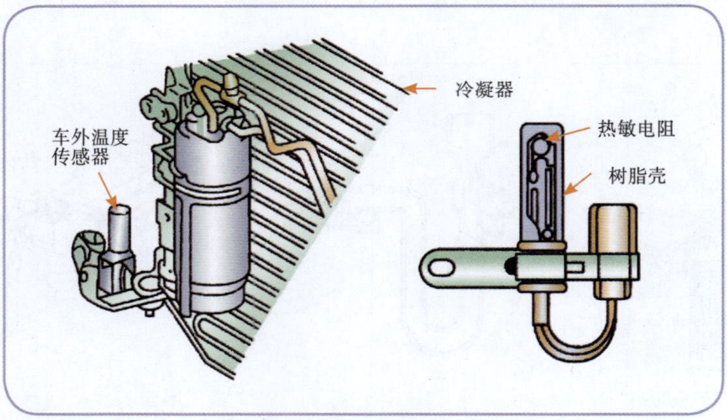

图 4-40 车外温度传感器的结构

车外温度传感器的工作原理与车内温度传感器相同。

由于车外温度传感器一般安装在前保险杠内或散热器之前，极易受到环境（水箱温度、前面车辆的排气等）影响，因此，车外温度传感器一般包在一个注塑树脂壳内，以免对温度的突然变化起反应，使其能准确地检测到车外的温度。除此之外，有些车型在空调 ECU 内部设有防假输入电路，不同车型的防假输入电路各不相同。上海别克汽车空调的防假输入电路的工作原理如下：外部空气温度传感器位于车辆前减振器下面的护栅部位。HAVC（暖风通风空调）控制器通过该传感器接收环境温度信息。根据该信息，暖风通风空调控制板向驾驶员提供外界空气温度数字显示。

若外界温度升高，所显示的温度只有在如下条件下才能随之增高：一是车辆以高于 32km/h 的速度行驶约 2 min；二是车辆以高于 72km/h 的速度行驶约 1 min。

这些限制有助于防止错误读数。若所显示的温度下降，外界温度显示将立即更新；如果车辆熄火超过 3h，车辆再起动时，将显示当前外界温度；如果车辆熄火不足 3h，车辆再起动时，将显示车辆上次操作时的温度。

（三）蒸发器温度传感器

蒸发器温度传感器是 NTC 型传感器，其阻值随着温度的升高而变小，随温度降低而增大。蒸发器温度传感器安装在空调总成中的蒸发器金属翅片上，如图 4–41 所示。它的作用是检测蒸发器表面的温度，将检测结果输入自动空调控制单元。当蒸发器温度低于 2℃时，空调停止运转，防止蒸发器结霜、结冰；当蒸发器温度高于 5℃时，空调系统才能重新接通。因此，它是空调电气控制系统的一个保护性传感元件。蒸发器温度传感器电阻及检测值如图 4–42 所示，在制冷系统中的位置如图 4–43 所示。

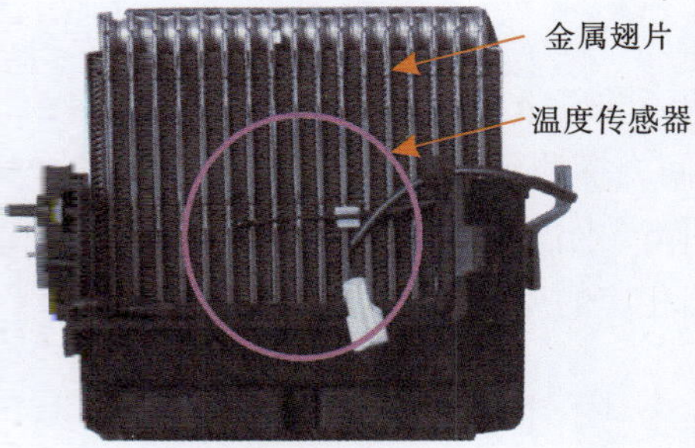

图 4–41　蒸发器温度传感器

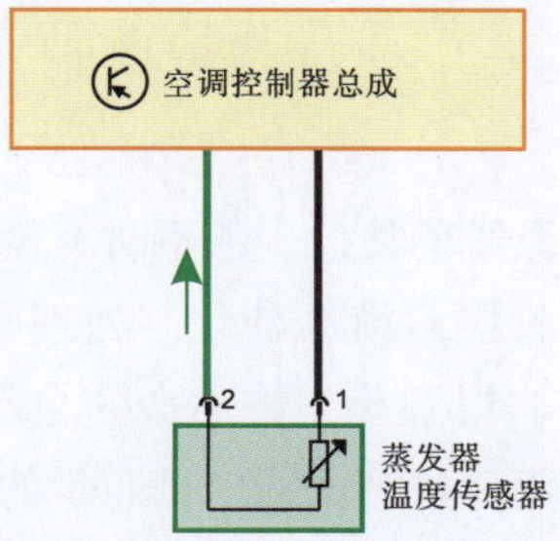

热敏电阻 /℃	电阻 /kΩ
0	6.3~7.0
25	1.8~2.2

图 4–42　蒸发器温度传感器电阻及检测值

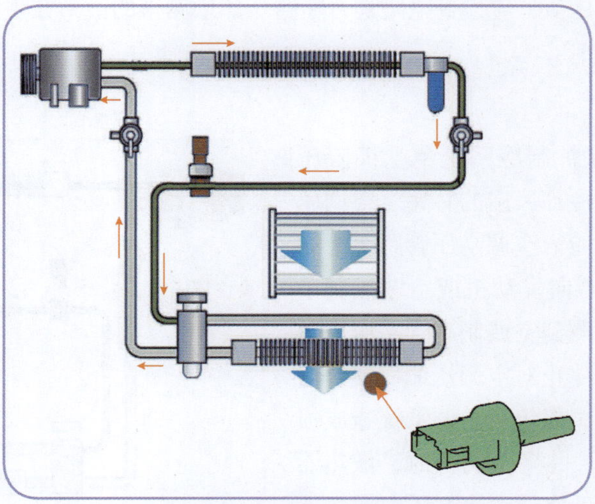

图 4–43　传感器在制冷系统中的位置

（四）日照传感器

日照传感器安装在仪表板上部左端。它具有电流随着光敏面上的光强度变化而变化的特性。光敏二极管把光强度变化转换成电流变化，然后把相关信号发送给自动空调控制器。日照传感器如图 4–44 所示。

自动空调 ECU 内包含一个处理电路，用来探测一段时间内平均日照量变化。 这样可以防止因为探测到的日照量微小或快速变化所导致的自动空调系统工作的剧烈变化。

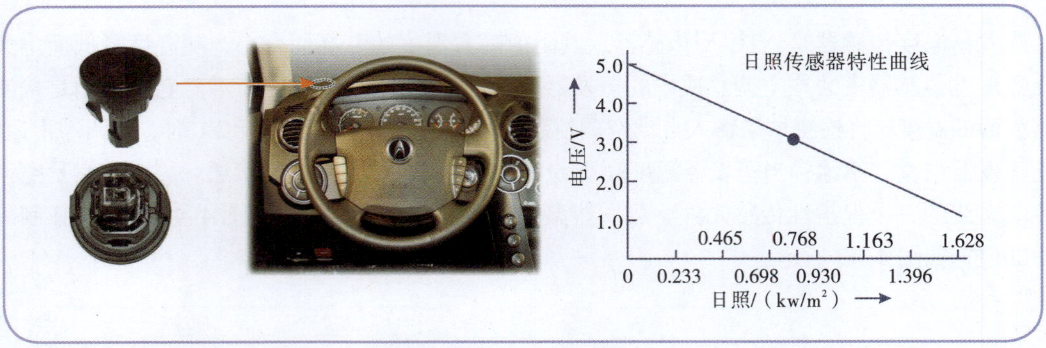

图 4–44 日照传感器

例如，设想驾车驶过一条不时有庞大树群耸立两旁的道路。每次太阳光被树挡住时，日照传感器探测到的日照量就会变化。处理电路将一段时间内探测到的日照量进行平均，这样树瞬时遮住阳光的影响很微小，将不会使自动空调系统工作产生任何变化。相反，当车驶入一条长的隧道时，系统就会马上识别出日照量的变化，并做出相应的反应。

日照传感器的检查：

①拆卸日照传感器，测量阳光下端子之间的电流。

②在阴暗处再次测量电流。如果测得的值小于在阳光下测得的值，说明传感器正常。

③点火开关转到“ON”位置。

④从自动空调连接器上测量电压（在阳光下约为 2.5V，在阴暗处约为 4.8V）。

⑤如果不能测量电压值，应检查电路是否断路。如果测得的值不在规定范围内，应更换自动空调控制器。

5）空调压力传感器

空调压力传感器保护制冷系统免受极限压力，并帮助控制发动机冷却风扇的转速。空调压力传感器安装在发动机舱内空调高压管路上，如图 4–45 所示。该传感器向发动机或空调控制单元输出压力信号，当检测到空调制冷管路压力过低或过高时，控制系统停止对空调压缩机离合器供电，压缩机停止运转，以免对空调系统造成损坏。当制冷剂压力达到一中等压力值时，散热器风扇高速运转，从而降低空调制冷剂压力。

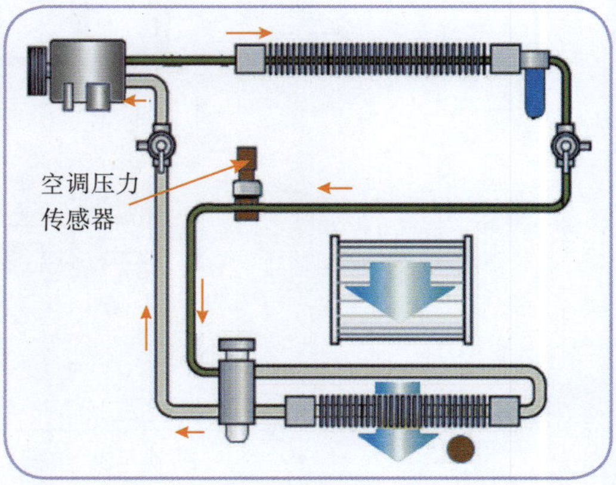

图 4–45 空调压力传感器示意图

6）空气质量传感器（AQS）

空气质量传感器用于检测外界空气中的有害气体含量。如果空气中的有害物质超标，则通过关闭进气风门，使空调系统处于内循环模式来切断有害气体，以保护乘员的健康，如图 4-46 所示。

当 AQS 检测到受污染的空气时，AQW（空气质量系统）把内外气选择模式变为内气模式。经过一定时间或受污染的空气消失后，内外气选择模式返回到外气模式。

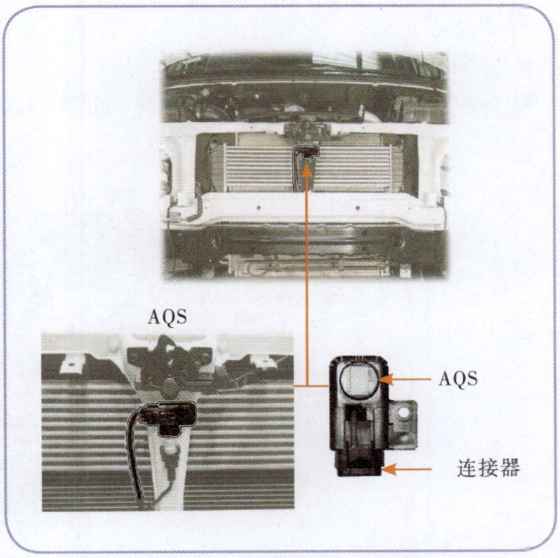

图 4-46　空气质量传感器的安装位置

按下 AQS 开关时，显示窗上的 AQS 指示灯亮，内外气选择模式自动变成内气模式（REC）。此时，自诊断和 AQS 的预热模式执行 35s，如图 4-47 所示。

自诊断和 AQS 的预热模式结束后，AQS 系统根据空气污染程度工作。如果空气污染不严重，AQS 系统会将内外气选择模式变成外气模式。

当 AQS 工作时，尽管关闭空调，AQS 仍保持 ON（指示灯亮）。但是把点火开关从 OFF 转到 ON，如果空调工作，AQS 会停止其工作，指示灯熄灭，显示窗显示初始屏幕，如图 4-48 所示。

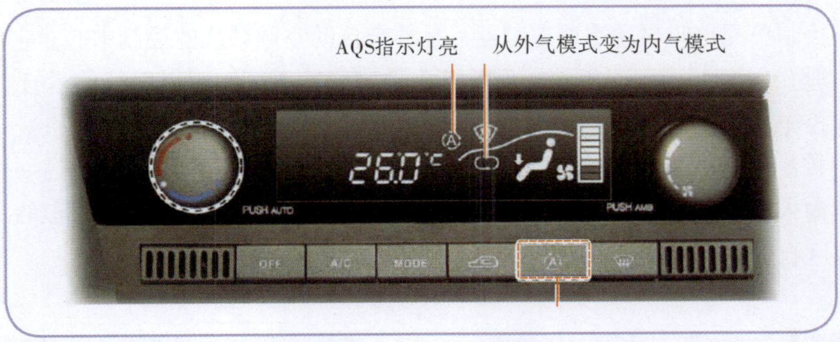

图 4-47　AQS 工作

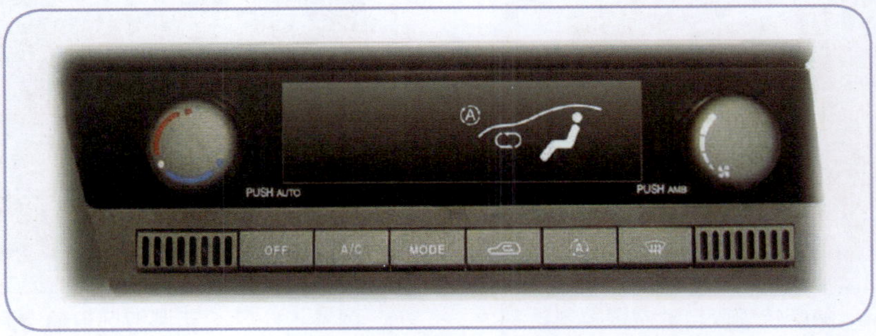

图 4-48　AQS 停止工作

关闭 AQS：

①按下上风口开关：在 AQS 工作的情况下按下 DEF 开关时，AQS 的操作被取消。当再次按下它时，系统按以前的模式（AQS ON）工作。

②按下内外气选择开关：在AQS工作的情况下按下内外气选择开关后再次按下它时，系统按以前的模式（AQS ON）工作。

拆卸AQS：

①分离蓄电池负极导线，拆卸大灯。

②分离AQS连接器，拧松固定螺栓，如图4–49所示。拆卸AQS总成（按拆卸的相反顺序安装）。

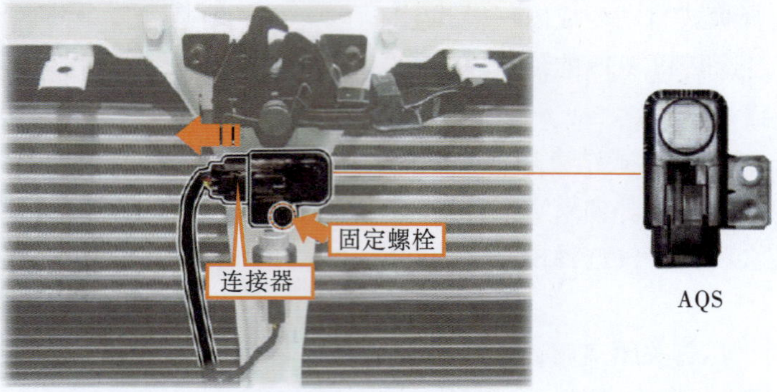

图4–49 拆卸AQS

2. 自动空调控制单元

自动空调控制单元也叫自动空调控制器，是整个自动空调系统的控制中心。它根据输入的传感器信号及驾驶员对空调控制面板的操作输入来控制制冷系统和暖风系统的运行。它还向BCM输出信号，以控制后风窗加热器。

自动空调控制单元安装在收音机下的仪表板中央。自动空调控制单元上的一体式控制面板包含系统控制输入开关和提供系统状态信息的液晶显示屏（LCD）。帕萨特领驭自动空调控制器和大众迈腾双区自动空调控制器分别如图4–50、图4–51所示。

图4–50 帕萨特领驭自动空调控制器

图4–51 大众迈腾双区自动空调控制器

自动空调控制器面板如图4–52所示。

1）温度控制开关和AUTO按钮

温度控制开关和AUTO按钮如图4–53所示。

旋转温度控制开关，可设置期望温度（18~32℃）。为达到期望温度，空调系统自动控制压缩机、风口模式、内外气选择风口、温度门和鼓风机电机等。

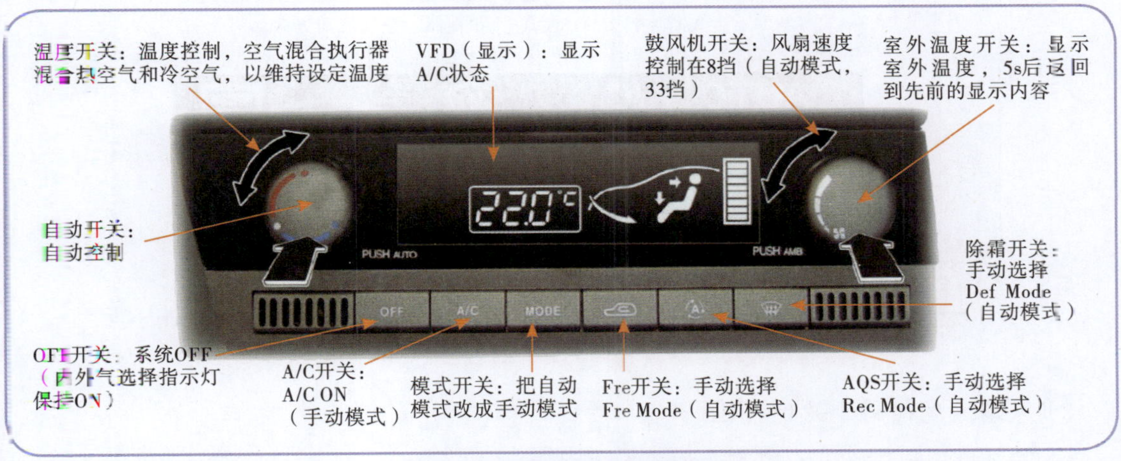

图 4–52　自动空调控制器面板

图 4–53　温度控制开关和 AUTO 按钮

2）主动室内 / 湿度传感器

主动室内 / 湿度传感器（AIH 传感器）如图 4–54 所示。

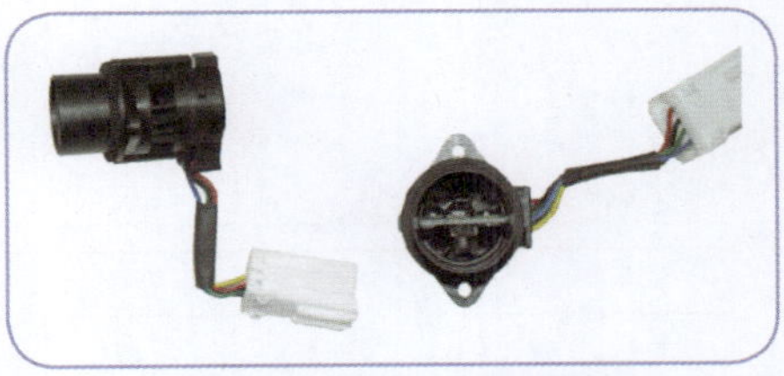

图 4–54　AIH 传感器

AIH 传感器安装在空调控制器总成上，它是检测内部温度和湿度的传感器。

3）显示窗

显示窗（VFD）如图 4–55 所示。

每个开关模式以一个符号的形式出现在显示屏上，还显示空调控制系统内每个传感器故障的信息。

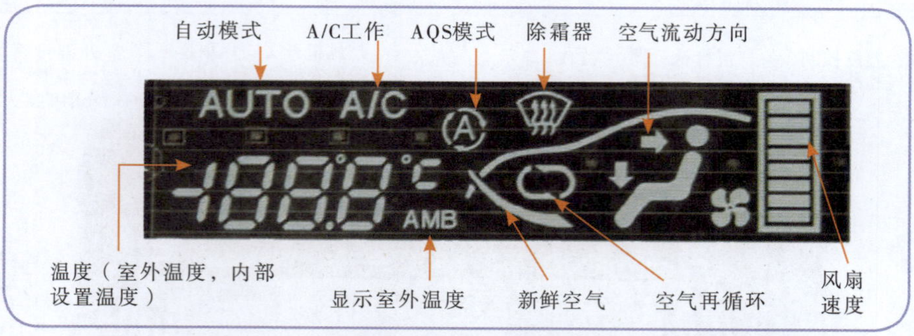

图 4–55　显示窗

4）风扇速度控制开关和 AMB 开关

风扇速度控制开关和 AMB 开关如图 4–56 所示。

图 4–56　风扇速度控制开关和 AMB 开关

①当在自动模式下转动开关控制风扇速度时，从自动模式变成手动模式，风扇速度在 8 个挡位变化。

②按下此开关时，由室外温度传感器测量的室外温度会显示 5s，然后回到预设温度。

5）A/C 开关

按下此开关时，空调在手动模式下工作，A/C ON 指示灯亮。

6）通风模式开关

通风模式开关如图 4–57 所示。

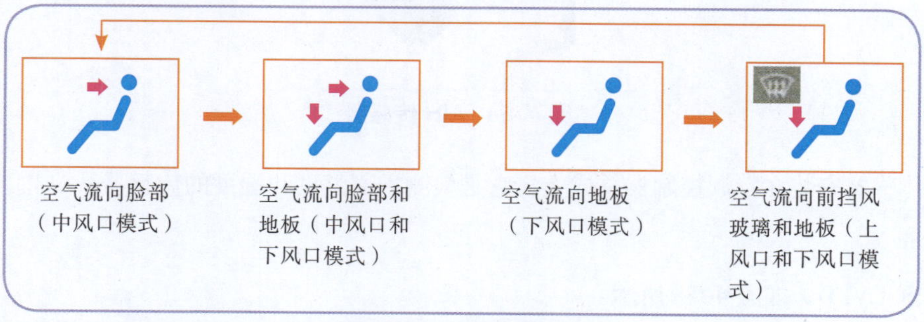

图 4–57　通风模式开关

按下此开关，可改变空气流动模式。

(2) 内外气选择开关

按下此开关时，车辆内的空气循环，指示灯亮；再次按下它时，指示灯熄灭，新鲜空气进入车内（但是在上风口模式或上风口和下风口模式下，它保持在外气模式下）。

(3) 上风口开关

按下此开关时，空气流动方向将变成流向挡风玻璃和车门玻璃，空调自动工作，外部空气进入车内。此时，除霜器指示灯、空调指示灯和外气模式指示灯亮。当再次按下此开关时，空调回到之前的工作状态。

(4) AQS 开关

当 AQS 检测到空气污染时，空气系统会把内外气选择模式变成内气模式。经过一段规定时间或受污染的空气消失后，内外气选择模式回到外气模式，如图 4-58 所示。

图 4-58　AQS 开关

3 自动空调的执行元件

伺服电动机控制着通风管路壳体内的若干个风门。根据风门的位置和功能，可以将风门分成三类：混合模式风门、循环模式风门和气流方向模式风门。这些风门的位置结构示意图如图 4-59 所示，在空调总成上的位置如图 4-60 所示。风门的开启、关闭和位置（角度）调节，能起到控制空气流通路径和方向的作用。各个风门不同的位置与空调系统工作状态的组合关系称为“风门模式”，如吹脚模式（热风或冷风吹向乘员的脚部）、除霜模式、水平模式和内循环模式等。

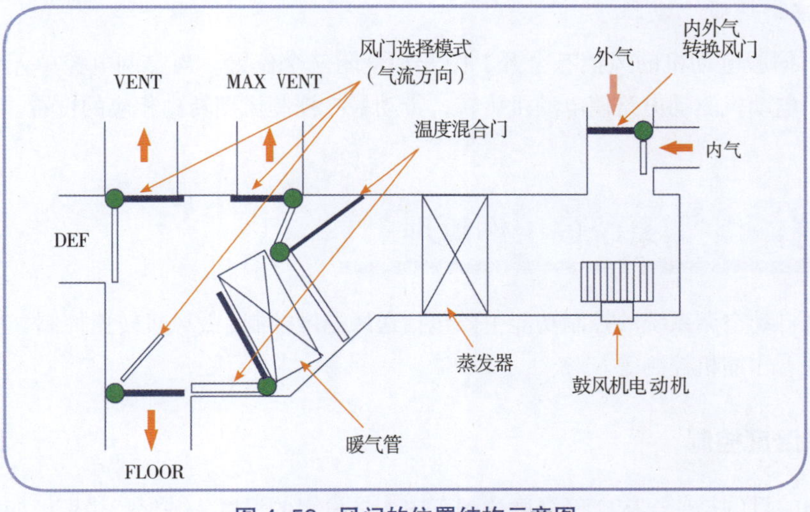

图 4-59　风门的位置结构示意图

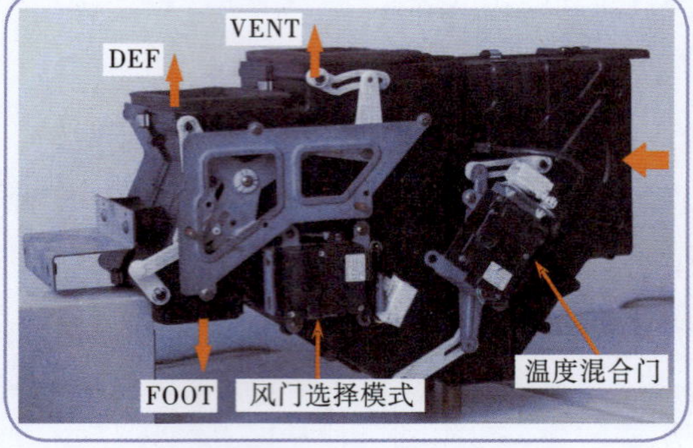

图 4-60 空调总成上的风门位置

1）进气伺服电动机

进气伺服电动机控制进气方式，电动机的转子经连杆与进气风挡相连。当驾驶人使用进气方式控制键选择“车外新鲜空气导入”或“车内空气循环”模式时，空调 ECU 即控制进气伺服电动机带动连杆顺时针或逆时针旋转，从而带动进气风挡闭合或开启，达到改变进气方式的目的。

2）空气混合伺服电动机

当驾驶人进行温度控制时，空调电控单元首先根据设置的温度及各传感器输送的信号计算出所需的出风温度，并控制空气混合伺服电动机连杆顺时针或逆时针转动，改变空气混合风挡的开启角度，从而改变冷、暖空气的混合比例，调节风温至与计算值相符。电动机内电位计的作用是向空调 ECU 输送空气混合风挡的位置信号。

3）出风模式伺服电动机

出风模式伺服电动机也叫气流方式伺服电动机。当驾驶人操纵面板上的某个出风模式键时，空调电控单元电动机上的相应端子接地，而电动机内的驱动电路据此使电动机连杆转动，将送风控制风挡转到相应的位置，打开某个送风通道。

4）最冷控制伺服电动机

最冷控制伺服电动机的风挡有全开、中开和全闭三个位置。当空调电控单元使某个位置的端子接地时，电动机驱动电路使电动机旋转，带动最冷控制风挡转到相应的位置。

三、自动空调系统的工作原理

微机控制自动空调系统的控制功能主要包括送风温度控制、鼓风机转速控制、工作模式控制、进气模式控制、压缩机控制等。

1. 送风温度控制

温度控制的目的是使车内空气温度达到车内人员设定的温度，并保持稳定。如图 4-61 所示，微机控制自动空调系统的温度控制系统的基本组成包括车内温度传感器、车外温度传感器、太阳能传感器、蒸发器温度传感器、冷却液温度传感器、设定温度电阻器、空调器控制 ECU 和空气混合伺服电动机等。

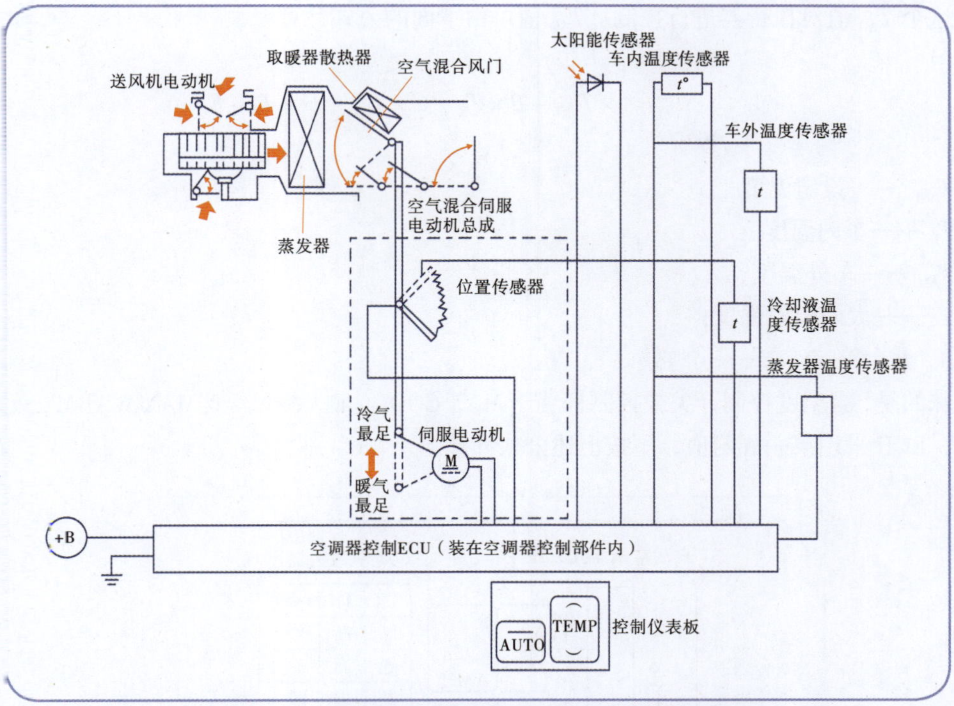

图 4-61 微机控制自动空调系统的温度控制系统

ECU 根据设定温度和车内温度传感器、车外温度传感器、太阳能传感器等信号，自动调节混合风门的位置。一般来说，车内温度越高、车外温度越高、阳光越强，混合风门就越接近全冷位置。ECU 根据车内温度和车外温度控制空气混合风门的位置，如图 4-62 所示，若车内温度为 35℃，则混合风门处于全冷位置；若车内温度为 25℃，则混合风门处于 50%的位置。

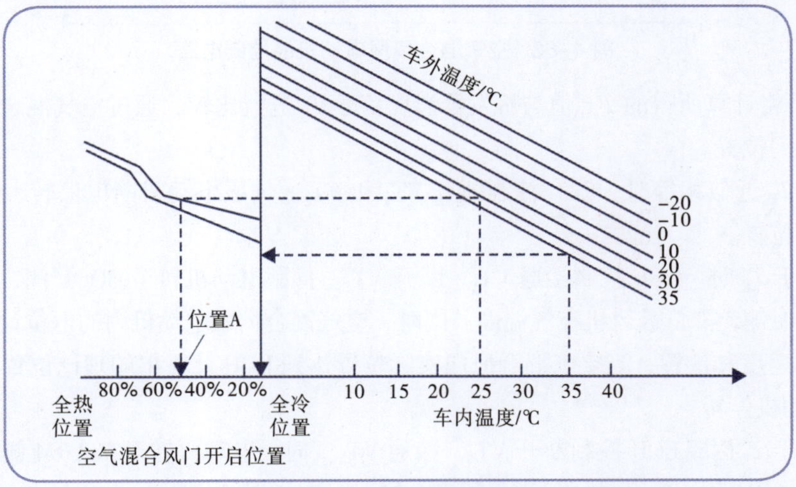

图 4-62 温度控制规律

空气混合伺服电动机的控制电路如图 4-63 所示。

温度控制系统的工作过程如下。

（1）T_{AO} 是车内温度保持在设定温度所必需的鼓风机出风口空气温度，是空调控制器根据输入信号（车内温度传感器、车外温度传感器、太阳能传感器）和温度设定计算出来的。空调控制

器参照这个 T_{AO} 值对执行器进行控制。T_{AO} 值可由下面的公式计算：

$$T_{AO}=A\times T_{SET}-B\times T_{R}-C\times T_{AM}-D\times T_{S}+E$$

式中，T_{SET} ——设定温度；

T_{R} ——车内温度；

T_{AM} ——车外温度；

T_{S} ——太阳辐射强度；

A、B、C、D、E ——常数。

特殊的是，当温度控制开关或控制杆置于 MAX COOL（最大冷风）或 MAX WARM（最大暖风）位置时，ECU 采用某一固定值，不按上述公式计算。

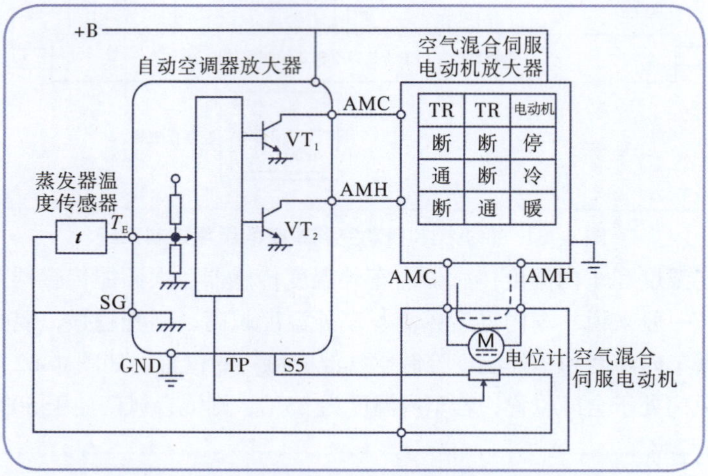

图 4-63 空气混合伺服电动机的控制电路

② ECU 再将计算所得的 T_{AO} 值与蒸发器温度信号 T_{E} 进行比较，通过空气混合伺服电动机控制空气混合风门位置。

当 T_{AO} 和 T_{E} 近似相等时，ECU 控制断开 VT_1 和 VT_2。伺服电动机断电停转，空气混合风门保持在当前的位置。

当 T_{AO} 小于 T_{E} 时，ECU 控制接通 VT_1，断开 VT_2。伺服电动机转至 COOL 侧，带动空气混合风门移至 COOL 侧，降低鼓风机空气温度。同时，空气混合伺服电动机内的电位计检测空气混合风门实际移动速度和位置，当空气混合风门实际位置达到 ECU 计算出的理论位置时，ECU 关断 VT_1，伺服电动机停转。

当 T_{AO} 大于 T_{E} 时，ECU 控制断开 VT_1，接通 VT_2。伺服电动机转至 WARM 侧，带动空气混合风门移至 WARM 侧，提高鼓风机空气温度。同时，空气混合伺服电动机内的电位计检测空气混合风门实际移动速度和位置，当空气混合风门实际位置达到 ECU 计算出的理论位置时，ECU 关断 VT_2，伺服电动机停转。

2. 鼓风机转速控制

鼓风机转速控制的目的是调节降温或升温速度，稳定车内温度。如图 4-64 所示，鼓风机转速控制系统主要由冷却液温度传感器、蒸发器温度传感器、鼓风机电阻器、功率晶体管、ECU、鼓风机电动机和控制面板等组成。其中，功率晶体管的作用是根据 ECU 的 BLW 端子输出的鼓风机驱动信号，改变流至鼓风机电动机的电流，从而改变鼓风机的转速。

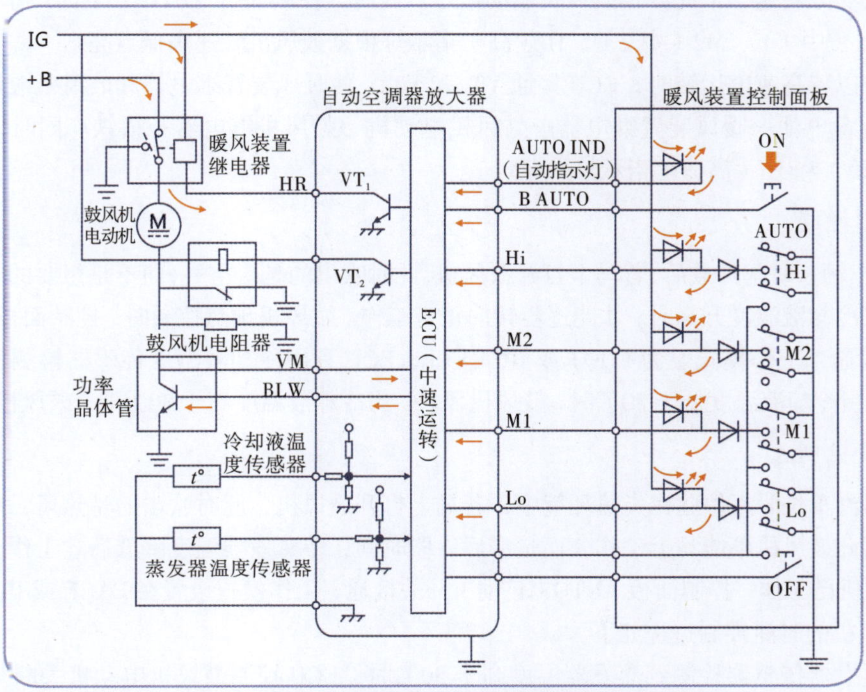

图 4–64 鼓风机转速控制系统的控制电路

1）自动控制

当控制面板上 AUTO（自动）开关接通时，ECU 根据 T_{AO} 值自动控制鼓风机转速。控制规律如图 4–65 所示，随冷却液温度的升高，鼓风机工作电压逐渐增大，转速增大，风力增强。

鼓风机低速运转时，ECU 接通 VT_1，暖风装置继电器通电闭合，电流方向为蓄电池→暖风装置继电器→鼓风机电动机→鼓风机电阻器→搭铁。同时，控制面板 AUTO（自动）指示灯和 Lo（低速）指示灯均点亮。

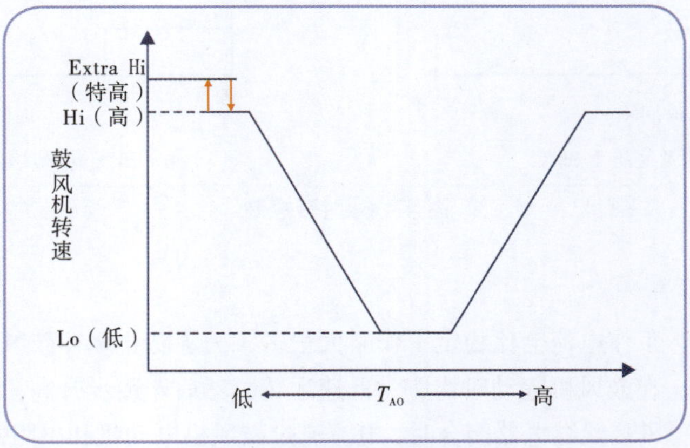

图 4–65 鼓风机转速控制规律

鼓风机中速运转时，ECU 接通 VT_1，使暖风装置继电器通电闭合，ECU 根据计算出的 T_{AO} 值，从 BLW 端子输出信号至功率晶体管，电流方向为蓄电池→暖风装置继电器→鼓风机电动机→鼓风机电阻器和功率晶体管→搭铁。同时，ECU 从与功率晶体管相连的 VM 端子接收反馈信号，检测鼓风机实际转速，依此修正鼓风机驱动信号。此时，控制面板 AUTO（自动）指示灯亮；Lo（低）、M1（中 1）、M2（中 2）、Hi（高）指示灯根据鼓风机转速高低点亮。

鼓风机以特高速度运转时，ECU 接通 VT_1 和 VT_2，使暖风装置继电器和鼓风机继电器闭合。电流方向为蓄电池→暖风装置继电器→鼓风机电动机→鼓风机继电器→搭铁。同时，控制面板 AUTO（自动）和 Hi（高速）指示灯点亮。

2）预热控制

冬天，车辆长时间停放后，若马上打开鼓风机，此时吹出的是冷空气，而不是想要的暖风，因此，鼓风机要在冷却液温度升高时，才能逐步转向正常工作。鼓风机预热控制时，控制面板 AUTO（自动）开关接通，工作模式设为 FOOT 或 BILEVEL，ECU 利用冷却液温度传感器检测发动机冷却液的温度，当冷却液温度低于 30℃时，鼓风机停转；当冷却液温度高于 30℃时，鼓风机正常运转。

3）时滞控制

夏天，汽车长时间停驻在炎热环境中，若马上打开鼓风机，此时吹出的是热风，而不是想要的冷风，因此鼓风机不能马上工作，而是滞后一段时间，待蒸发器温度降低后才工作。当发动机运转，压缩机已工作，控制面板 AUTO（自动）开关接通，工作模式设置在 FACE 或 BILEVEL 时，ECU 对鼓风机的时滞控制过程如下。

①当蒸发器传感器检测到蒸发器温度高于 30℃时，ECU 控制鼓风机电动机关断 4s，使冷风装置内的空气冷却降温。此后 ECU 控制鼓风机低速运转 5s，将冷却的空气送至乘客室，如图 4-66（a）所示。

②当蒸发器传感器检测到蒸发器温度低于 30℃时，ECU 控制鼓风机低速运转 5s，如图 4-66（b）所示。

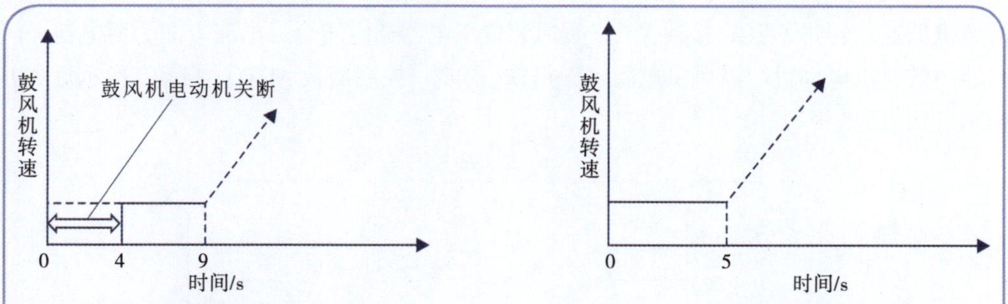

（a）蒸发器温度高于 30℃　（b）蒸发器温度低于 30℃

图 4-66 时滞控制

4）鼓风机起动控制

鼓风机在起动时，工作电流会比稳定工作时大很多，为了防止烧坏鼓风机控制模组，不论鼓风机目标转速是多少，在鼓风机起动时均应为低速运转，然后才逐步升高，直至目标转速。当鼓风机起动，ECU 控制暖风装置继电器闭合时，电流流过鼓风机电动机和电阻器，电动机低速运转，2s 后 ECU 通过 BLW 端子向功率晶体管输出驱动信号，从而防止功率晶体管被起动电流损坏。

5）车速补偿

车速高时，迎面风冷却强度大，鼓风机的转速可适当降低，如图 4–67 所示。

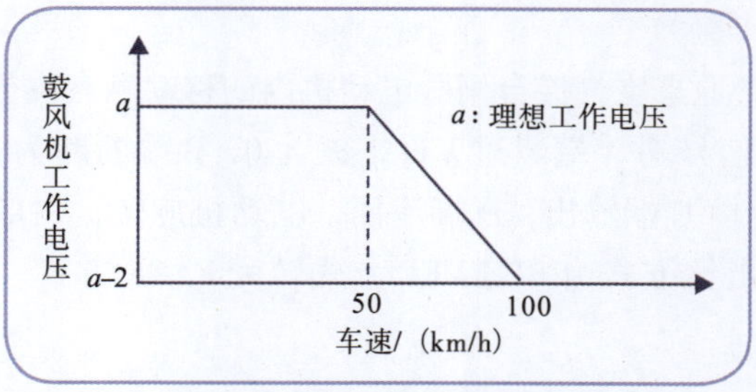

图 4–67 车速补偿控制规律

6）极速控制

有些车型，当设定温度处于最低（18℃）或最高（32℃）时，鼓风机会固定为极速运转。

7）手动控制

ECU 根据控制面板手动开关的操纵信号，将鼓风机驱动信号送至功率晶体管，相应地控制鼓风机的转速。

3. 工作模式控制

工作模式控制的目的是调节送风方向，提高舒适性。工作模式控制系统主要由传感器、ECU、工作模式控制伺服电动机和控制面板等组成。在手动模式中，模式风门有吹脸、双层、吹脚、吹脚/除雾、除雾五种位置。在自动模式中，风门模式一般有吹脸、吹脚、双层三种位置，ECU 根据传感器信号按照“头冷脚热”的原则自动调节模式风门的位置。ECU 根据 T_{AO} 值控制工作模式，其控制规律如图 4–68 所示，控制电路如图 4–69 所示。

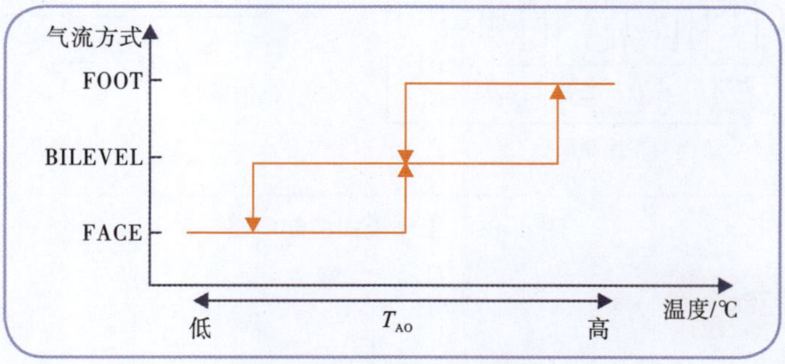

图 4–68 工作模式控制规律

当 T_{AO} 从低变高时，原来空气混合伺服电动机内的移动触点位于 FACE 位置。ECU 接通 VT_1，使驱动电路输入信号端 8 端通过 VT_1 搭铁为 0，A 端断路为 1。此时驱动电路输出端 D 端为 1，C 端为 0，电流由 D 端输出，C 端流回，电动机旋转，内部触点由 FACE 位移到 FOOT 位，电动机停转，出气方式由 FACE 方式转为 FOOT 方式。同时，ECU 接通 VT_2，使控制面板上的 FOOT 指示灯点亮。

当 T_{AO} 已从高变中时，原来空气混合伺服电动机内的移动触点位于 FOOT 位置。ECU 接通

VT_3，使驱动电路输入信号端 A 端通过 VT_3 搭铁为 0，B 端断路为 1。此时驱动电路输出端 C 端为 1，D 端为 0，电流由 C 端输出，D 端流回，电动机旋转，内部触点由 FOOT 位移到 BILEVEL 位，电动机停转，出气方式由 FOOT 方式转为 BILEVEL 方式。同时，ECU 控制面板上的 BILEVEL 指示灯点亮。

当 T_{AO} 已从中变低时，原来空气混合伺服电动机内的移动触点位于 BILEVEL 位置。ECU 接通 VT_4，使驱动电路输入信号端 A 端通过 VT_4 搭铁为 0，B 端断路为 1。此时驱动电路输出端 C 端为 1，D 端为 0，电流由 C 端输出，D 端流回，电动机旋转，内部触点由 BILEVEL 位移到 FACE 位，电动机停转，出气方式由 BILEVEL 方式转为 FACE 方式。同时 ECU 控制面板上的 FACE 指示灯点亮。

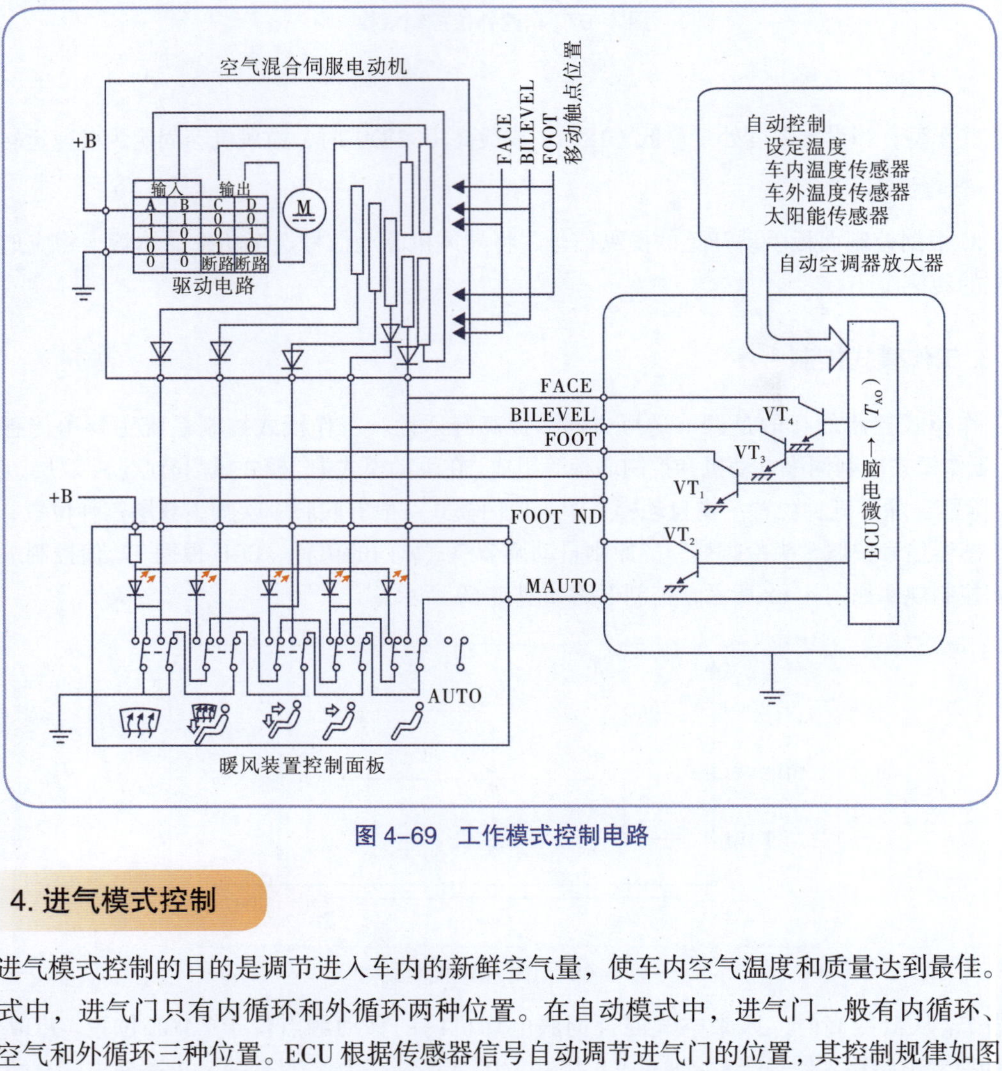

图 4-69　工作模式控制电路

4. 进气模式控制

进气模式控制的目的是调节进入车内的新鲜空气量，使车内空气温度和质量达到最佳。在手动模式中，进气门只有内循环和外循环两种位置。在自动模式中，进气门一般有内循环、20%新鲜空气和外循环三种位置。ECU 根据传感器信号自动调节进气门的位置，其控制规律如图 4-70 所示。若车内温度为 35℃，进气门处于内循环位置，以快速降温；若车内温度为 30℃，进气门处于 20%新鲜空气位置，引进部分新鲜空气以改善空气质量；若车内温度为 25℃，进气门处于外循环位置。

进气模式控制电路如图 4-71 所示。当 ECU 根据 T_{AO} 值接通 FRS 晶体管时，触点 B 搭铁，电流方向为蓄电池→点火开关→端子①→电动机→触点 B →端子③→ FRS 晶体管→搭铁，电动机旋转，带动风门由 RECIRC（车内循环）位置移至 FRESH（车外新鲜空气）位置。

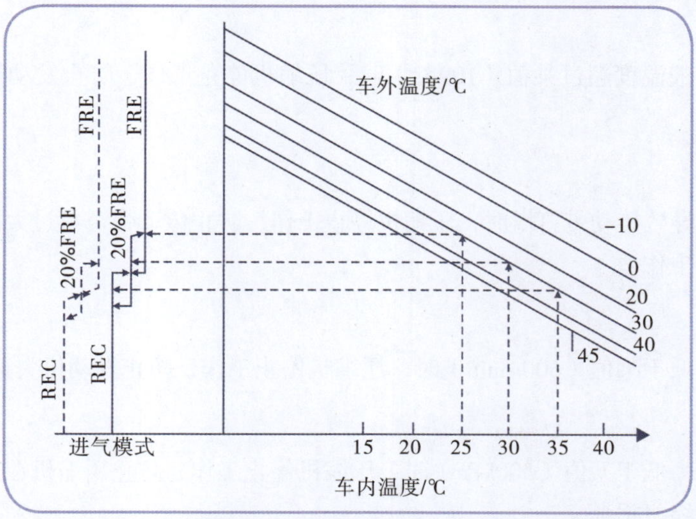

图 4–70　进气模式控制规律

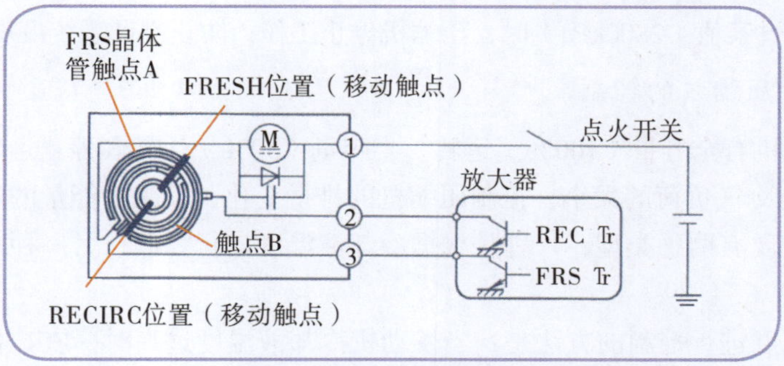

图 4–71　进气模式控制电路

该控制系统还有一种新鲜空气强制进气控制功能，当手动按下 DEF 开关时，将进气方式强制转变为 FRESH 方式，以清除风窗玻璃上的雾气。除此之外，进气模式控制还可改变新鲜空气与循环空气的混合比例。

5. 压缩机控制

（1）基本控制

ECU 根据车内温度、车外温度、蒸发器温度和设定温度等参数，自动控制压缩机的通断，调节蒸发器表面温度，并防止蒸发器表面结冰。

（2）低温保护

当车外环境温度低于某值（3℃或 8℃）时，压缩机停止工作，防止压缩机的损耗。

（3）高速控制

当发动机转速超过某转速时，压缩机停止工作，防止因压缩机转速过高而造成损坏。

4）加速切断

当发动机处于急加速工况时，为了保证发动机有足够的动力，压缩机暂时停止工作。

5）高温控制

当发动机冷却液温度超过某值（109℃）时，压缩机停止工作，防止发动机冷却液温度进一步上升。

6）打滑保护

当压缩机卡死导致传动带打滑时，压缩机停止工作，防止传动带负荷过大而断裂，进而影响水泵、发电机等的工作。

7）低速控制

当发动机转速低于某值（600r/min）时，压缩机停止工作，防止发动机失速。

8）低压保护

当制冷系统压力低于某值（500kPa）时，压缩机停止工作，防止压缩机在系统制冷剂不足条件下工作，造成压缩机损坏。

9）高压保护

当系统压力超过某值（2800kPa）时，压缩机停止工作，防止空调系统瘫痪。

10）可变排量压缩机的控制

可变排量压缩机有全容量（100%）运转、半容量（50%）运转和停止运转三种工作模式。ECU 根据空调系统冷气负荷的大小，控制压缩机的排量变化，以减少能量的浪费。可变排量压缩机的控制系统主要有两种类型：一种是根据冷却液温度进行控制；另一种是根据蒸发器表面温度进行控制。

根据冷却液温度进行控制的方法是：当发动机冷却液温度过高时，ECU 根据冷却液温度传感器信号，控制压缩机按半容量模式运转，防止发动机过热；反之，当发动机冷却液温度低于某值时，ECU 控制压缩机按全容量模式运转，满足制冷需要。

根据蒸发器表面温度进行控制的方法是：当蒸发器表面温度高于某值（40℃）时，ECU 控制压缩机按全容量模式运转，降低蒸发器温度；当蒸发器表面温度低于某值（40℃）时，ECU 控制压缩机按半容量模式运转，以降低能耗；当蒸发器温度低于 3℃时，ECU 控制压缩机停止运转，防止损坏压缩机。

任务实践

1. 实践名称

自动空调系统的检测。

2. 实践准备

车内温度传感器、车外温度传感器、蒸发器温度传感器、日照传感器、实训车辆（卡罗拉轿车）、常用工具、万用表、压力表组件、汽车维修手册、抹布等。

3. 实践要求与注意事项

①注意万用表在使用过程中挡位的正确选择。
②要小心回收冷却液，不要弄湿实训场地。
③防止烫伤、冻伤、划伤。
④使用维修手册时，要注意避免破损，手册应与使用车型相对应。

4. 操作步骤及检测

(1) 模式位置和风门操作检测

模式位置和风门操作如图 4–72 所示。出风口和风量如图 4–73 所示。根据表 4–3 中的操作，对照图 4–73 中的出风量，检测空调系统各模式下的工作情况，并将检测结果填入表 4–3 中。

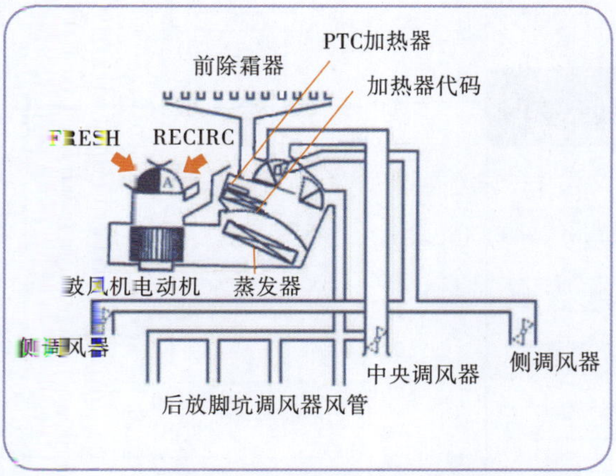

图 4–72　模式位置和风门操作

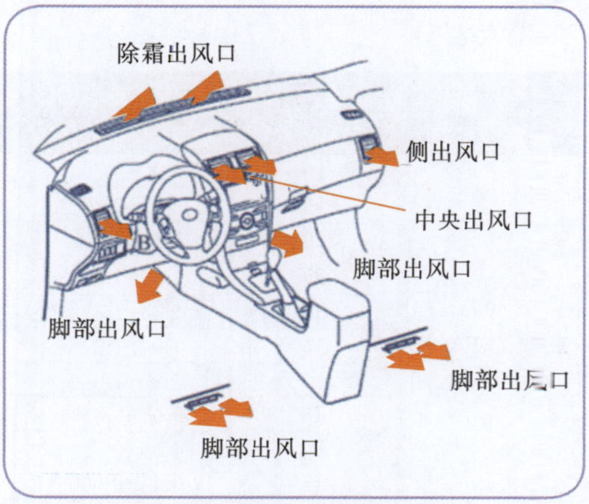

图 4–73　出气口和风量

表 4–3　风门模式功能检测

控制风门	工作位置	风门位置	操作	检测结果
进气控制风门	FRESH	A	吸入新鲜空气	

表 4-3　风门模式功能检测（续表）

控制风门	工作位置	风门位置	操作	检测结果
进气控制风门	RECIRC	B	再循环内部空气	
空气混合控制风门	MAX COLD 至 MAX HOT 温度设置 16℃（61 ℉）~30℃（86 ℉）	C–D–E（C′–D′–E′）	改变新鲜空气和再循环空气的混合比例，以连续调节 HOT 至 COLD 的温度	
模式控制风门	除霜器	H、K	通过前除霜箱器和侧调风器对风窗玻璃除霜	
	脚部 / 除霜器	H、J	通过前、后除霜器和侧调风器对风窗玻璃除霜，同时从前、后放脚坑调风器风管中送出空气	
	脚部	H、I	空气从前放脚坑调风器风管、后放脚坑调风器风管和侧调风器中吹出。此外，空气从前除霜器中吹出	
	双级	F、I	空气从中央调风器、侧调风器和前、后放脚坑调风器风管中吹出	
	面部	F、K	空气从中央调风器和侧调风器中吹出	

2）车内温度传感器的检测

（1）拆下车内温度传感器。检查车内温度传感器，如图 4-74 所示。

（2）根据表 4-4 中的数据测量传感器电阻，并将检测结果填入表中。

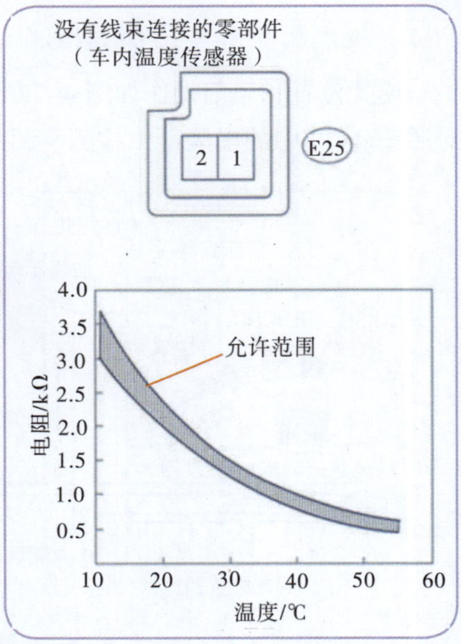

图 4-74　检查车内温度传感器

表 4-4　车内温度传感器电阻

检测仪连接	条件 / ℃	规定状态 / kΩ	检测结果
E25-1-E25-2	10	3.00~3.73	
	15	2.45~2.88	
	20	1.95~2.30	
	25	1.60~1.80	
	30	1.28~1.47	
	35	1.00~1.22	
	40	0.80~1.00	
	45	0.65~0.85	
	50	0.50~0.70	
	55	0.44~0.60	
	60	0.36~0.50	

◆注意：

检测时只能通过传感器的连接器来握住传感器，接触传感器可能会改变电阻值。

检测时传感器温度必须与环境温度相同。

3）车外温度传感器的检测

（1）将连接器从车外温度传感器总成上断开。检查车外温度传感器，如图 4–75 所示。

（2）根据表 4–5 中的数据测量传感器电阻，并将检测结果填入表中。

表 4–5　车外温度传感器电阻

检测仪连接	条件 / ℃	规定状态 / kΩ	检测结果
A23–1（SO+）–A23–2（SO–）	10	3.00~3.73	
	15	2.45~2.88	
	20	1.95~2.30	
	25	1.60~1.80	
	30	1.28~1.47	
	35	1.00~1.22	
	40	0.80~1.00	
	45	0.65~0.85	
	50	0.50~0.70	
	55	0.44~0.60	
	60	0.36~0.50	

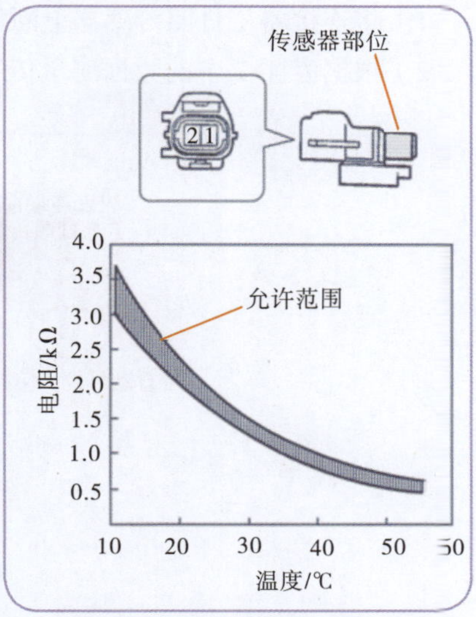

图 4–75　检查车外温度传感器

◆注意：

检测时只能通过传感器的连接器来握住传感器，接触传感器可能会改变电阻值。

检测时传感器温度必须与环境温度相同。

4）蒸发器温度传感器的检测

（1）将连接器从蒸发器温度传感器上断开。检查蒸发器温度传感器，如图 4–76 所示。

（2）根据表 4–6 中的数据测量传感器电阻，并将检测结果填入表中。

表 4–6　蒸发器温度传感器电阻

检测仪连接	条件 / ℃	规定状态 / kΩ	检测结果
×2–1–×2–2	–10	7.30~9.10	
	–5	5.65~6.95	
	0	4.40~5.35	
	5	3.40~4.15	
	10	2.70~3.25	
	15	2.14~2.58	
	20	1.71~2.05	
	25	1.38~1.64	
	30	1.11~1.32	

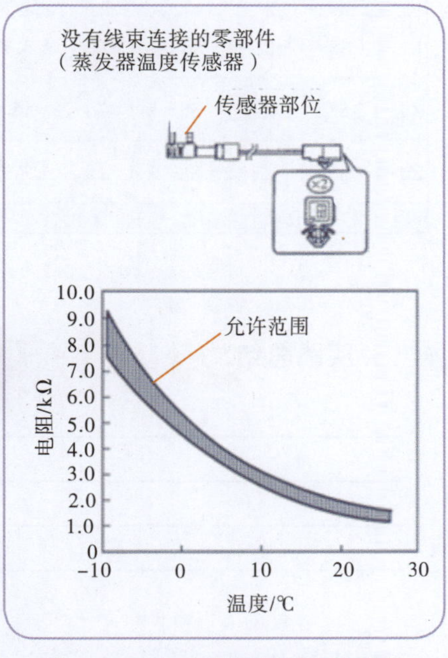

图 4–76　检查蒸发器温度传感器

◆注意：

检测时只能通过传感器的连接器来握住传感器，接触传感器可能会改变电阻值。

检测时传感器温度必须与环境温度相同。

5）日照传感器的检测

（1）将连接器从日照传感器上断开。检查日照传感器，如图 4–77 所示。

（2）根据表 4–7 中的数据测量传感器电压，并将检测结果填入表中。

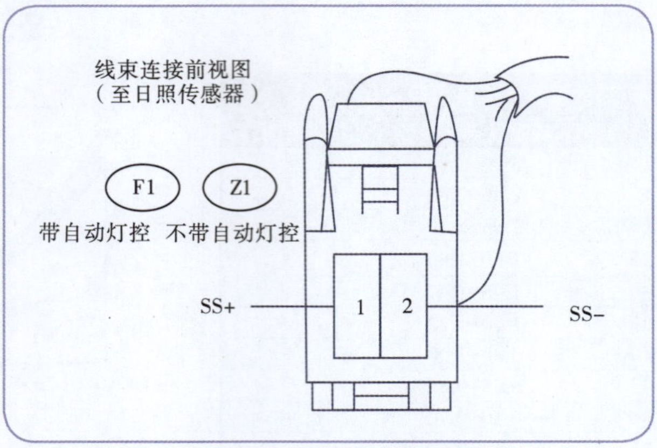

图 4–77 检查日照传感器

表 4–7 日照传感器电压

检测仪连接	条件	规定状态 /V	检测结果
F1–1（SS+）–F1–2（SS–）（*1）	点火开关：置于 OFF 位置	低于 1	
F1–1（SS+）–F1–2（SS–）（*1）	点火开关：置于 ON（IG）位置	11~14	
Z1–1（SS+）–Z1–2（SS–）（*2）	点火开关：置于 OFF 位置	低于 1	
Z1–1（SS+）–Z1–2（SS–）（*2）	点火开关：置于 ON（IG）位置	11~14	
注：*1– 带自动灯控；*2– 不带自动灯控。			

5. 实践总结

____

____

____

____

任务练习

一、填空题

1. 显示功能包括显示 ________、________、________、运转方式的 ________ 及运转

__________ 等。

2. 自动空调可以分为 __________ 和 __________ 两种。

3. 空调系统发生故障，__________ 将故障部位信息用 __________ 的形式 __________ 起来，在需要修理时能 __________ 故障部位。

4. 自动空调的执行元件一般包括 __________、__________ 及 __________ 等。

5. 空调电控单元又称 __________，控制器总成上的键是控制器的 __________。

二、判断题

1. 鼓风机在起动时，工作电流会比稳定工作时大很多。（　）

2. 当车外环境温度低于某值时，压缩机停止工作，防止压缩机的损耗。（　）

3. 当发动机处于急加速工况时，压缩机也跟着急加速工作。（　）

三、选择题

1. 鼓风机（　）电阻是调节制冷量的一个辅助元件。

A. 调速　　B. 调控

C. 调整　　D. 调温

2. 加速控制装置在汽车行驶急加速或超车加速时应（　）。

A. 稳定发动机转速　　B. 加大油门，提高发动机转速

C. 切断空调电磁离合器　　D. 不确定

3. 工作模式控制的目的是（　），提高舒适性。

A. 调节湿度大小　　B. 调节温度高低

C. 调节风量大小　　D. 调节送风方向

四、问答题

1. 简述汽车自动空调鼓风机时滞控制原理。

2. 简述汽车自动空调的功能。

3. 简述汽车空调鼓风机的控制原理。

项目五

汽车空调系统检修与故障诊断

项目描述

汽车空调系统通过灵活地调节车内空气的温度、湿度和流动速度等参数，改善车内人员乘车条件，并预防或除去附在挡风玻璃上的雾霜，以确保驾驶员的视野清晰与行车安全。然而，空调系统是汽车各系统中比较容易出故障的系统，其中最常见的故障是空调不制冷、输出冷气不均、制冷量不足等。本项目将从空调系统检修工具与设备、空调系统故障诊断两方面介绍空调系统的检测与故障诊断。

任务一 汽车空调系统检修工具与设备

任务目标

完成本学习任务后，学生在基础知识和基本技能方面应达到以下要求。

● 知识目标

（1）掌握检漏仪的结构和工作原理。

（2）掌握歧管压力表的结构和使用方法。

（3）掌握检漏仪的使用方法。

（4）掌握汽车空调诊断仪的使用方法。

● 能力目标

（1）能够独立运用检漏仪对空调系统进行检测。

（2）能够独立运用制冷剂鉴别仪鉴别制冷剂情况。

（3）能够独立运用制冷剂回收加注机对空调系统进行制冷剂更换。

任务引入

汽车空调要借助一些专用维修工具和设备来进行修理。下面进入空调系统检修工具与设备的学习。

相关知识

一、常用工具

常用工具即普通的汽修工具，主要有扳手、锉刀、螺钉旋具、钳子、手锤、钢锯、钻头等。

二、专用工具简介

检修汽车空调故障时，须配备歧管压力表、制冷剂检漏仪、真空泵、制冷剂注入阀等专用工具。

歧管压力表：主要用于检查和判断制冷系统内的工作状态和故障情况，由高、低压表组成，其上有三个接头分别与三根橡胶软管相接，分别完成制冷系统抽真空、灌注制冷剂等操作。

制冷剂检漏仪：用于检查制冷系统内的制冷剂是否泄漏，目前常用的是电子检漏仪。

制冷剂注入阀：当向制冷系统充注制冷剂时，可将注入阀装在制冷剂罐上，旋动开关，阀针将制冷剂罐刺穿，即可充注制冷剂。

真空泵：在安装或维修之后，充注制冷剂之前，必须对制冷系统进行抽真空。否则，制冷系统中的空气和水分会引起系统内压力升高和膨胀阀处冰堵，影响制冷系统正常工作。

其他维修工具：除上述工具和设备外，还需要各种扳手、割管器、弯管器、胀管器等。另外，维修空调压缩机还需要离合器扳手、离合器毂拉出器、锁紧螺母套筒、六角套筒、汽缸盖拆卸器等专用工具。

1. 歧管压力表

1）歧管压力表的结构

歧管压力表由一个表座、两个压力表（低压表和高压表）、两个手动阀（低压手动阀和高压手动阀）、三个软管接头（外接三根橡胶软管：一根接低压维修阀，一根接高压维修阀，一根接制冷剂罐、真空泵吸入口或制冷剂回收装置）组成，如图 5-1 所示。工作时，高、低压接头分别通过软管与压缩机高、低压维修阀相接，中间接头与真空泵或制冷剂钢瓶相接，分别完成检测压力、抽真空、充注制冷剂及排空回收操作。低压表用于检测制冷系统低压侧的压力，既可以显示压力，也可用来显示真空度，真空度读数范围为 0~0.1kPa，压力刻度从“0”开始，量程不于 0.42MPa；高压表用于检测制冷系统高压侧的压力，测量的压力范围从“0”开始，量程不小于 2.110MPa。

2）歧管压力表的功能

歧管压力表的功能如下。

①双阀关闭测压力。

检测制冷系统高、低压侧压力。当高压手动阀和低压手动阀同时关闭时，可对高压侧和低压侧进行压力检查，检测制冷系统高、低压侧的压力，如图 5-2（a）所示。

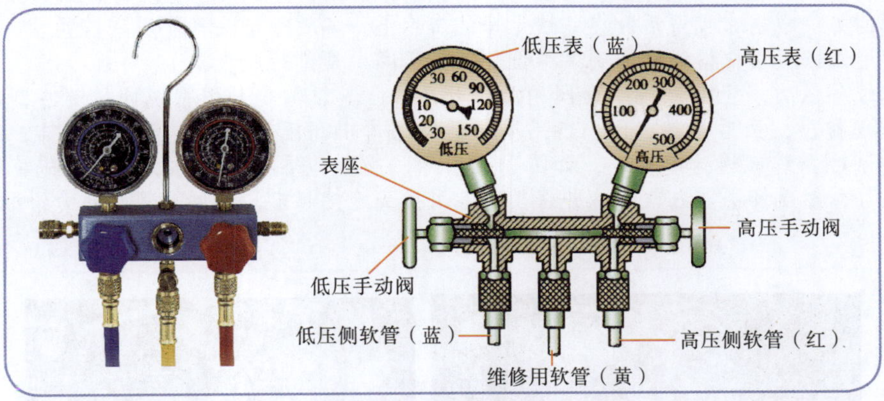

图 5-1 歧管压力表

②双阀打开抽真空。

对制冷系统抽真空。当高压手动阀和低压手动阀同时全开时，全部管路接通，在中间接头接上真空泵，便可以对制冷系统抽真空，如图 5-2（b）所示。

③单阀打开做充注。

充注制冷剂和加注冷冻机油。当高压手动阀关闭，低压手动阀打开，中间接头接到制冷剂罐或冷冻机油瓶上时，可以从低压侧向系统充注制冷剂或冷冻机油。当高压手动阀打开，低压手动阀关闭时，可以从高压侧充注制冷剂，如图 5-2（c）所示。

④先高后低放排空。

制冷系统放空或排出制冷剂。先打开高压手动阀，当压力下降到 350kPa 时，再打开低压手动阀，可使系统向外放空或排出制冷剂，如图 5-2（d）所示。

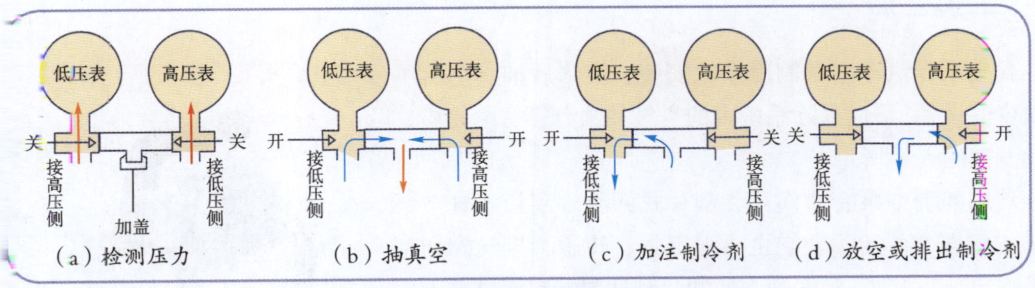

图 5-2 歧管压力表的功能

3）歧管压力表的连接

通常，歧管压力表上的三个接头已分别与注入软管接好。当制冷系统管路内有制冷剂时，可按以下步骤将歧管压力表与空调制冷系统检修阀连接起来。

①用工具卸下装在压缩机上的检修阀压力表接口及调节杆上的螺母。注意动作要缓慢，以防制冷剂漏出伤人。

②关闭歧管压力表上的两个手动阀。

③把歧管压力表上的低压软管连接到低压侧检修阀上，高压软管连接到高压侧检修阀上，中间软管的另一端用布包好后放在一块干净的布片上。各软管接头只能用手拧紧。

④使用阀门扳手把检修阀调到“中位”（气门阀无须进行此步骤）。

⑤把歧管压力表上的低压手动阀稍微打开几秒，其目的是利用系统内的制冷剂将低压软管内的空气排出，然后将其关闭，再用同样的方法排出高压软管内的空气。这样，歧管压力表与空调制冷系统就连接起来了，如图 5-3 所示。当要卸下歧管压力表时，应先将检修阀调到“后位”，然后卸下注入软管，并将其与备用接头连接起来，以免软管内部受到污染。

图 5-3 歧管压力表的连接

4）使用注意事项

①歧管压力表是一个精密仪表，必须细心维护，不得损坏，且要保持清洁。

②不使用时，要防止水或脏物进入软管；使用时要把管中的空气排出。

③压力表接头与软管连接时，只能用手拧紧，不能用工具拧紧。

④高、低压软管不能混用，低压软管禁止接入高压系统中。

2. 真空泵

真空泵是汽车空调制冷系统安装、维修后抽真空所不可缺少的设备，可以去除系统内的空气和水分等有害物质，实物图如图 5-4 所示。

图 5-4 真空泵实物图

常用的真空泵有滑阀式和刮片式两种。刮片式真空泵的结构如图 5-5 所示。它主要由定子、转子、排气阀和刮片等组成。工作时，弹簧弹力使两只刮片紧贴在汽缸壁上，以保证其密封性。定子上的进、排气口被转子和刮片分隔成两部分。

当转子旋转时，一方面，周期性地把进气口附近的容积逐渐扩大而吸入气体；另一方面，逐渐缩小排气口附近的容积，将吸入的气体压出排气阀，从而达到抽真空的目的。

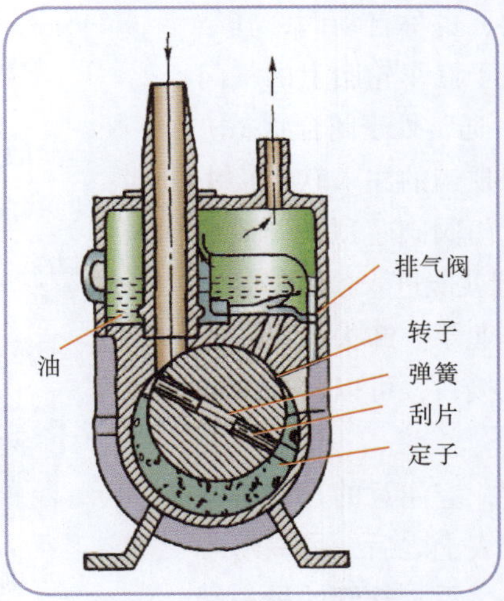

图 5-5　刮片式真空泵的结构

3. 制冷剂注入阀

为便于维修汽车空调和随车携带方便，制冷剂生产企业制造了一种小罐制冷剂（一般为250g左右），但要将它注入汽车空调制冷系统中，需要有注入阀才能配套开罐。

当向制冷系统灌注制冷剂时，可将注入阀装在制冷剂罐上，旋动制冷剂注入阀手柄，阀针刺穿制冷剂罐，即可充注制冷剂。图 5-6 为制冷剂注入阀实物图，其结构如图 5-7 所示。制冷剂罐内装有制冷剂，注入阀接头用软管与歧管压力表的中间接头相连。

图 5-6　制冷剂注入阀实物图

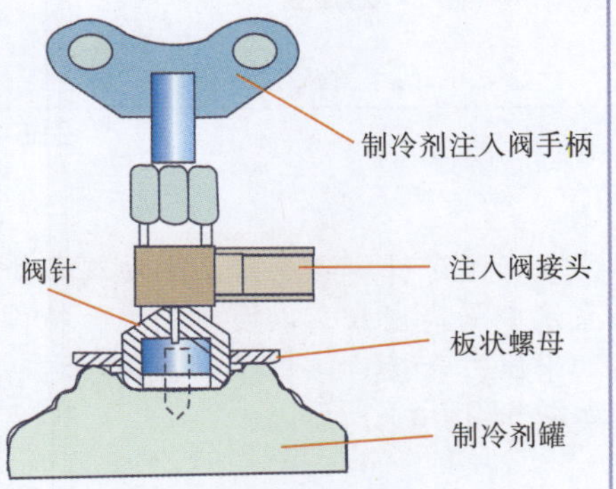

图 5-7　制冷剂注入阀的结构

4. 检修阀

汽车空调制冷系统是一个封闭的系统，为检修方便，通常在制冷系统管路上设置维修阀。它可以与歧管压力表等检修设备连接，以便进行故障诊断与维修操作，而不用打开制冷系统管路。大多数汽车空调制冷系统中都有两个检修阀，分别设置在高压侧和低压侧，某些汽车空调上还装有三个检修阀。常用的检修阀有气门阀（自动阀）和手动阀两种。

1）气门阀

气门阀又称阀芯型检修阀，也称自动阀，其结构如图 5-8 所示。其阀芯类似于汽车轮胎上的气门芯。它有开启和闭合两个状态，通常处于闭合状态。当要检修制冷系统时，把带有顶销的注入软管接头连接在气门阀上，顶销就把气门阀阀芯顶开，系统管路便与注入软管连通，制冷剂就能进入检测软管，这时就可以进行检测和维修作业了。卸去检测软管时，气门阀则会自动关闭系统接口，可以起到良好的密封作用。

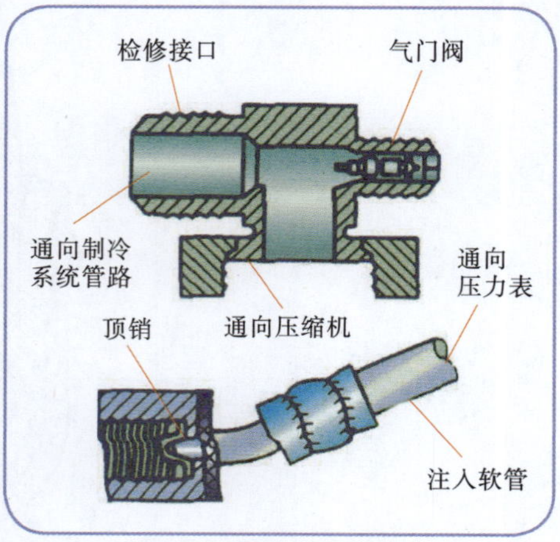

图 5-8　气门阀的结构

将检测软管与该阀连接时，应注意的是：只有注入软管一端连接在歧管压力表上之后，另一端才能连接在气门阀上。当连接好之后，软管的另一端不能从歧管压力表上拆除，否则将会引起制冷剂流失。

2）手动阀

手动阀是一种以手动方式控制制冷剂流向的三通阀，通常布置在压缩机上。卸下检修阀的保护帽后，可以看到一个方形调节杆，用合适的扳手拧动调节杆，可使阀处于三种不同的位置，即前位、中位和后位，如图 5-9 所示。

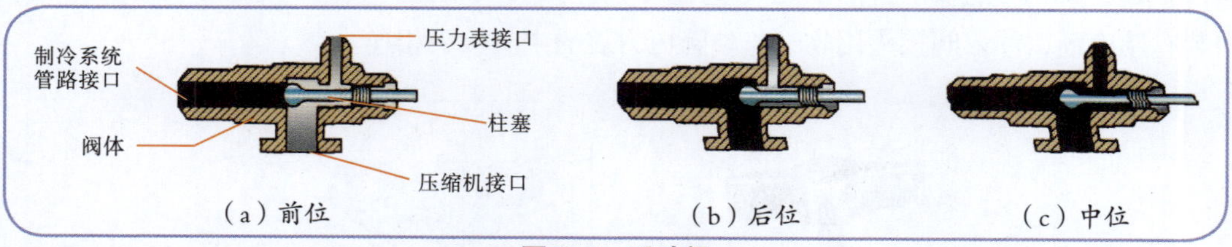

图 5-9　手动阀

①前位。

将调节杆顺时针旋到底时，手动阀即处于前位，这时制冷剂不能流到压缩机，将压缩机从制冷系统中隔离出来，以便对它进行检修或更换。在这一位置时，压缩机仅与压力表接口相通，如果压力表接口保护帽未去掉而运转压缩机，高压制冷剂将无法排出，会导致压缩机损坏，如图 5-9（a）所示。

②后位。

将调节杆逆时针旋到底时，手动阀即处于后位。后位是手动阀的正常工作位置，制冷剂能通过压缩机正常循环，压力表接口被关闭，制冷剂到达不了压力表，歧管压力表不能测出制冷剂压力值，如图 5-9（b）所示。

③中位。

从后位顺时针（或从前位逆时针）旋转调节杆 1~2 圈，手动阀即处于中位（三通位置）。制冷剂可在整个系统内流通，制冷剂可到达压力表口，以便测量压力。中位主要用于对制冷系统进行检修作业，如充注、放出制冷剂和抽真空，又可用歧管压力表来判断故障等，如图 5-9（c）所示。

◆注意：

在打开手动阀上的压力表接口之前，或从检修阀上拆除注入软管时，一定要使手动阀处于后位，否则会造成制冷剂流失。

5. 其他维修工具

1）切管器

切管器又叫割刀，是专门切断铜管、铝管等金属管的工具。切管器一般可以切割直径为 3~25mm 的金属管。直径为 4~12mm 的铜管不允许用钢锯锯断，必须使用切管器切断。切管器如图 5-10 所示。

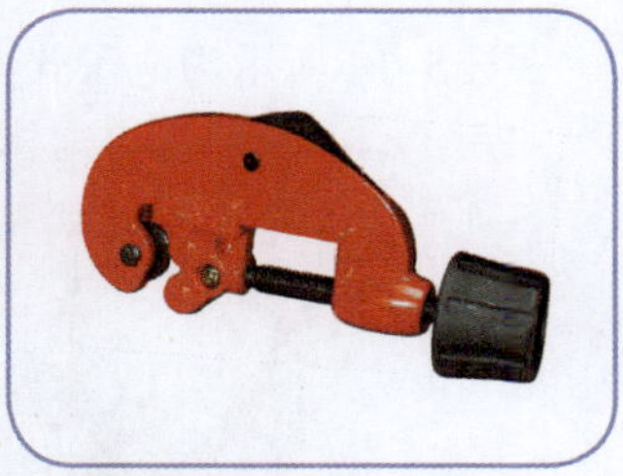

图 5-10 切管器

2）扩管器

扩管器又称胀管器，主要用于制作铜管的喇叭口和圆柱形口。喇叭口用于螺纹接头或不适于对插接口的连接，目的是保证接口部位的密封性和强度。圆柱形口则用于两个铜管连接时，一个管插入另一个管内。扩管器如图 5-11 所示。扩管器的夹具分成对称的两半，夹具的一端用销连接，另一端用紧固螺母和螺栓紧固。两半对合后形成孔，制成螺纹状，目的是便于夹紧铜管。孔的上口制成 60°倒角，以利于扩出合适的喇叭口。

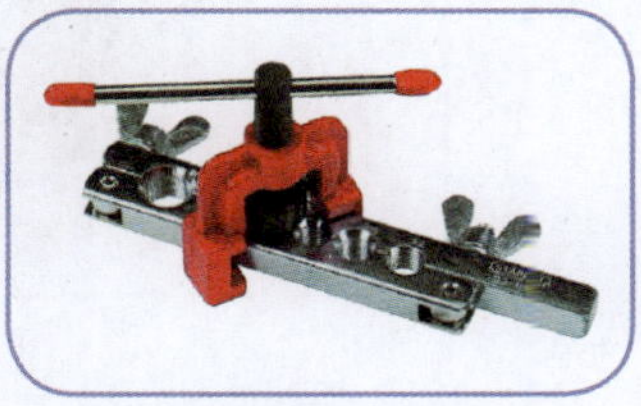

图 5-11 扩管器

3）检修阀扳手

检修阀扳手又称方榫扳手或棘轮扳手，是专门用于快速旋动制冷装置各类阀门的工具，其结构如图 5-12 所示。检修阀扳手的一头是活方榫扳孔，它的外圆是一个棘轮，旁边有一个撑牙，由弹簧支撑着，只能单向旋转扳手的另一端。一大一小的两个固定方榫孔，可用来调节膨胀阀的阀杆。

4）万用表

万用表是一种应用范围很广的测量仪表，是制冷设备电气检修中最常用的工具之一。它可以测量交流或直流电压、电流、电阻等。常用的有指针式万用表和数字式万用表两种，指针式万用表如图 5-13 所示。

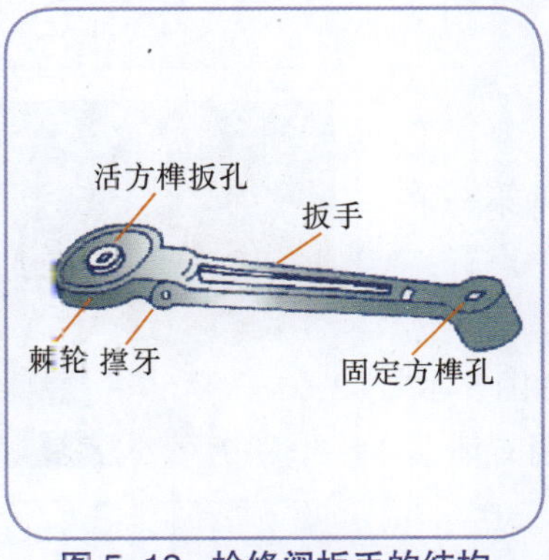

图 5-12 检修阀扳手的结构

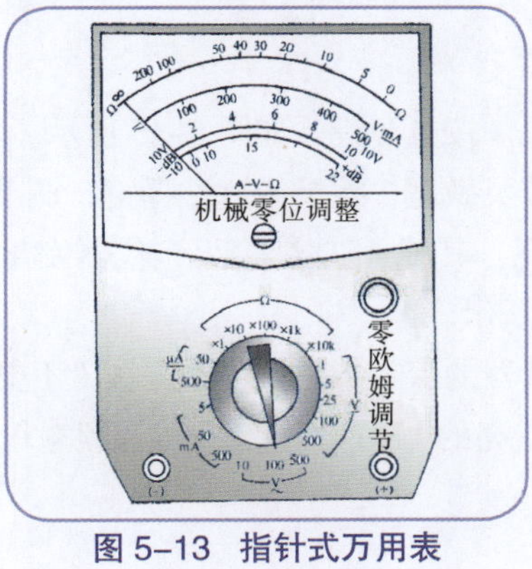

图 5-13 指针式万用表

三、工具与设备的使用

1. 电子式卤素检漏仪

1）外观及操作面板

图 5–14 所示为电子式卤素检漏仪的外观及操作面板。

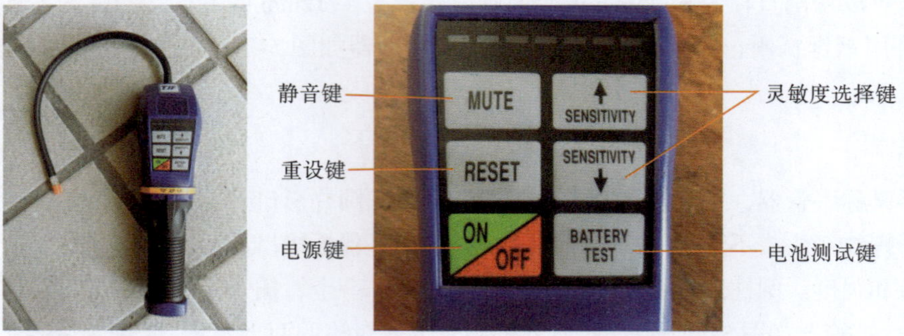

（a）外观　　（b）操作面板

图 5–14　电子式卤素检漏仪的外观及操作面板

按下静音键不再有声音报警，而是 LED 灯闪烁。声音的大小反映泄漏的程度（浓度）。

利用重设键可以找到泄漏的源头。当检测到泄漏时按下该键，继续检测，直到检测到比原来浓度更大的地方才会再次报警，这样一步步进行下去即可找到泄漏的源头。

电源键用于打开和关闭仪器。

灵敏度选择键（上）用于调高灵敏度，分为 7 个等级，等级越高，LED 灯亮的数目越多。

灵敏度选择键（下）用于调低灵敏度，分为 7 个等级，等级越低，LED 灯亮的数目越少。

按下电池测试键，指示灯点亮的颜色表示不同的电池电量。

另外，LED 灯还有两项重要的功能。

①显示电池电量。最左边的灯是常亮的，绿色表示电量充足，橙色表示不足，红色表示应立即更换。

②显示泄漏的程度。绿色表明泄漏较少，橙色表明泄漏一般，红色表明泄漏很严重。

2）操作步骤

①开机。按电源键，如图 5–15 所示。

②调节灵敏度。按灵敏度选择键，调节灵敏度，使第一个 LED 灯点亮，其他 LED 灯熄灭，仪器发出频率不高的声音，如图 5–16 所示。

③将仪器的探头指向被检测区域（不要接触），如图 5–17 所示，其点亮的 LED 灯增多，声音频率增高，则说明有泄漏现象。

图 5–15　开机

③利用重设键可以找到泄漏的源头。当检测到泄漏时按下重设键，继续检测，直到检测到比原来浓度更大的地方才会再次报警。

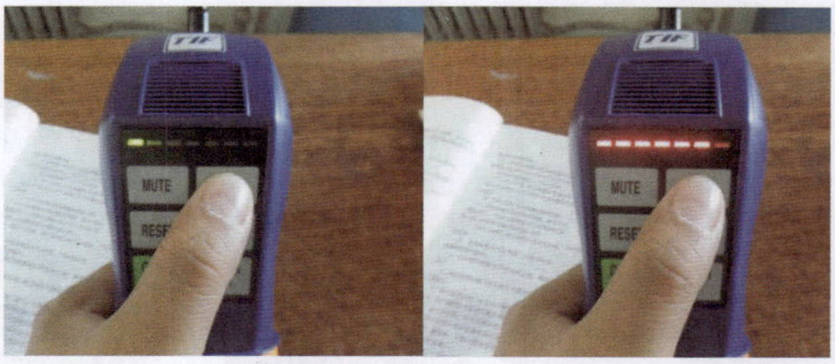

图 5-16 调节灵敏度

图 5-17 泄漏检测

2 荧光检漏仪

1）外观及组成

荧光检漏仪的外观及组成如图 5-18 所示。

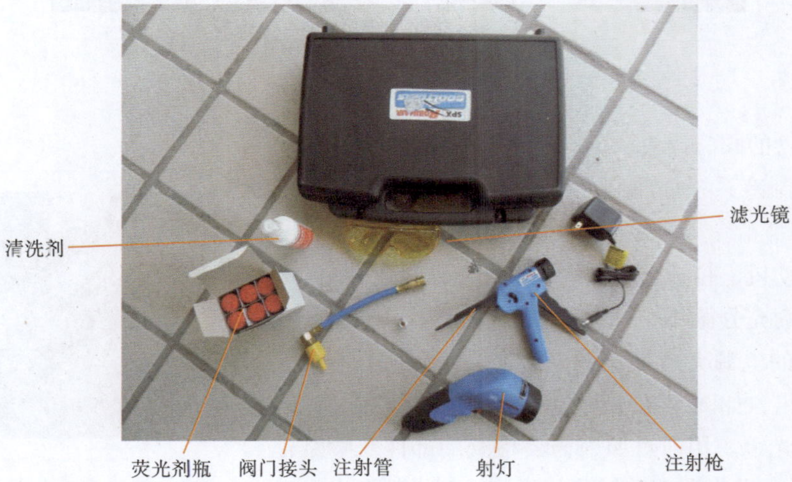

图 5-18 荧光检漏仪的外观及组成

2）操作步骤

①取出荧光剂瓶，撕开荧光剂瓶的封口，将荧光剂瓶装在注射枪上，如图 5–19 所示。

②在注射管前部装好阀门接头，并将注射管安装在荧光剂瓶上。

③按压注射枪，使注射枪压紧荧光剂瓶的活塞，如图 5–20 所示。若需要释放荧光剂，可扳动注射枪侧面的黑色拨杆。

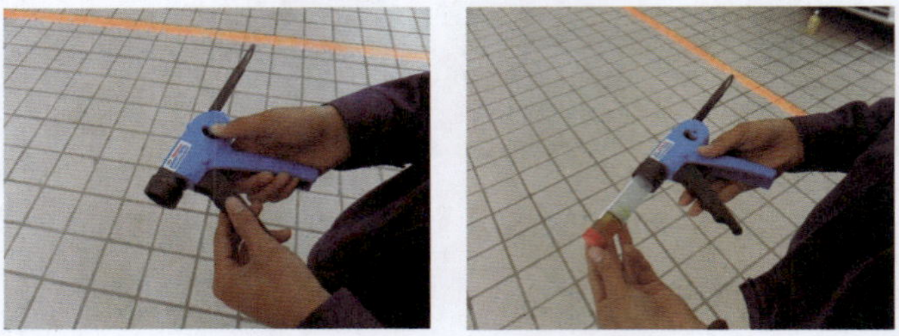

图 5–19 荧光剂瓶的安装

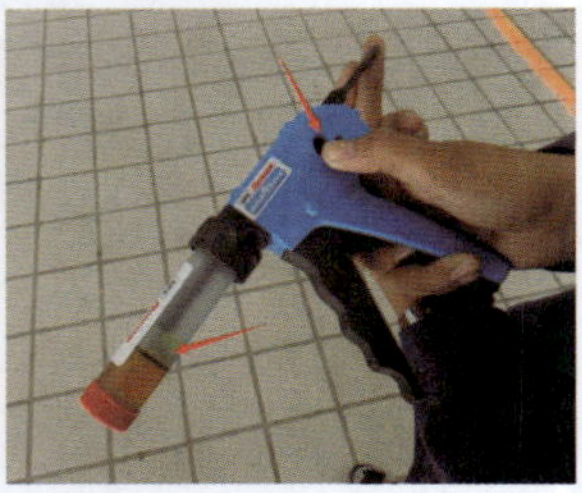

图 5–20 注射枪的调整

④在向制冷管路中加注荧光剂之前，确保管路中无压力（释放掉制冷剂或已抽完真空）。

⑤将注射管的阀门接头装在车辆的低压阀门上。按压注射枪，推进一格，将荧光剂注入管路中，如图 5–21 所示。

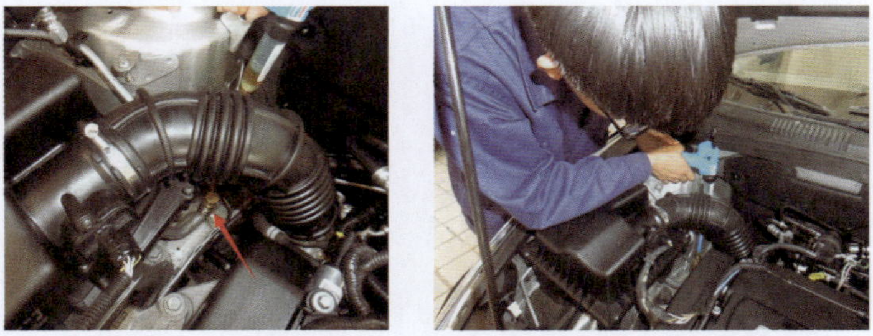

图 5–21 注入荧光剂

⑥将注射管的阀门接头从车辆的低压阀门上拆下。

⑦向空调制冷系统加注制冷剂，并清洁低压阀门处的荧光剂。

⑧起动发动机，打开空调系统，空调压缩机运转 10min 以上，使荧光剂充分循环。

⑨将射灯的电源夹连接在蓄电池上。按压射灯开关，射灯要有光射出，如图 5–22 所示。

⑩戴上滤光镜。用射灯照射需要检查的部件及管路，如图 5–23 所示。若发现有黄绿色的痕迹（荧光剂渗出），则此处有漏点。

图 5–22 射灯亮起

3. 制冷剂鉴别仪

制冷剂鉴别仪能鉴别冷媒类型并直接清除冷媒中有破坏性的空气，可显示系统中冷媒（R12、R134a、R22）和空气的准确含量，面板上的压力表可实时显示系统压力，探测到易燃物质会发出警报，可通过打印机端口连接打印机并打印测试结果，如图 5–24 所示。

图 5–23　戴上滤光镜进行漏点检测

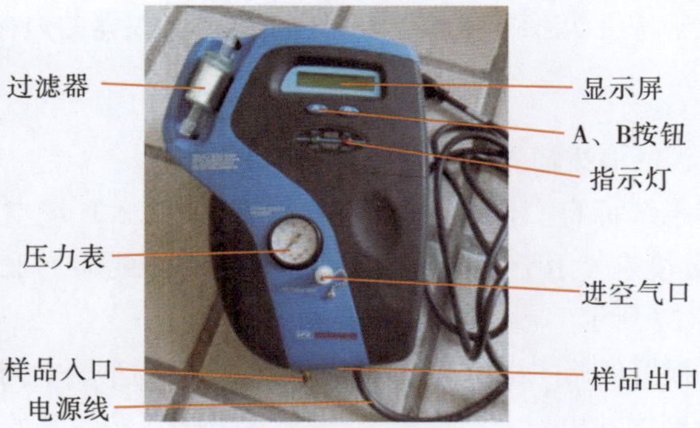

图 5–24　制冷剂鉴别仪的外观及组成

1）操作前的检查

①检查仪器外面的圆柱形容器中的白色过滤芯上是否有红点。任何红色的出现都说明过滤器需要更换，以避免仪器失效。

②根据需要选择一根 R12 或 R134a 采样管。检查采样管是否有裂纹、磨损痕迹、脏堵或污染。绝对不可以使用任何有磨损的管子。把采样管安装到仪器的样品入口处。

③检查仪器头部的进空气口，再检查仪器中部边缘的样品出口，以确保它们没有堵塞。

④检查空调系统或制冷剂罐上的样品出口处，确保出口处样品为气态，出口不允许有液态样品或油污出来。

⑤将仪器的电源插头连接到车载电源或民用电源上。通过夹子用车载电源（10~14V）或墙上的民用电源（220V）插座供电。

2）操作步骤

①给仪器通电，仪器自动开机，如图 5–25 所示。

②让仪器预热 2min。

③在预热过程中，需要将当地的海拔输入仪器的内存。仪器可以在海拔变化为 152m 的范围内自动调节，所以初次使用时必须输入当地的海拔。正常的气压变化不会影响仪器的运行。一般情况下只需要输入一次海拔，只有当仪器在另一个地方使用时才需要重新输入海拔。

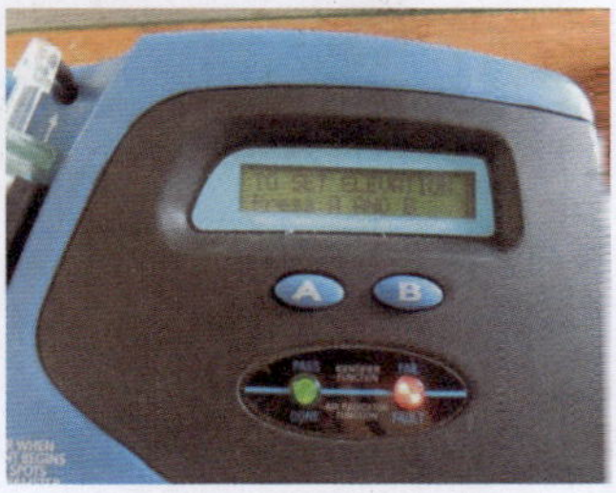

图 5–25　开机

如果没有输入海拔，仪器在预热过程中会显示“USAGE ELEVATION NOT SET”。按照如下步骤设置海拔。

a. 在预热过程中，按住 B 按钮直到显示屏出现“USAGE ELEVATION，400FEET”（这是仪器的出厂设置，相当于海拔 122m）。

b. 使用 A 和 B 按钮来调节海拔的设置，直到显示的读数高于但是接近当地的海拔（图 5–26）。按一下 A 按钮读数增加 30m，按一下 B 按钮读数减少 30 m，海拔在 0~2730m 范围内是可调的。

当选择好正确的海拔后，不要再按 A 和 B 按钮，保持仪器处于待机状态约 20s，设置会自动保存到仪器的内存中。

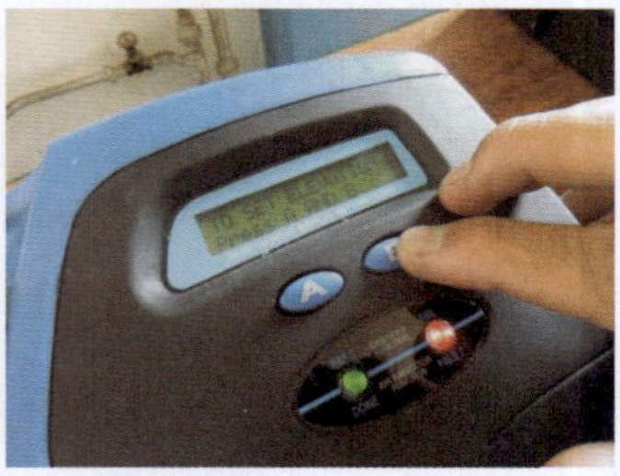
图 5–26　调节海拔

◆注意：

错误的海拔输入将导致仪器的检测错误。

④系统标定。仪器将会通过进空气口吸入环境空气约 1min。环境空气用于校正测试元件并排除残余的制冷剂气体，如图 5–27 所示。

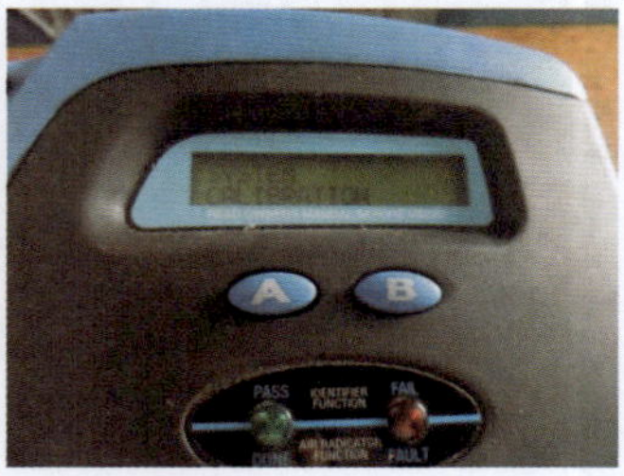

图 5–27　系统标定

⑤根据仪器的提示把采样管的入口端接到车辆空调系统或制冷剂罐的出口上，如图 5–28 所示。按 A 按钮开始进行分析，如图 5–29 所示。制冷剂样品会立即流向仪器，注意调节器压力（图 5–30）。仪器对样品的分析过程需要大约 1 min。

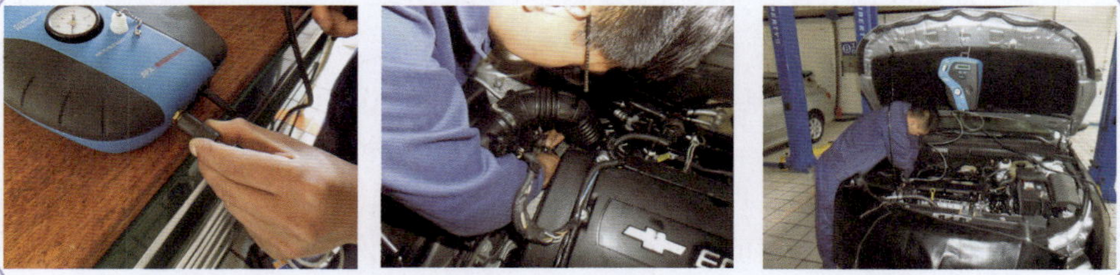
图 5–28　空调管路的连接

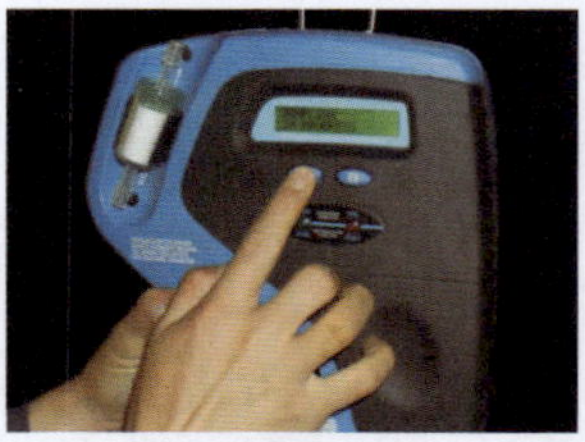
图 5–29　开始分析

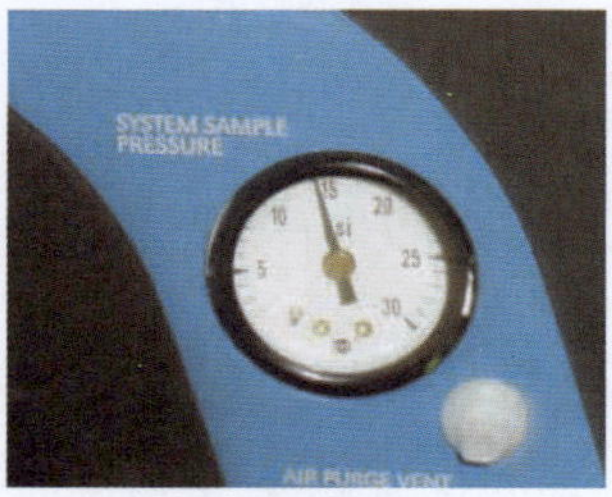

图 5–30　压力值

⑥当分析完成后，拆下采样管，如图 5–31 所示。

⑦分析的结果将在仪器的显示屏上，以下列符号显示出来，如图 5–32 所示。

PASS：说明样品的纯度达到 98%或更高。制冷剂的种类和空气的污染程度也会同时在显示屏上显示出来。

FAIL：说明样品被测定为 R12 或 R134a 的混合物，无论是 R12 还是 R134a 的纯度都没有达到 98%，或者混合物太多。同时还将显示 R12、R134a 和空气的百分比含量。

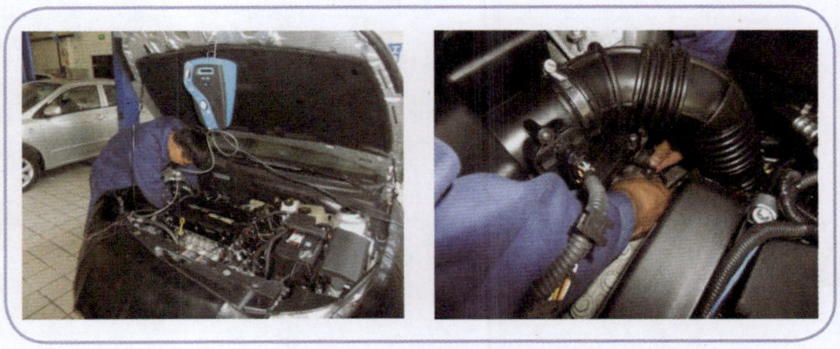

图 5-31　拆卸采样管

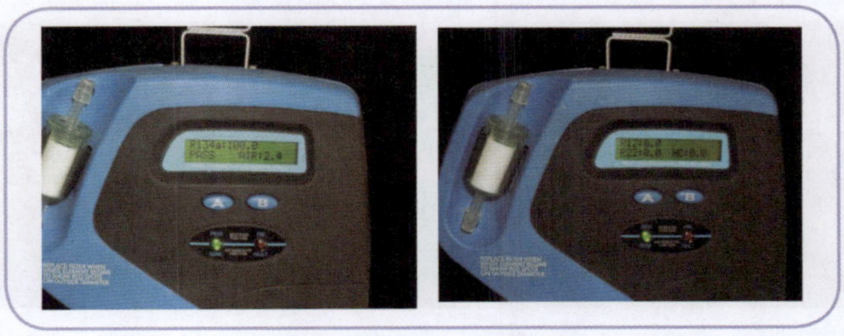

图 5-32　显示分析结果

FAIL CONTAMINATED：说明测定的样品含有未知制冷剂，如 R22 或碳氢类在混合物中的含量占 4%或更多。在这种模式下，不能显示制冷剂或空气混合物的含量。

NO REFRIGERANT—CHK HOSE CONN：说明测定的样品中空气含量达到 90%或更高。通常情况下是因为 R134a 采样管的接头没有打开，采样管没有与样品来源接通，或样品来源中没有制冷剂。

⑧分析结果将保留在仪器的显示屏上，直到使用者按下 A 按钮。按下 A 按钮后要根据显示屏的提示进行操作。

⑨如果需要对另一个样品进行检测，可直接从步骤⑤开始操作。如果不需要再进行检测，则拆下仪器的电源线，检测完毕。

3）操作结束后的清理步骤

①从仪器样品入口拆下采样管。观察管子是否有磨损、裂纹、油堵或污染，并及时更换。擦净管子外表面，将管子卷起放入盒子中。

②检查样品过滤器是否有红点出现。如果发现红点，应根据维护程序中的步骤更换样品过滤器。

③从仪器上拆下电源线，擦净，卷起收到存储盒中。

④用湿布清理仪器的外表面，不要使用溶剂或水直接清理仪器，将清理干净的仪器放入存储盒中。

4．汽车空调诊断仪

1）汽车空调诊断仪概述

汽车空调诊断仪的控制面板、接口说明和线路连接如图 5-33、图 5-34 和图 5-35 所示。空调诊断仪的测量参数见表 5-1。

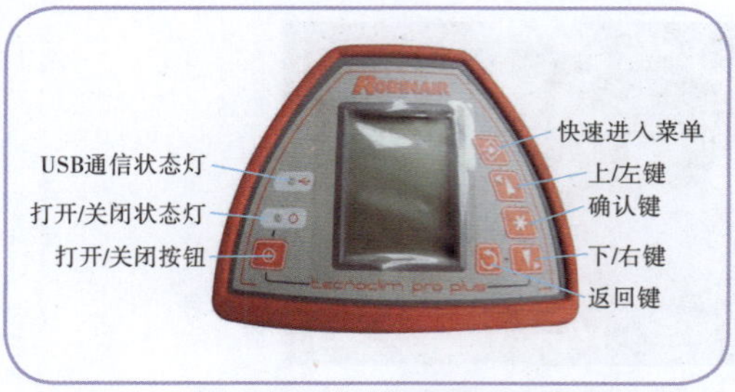

图 5-33 控制面板

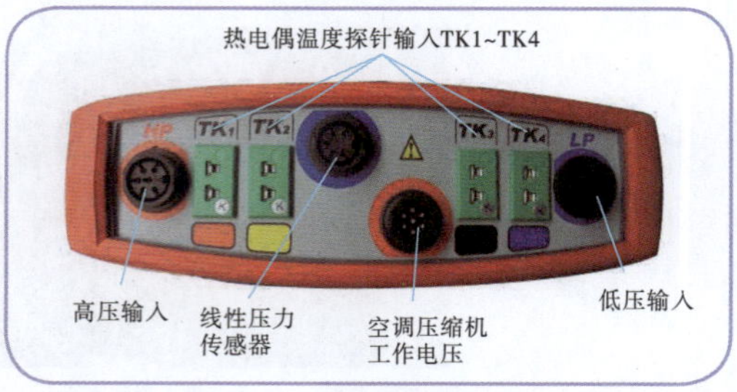

图 5-34 接口说明

图 5-35 线路连接

表 5-1 空调诊断仪的测量参数

项目	测量部位	测量元件	无线 / 有线
低压侧制冷剂压力	低压维修接口	低压快速插接器（蓝色）	有线
高压侧制冷剂压力	高压维修接口	高压快速插接器（红色）	有线
冷凝器入口温度	冷凝器入口金属管路	TK1 探针（红色）	有线
冷凝器出口温度	冷凝器出口金属管路	TK2 探针（黄色）	有线
蒸发器入口温度	蒸发器入口金属管路	TK3 探针（黑色）	有线
蒸发器出口温度	蒸发器出口金属管路	TK4 探针（蓝色）	有线
环境温度和相对湿度	距车辆 2m 部位	THR 传感器	无线
出风温度和相对湿度	中央出风口部位	THR 传感器	无线
制冷剂压力信号	制冷剂压力传感器的信号线	HP1000 电缆（选装）	有线
车辆电源	车辆供电电压		有线

2）汽车空调诊断仪的操作步骤

（1）开机。

①按打开 / 关闭按钮，开启诊断仪，如图 5-36 所示。
②使用方向键，选择菜单。
③按确认键，进入相应菜单。

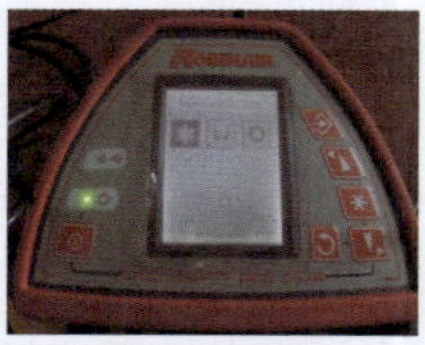

图 5-36 开启诊断仪

（2）数据保存菜单。

使用光标键，选择数据保存菜单，进入下一级界面，进行数据保存。

（3）系统设置菜单。

①使用光标键，选择系统设置菜单，进入下一级界面。
②使用光标键，选择英文，然后选择 Close，返回主菜单。

（4）空调诊断菜单。

①菜单说明。

a. 工作模式：测量模式、控制模式、自动诊断模式，如图 5-37 所示。

b. 车辆配置。不论选择的是何种模式，都要对待检空调系统的配置进行选择，车辆配置菜单说明如图 5-38 所示。

c. 工作模式操作流程如图 5-39 所示。

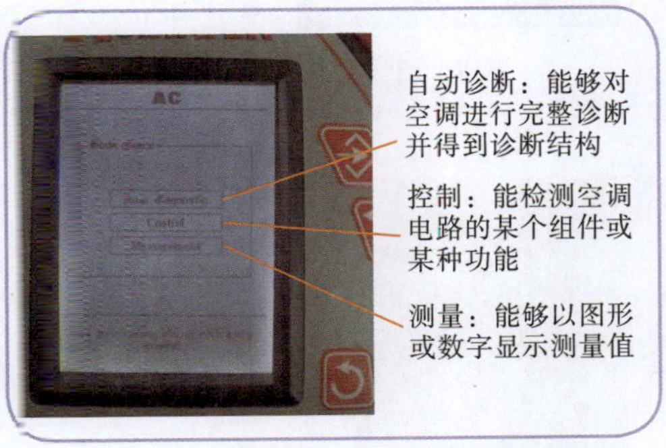

图 5-37　空调诊断菜单的工作模式

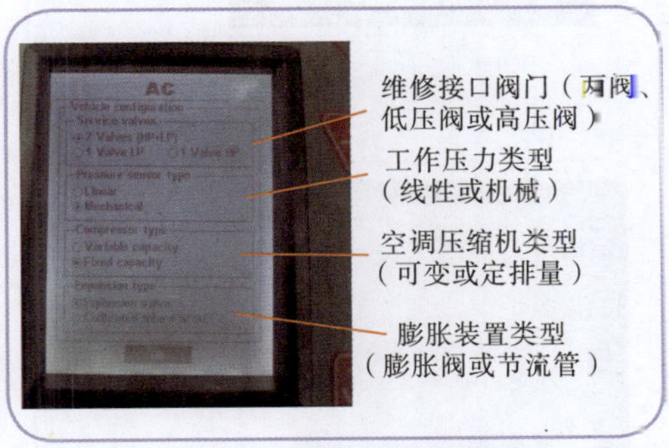

图 5-38　车辆配置菜单说明

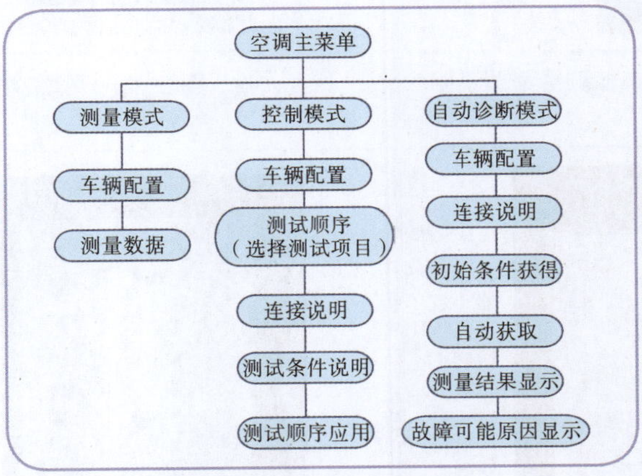

图 5-39　工作模式操作流程

②自动诊断模式。

在操作过程中，空调故障诊断仪会指导用户如何做，包括测试每个阶段前要完成的连接说明，以及对如何实施测试做出的说明。

a. 在空调主菜单中选择 Auto.diagnostic 项目。

b. 选择车辆配置。

c. 按提示信息进行连接，选择 Next，按确认键，如图 5-40 和图 5-41 所示。

d. 初始条件测量。按提示信息进行连接，选择 Next，按确认键，如图 5-42 所示。

e. 读取环境空气温度和相对湿度数据，然后按确认键，如图 5-43 所示。

f. 设置测试条件。按提示信息进行连接，选择 Next，按确认键，如图 5-44 所示。

g. 读取诊断数据，测试结果在 60s 后得出，如图 5-45 所示。

h. 诊断结果如图 5-46 所示。

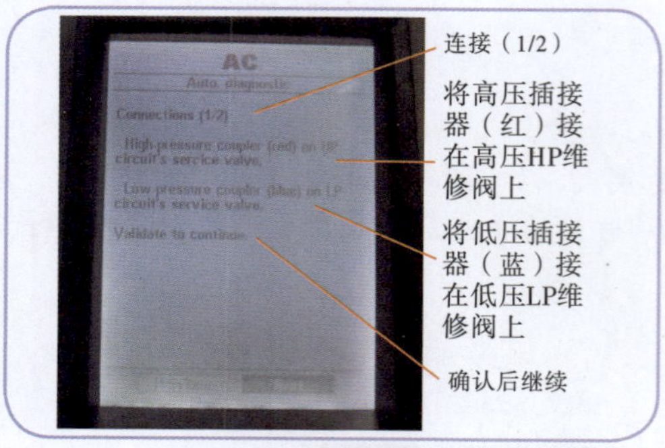

图 5-40 菜单说明（一）

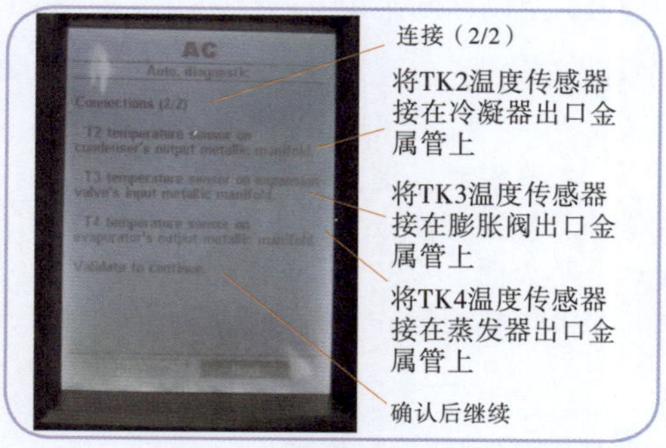

图 5-41 菜单说明（二）

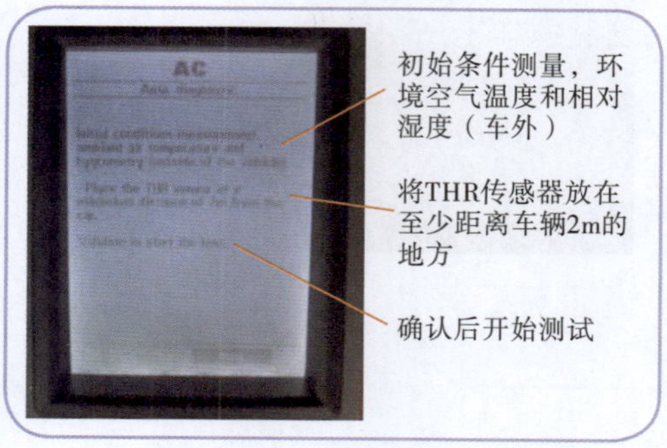

图 5-42 初始条件测量菜单说明

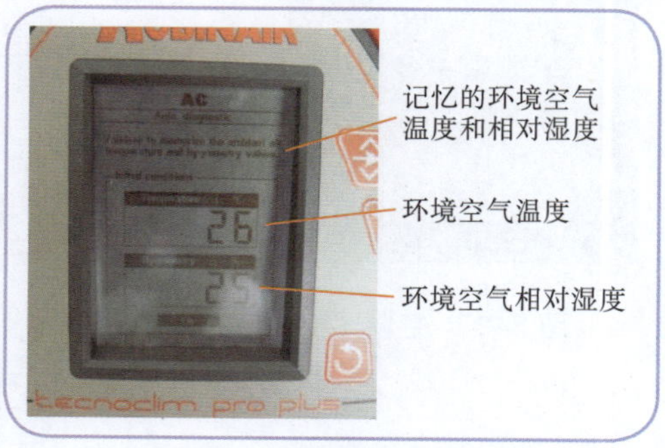

图 5-43 环境空气温度和相对湿度

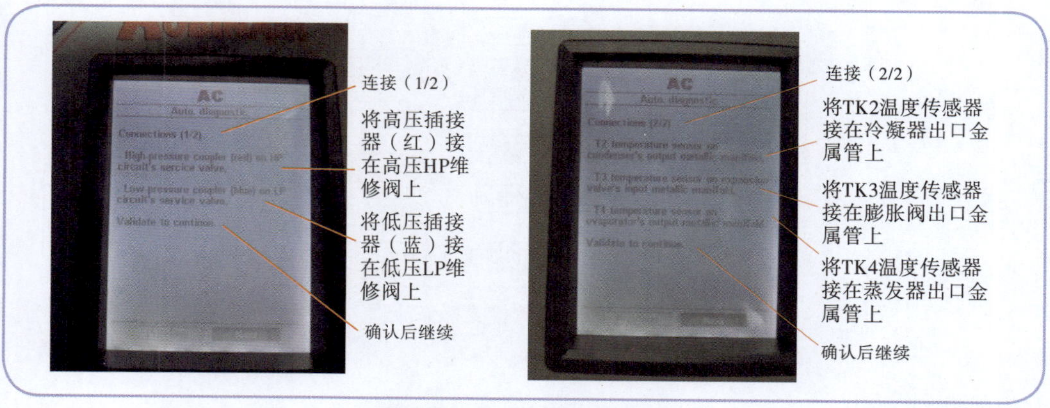

图 5-44 设置测试条件说明

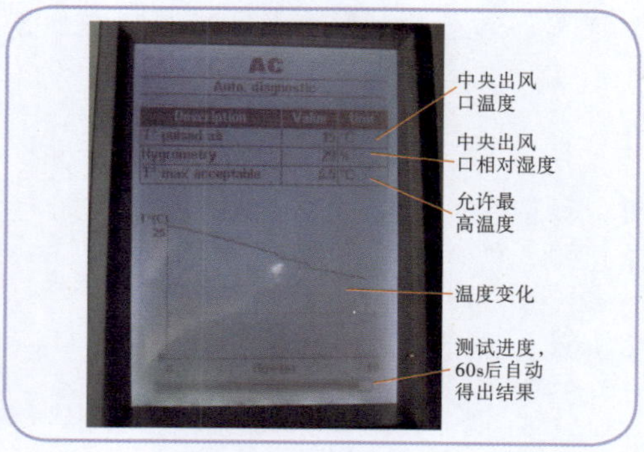

图 5-45 读取诊断数据

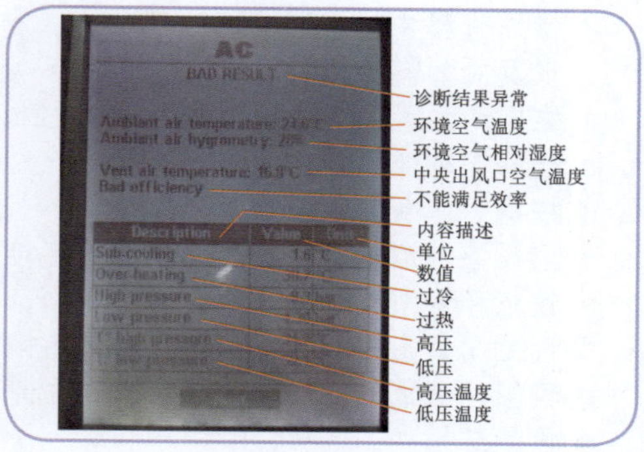

图 5-46 诊断结果

③测量模式。

测量模式可启用某些物理值的图形或数字显示功能，例如：

● 车辆空调电路的高压和低压值。

● 周围空气或系统排出空气的温度和湿度值。

● 在管道内流动的、与热电偶夹子 TK1~TK4 接触的制冷剂温度。

在测量模式下，有三种显示模式可供选择。

a. 显示器模式。显示器模式在大的数字显示框内显示全部可用数据。在空调诊断菜单中，使用光标选择测量模式项目，按确认键，进入显示器模式页面，如图 5-47 所示。

b. 图形模式。图形模式以表格的形式列出所有可用的信号，并追踪选定的信号，如图 5-48 所示。

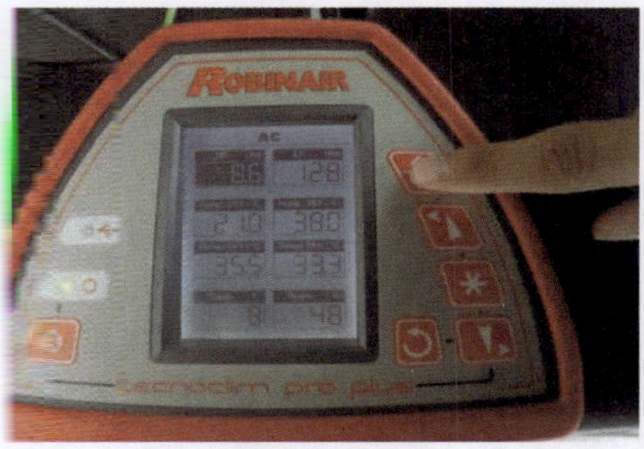

图 5-47　显示器模式

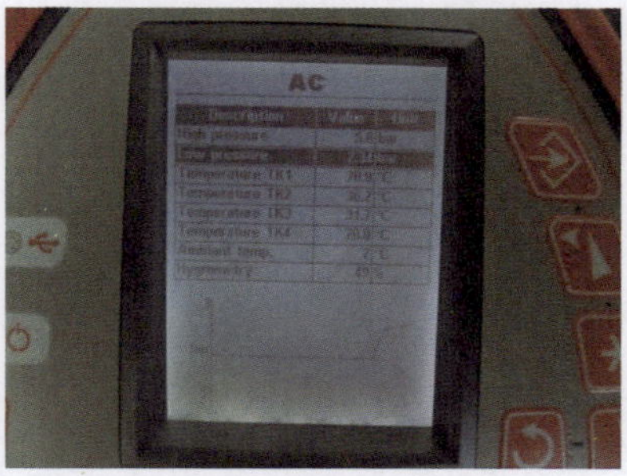

图 5-48　图形模式

c. 细节模式。这种显示模式可用以下方式显示选定值的详细信息。

——快速数字值。

——最大值、平均值和最小值。

——可视化的变化值（追踪功能）。

使用光标键，选择某一项，按确认键，进行细节模式显示，如图 5-49 所示。

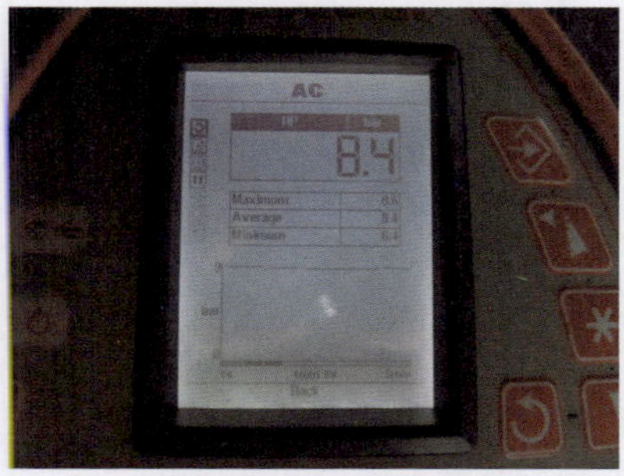

图 5-49　细节模式

④控制模式。

a. 说明。控制模式使用户能够执行测试序列，作为对意义明确的需要的回应，如图 5-50 所示。

b. 效率测试。通过测量出风口空气并根据测定的初始条件，确定空调系统的效率。初始条件是周围空气的温度和湿度等。

理论最高温度随初始条件（周围空气的温度和湿度）的变化而变化，将以图形形式显示，分为三个区域，如图 5-51 所示。

c. 负载测试。

从屏幕上得到 3 个物理值，如图 5-52 所示。

· 用“巴”（bar）表示的高压值（$1bar=10^5Pa$）。

· 用“摄氏温度”表示的高压液体的温度值。

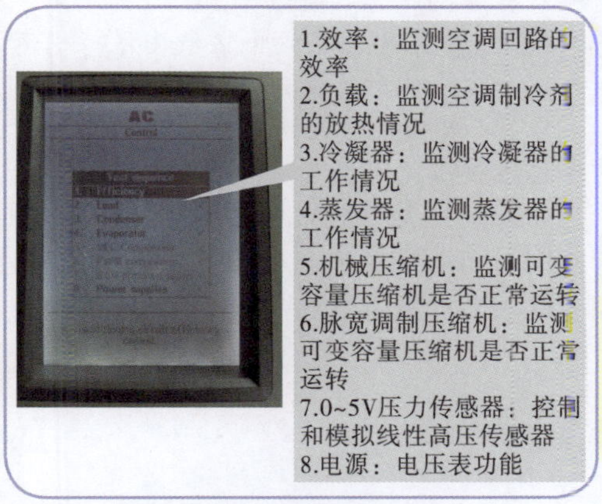

图 5-50　控制模式菜单

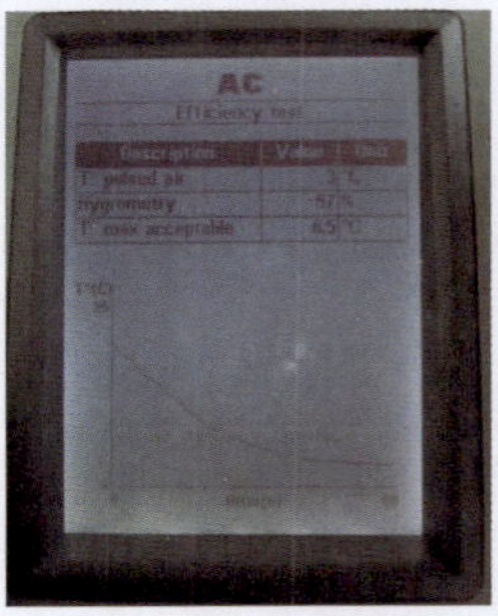

A区：出风温度不正常

B区：出风温度符合要求

C区：出风温度正确（低于理论极限）

图 5-51　效率测试

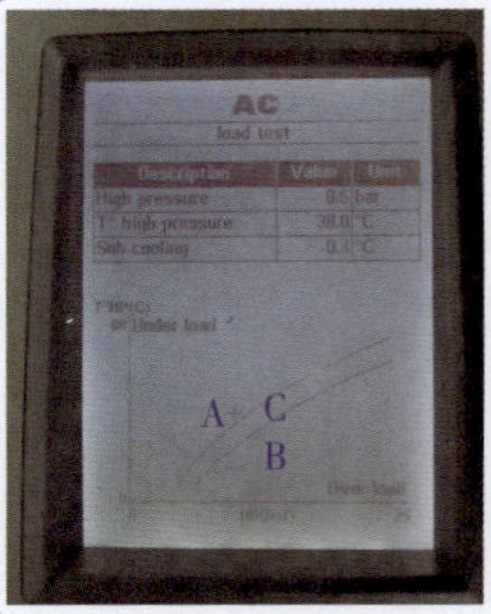

A区：光标在这个区域内保持稳定，表示被测管路中的制冷剂放热不足

B区：光标在这个区域内保持稳定，表示被测管路中的制冷剂放热过量

C区：光标在这个区域内保持稳定，表示被测管路中的制冷剂放热正确

图 5-52　负载测试

·用“摄氏温度”表示的过冷值。

d. 冷凝器测试。

如图 5-53 所示，从屏幕上得到下列数值。

·高压值。

·制冷剂流入冷凝器时的温度值。

·制冷剂流出冷凝器时的温度值。

·过冷值。

e. 蒸发器测试。

如图 5-54 所示，从屏幕上获得下列数值。

·低压值。

·制冷剂离开蒸发器时的温度值。

·过热值。

f. 机械压缩机测试。

如图 5-55 所示，从屏幕上获得两个物理值。

·用“巴”表示的高压值。

·用“巴”表示的低压值。

另外，屏幕以图形显示压缩机的运行状态。光标的移动会划分出不同区域。

A 区：如果光标在这个区域内保持稳定，则表示压缩机此时容量最小。

B 区：如果光标在这个区域内保持稳定，则表示压缩机此时容量最大。

C 区：如果光标在这个区域内保持稳定，则表示压缩机此时处于调整阶段。

如果光标在这些区域之一保持稳定，则表示压缩机出现故障。

g. 脉宽调制压缩机测试。

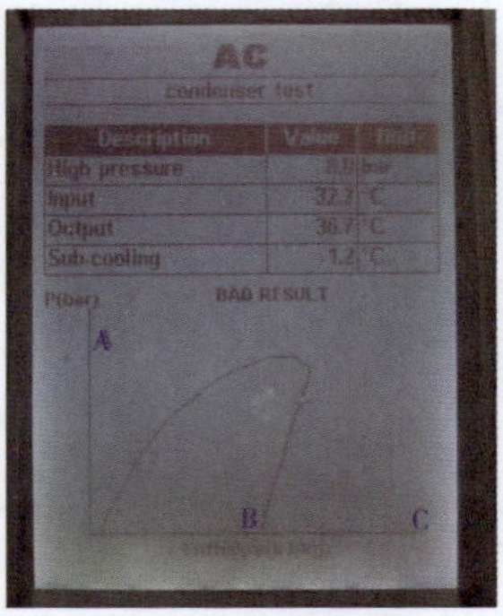

A区：制冷剂以液态离开冷凝器——正确

B区：制冷剂以饱和状态离开冷凝器—不正确

C区：制冷剂以气态离开冷凝器—不正确

图 5-53　冷凝器测试

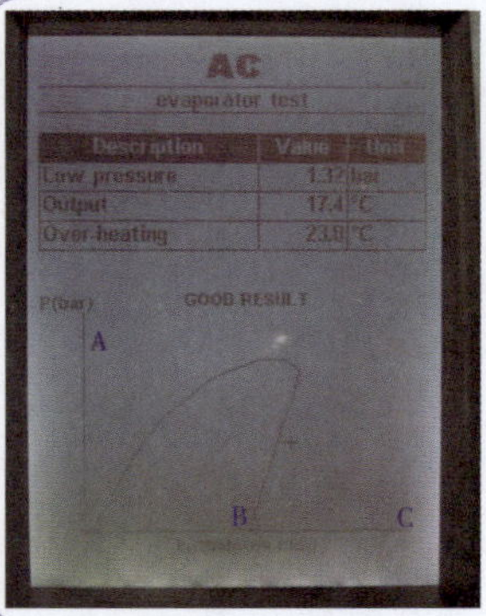

A区：制冷剂以液态离开蒸发器—不正确

B区：制冷剂以饱和状态离开蒸发器—不正确

C区：制冷剂以气态离开蒸发器—正确

图 5-54　蒸发器测试

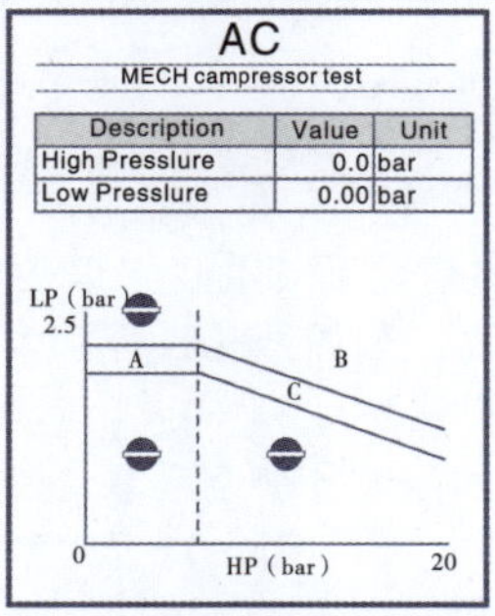

图 5-55　机械压缩机测试

四、制冷剂回收加注机

AC350C 空调加注机（图 5–56）能够完成车辆空调制冷剂的回收、再生、充注和检漏操作，具有强大的功能。该机器有一个强大的数据库，覆盖了市场上绝大多数车型的所有服务信息。AC350C 空调加注机可进行 R134a 或 R12 制冷剂的回收、再生和充注，一旦选用了 R134a 或者 R12，系统就只能使用这一种制冷剂。AC350C 空调加注机的操作面板，如图 5–57 所示。

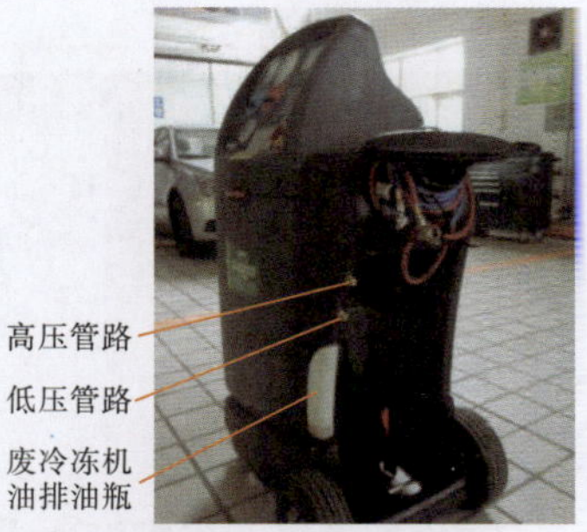

图 5–56　AC350C 空调加注机

AC350C 空调加注机采用半自动控制系统，该设备操作流程如图 5–58 所示。

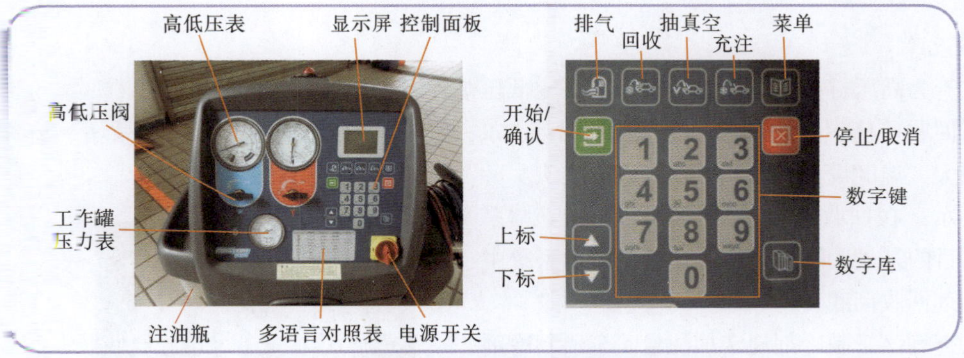

图 5–57　AC350C 空调加注机的操作面板

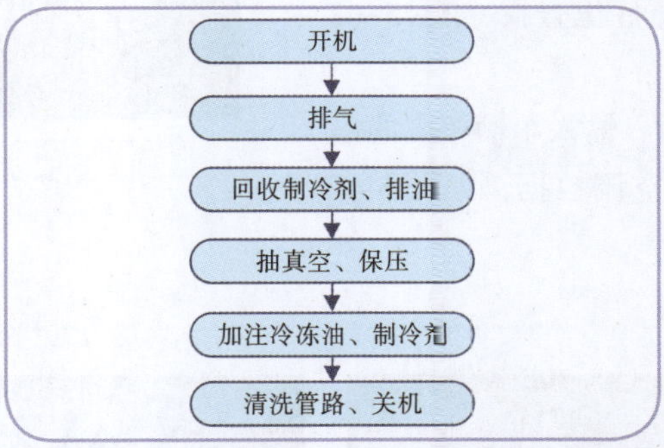

图 5–58　AC350C 空调加注机的操作流程

1. 制冷剂回收前的准备工作

具体操作如下：

①连接好 AC350C 的电源并打开电源开关，如图 5–59 所示。

图 5–59　连接电源并打开电源开关

②开机后显示屏上会显示工作罐中制冷剂的质量，如图 5–60 所示。

提示：工作罐内制冷剂的质量不能超过罐体标称质量

的 80%。AC350C 工作罐的制冷剂总存储量为 10kg。记录此时工作罐中制冷剂净重。

③分别将高低压管接头顺时针连接在空调加注机接口上，如图 5-61 所示。

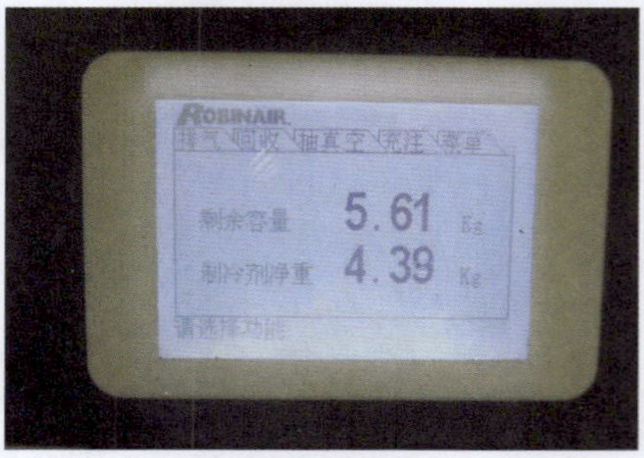

图 5-60　开机后屏幕显示制冷剂质量

图 5-61　连接空调加注机高低压管接头

◆注意：

红管为高压，蓝管为低压。高压接头比低压接头短。

④回收前使汽车空调制冷系统运行 3~5min，并将空调控制面板设置为外循环，鼓风机风速调至最大，温度设为最低，风向设置为吹头。

提示：在回收制冷剂之前运行汽车空调系统，其目的是最大限度地将汽车空调制冷系统中的制冷剂回收彻底。

⑤查询该车制冷剂规定加注量。车辆制冷剂的规定加注量可从维修手册或汽车空调铭牌上获取，也可以在 AC350C 数据库里查找，如图 5-62 所示。

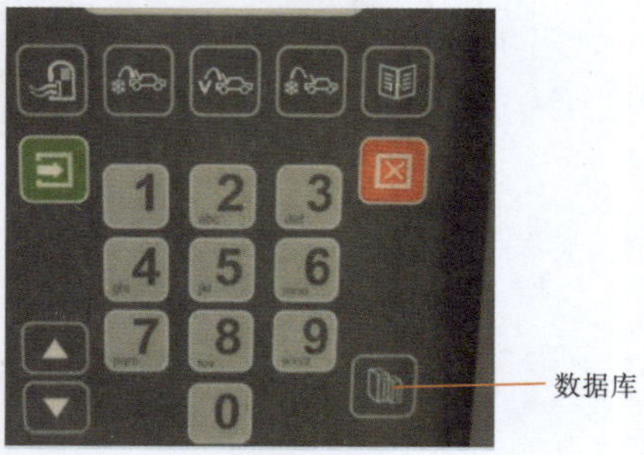

图 5-62　AC350C 操作面板

进入 AC350C 数据库后，输入车辆相应的信息，显示屏上会显示车辆空调数据，如图 5-63 所示。

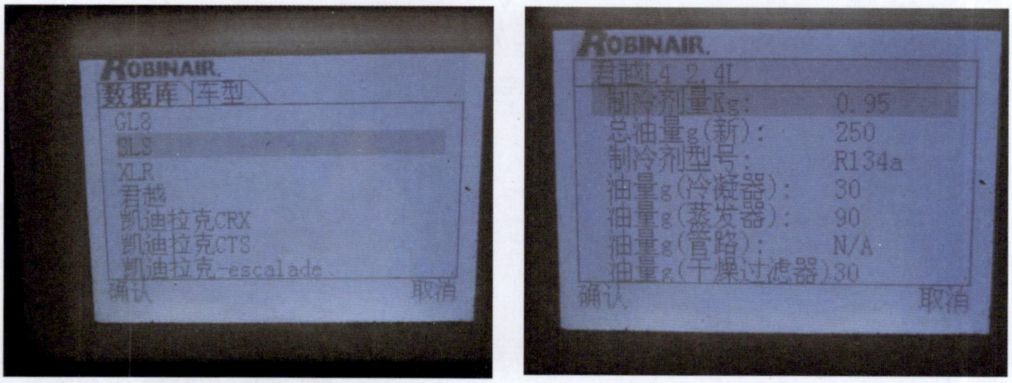

图 5-63　数据库中的车辆空调数据（AC350C）

2. 排气

此步骤是对空调加注机自身进行排气、清理，应在 30s 内完成。排气操作如图 5-64 所示。

①按下排气键，设备进行排气，2s 后完成。

②按下确认键。

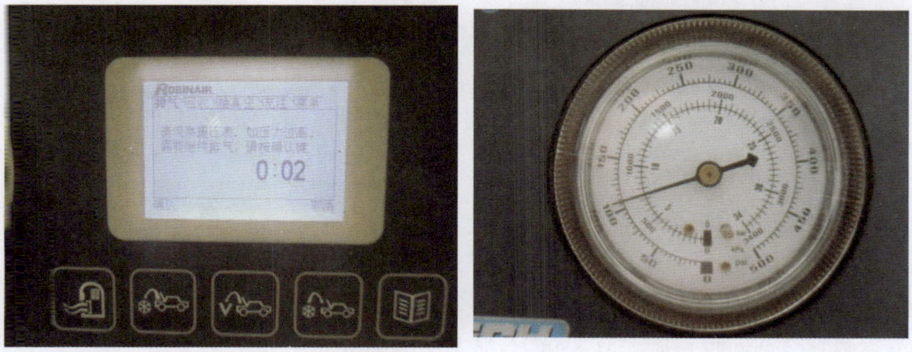

图 5-64　排气操作

3. 空调制冷剂回收操作

①按下 AC350C 操作面板上的制冷剂回收键，屏幕显示制冷剂回收界面，通过操作面板上的数字键输入最大回收量，如图 5-65 所示。

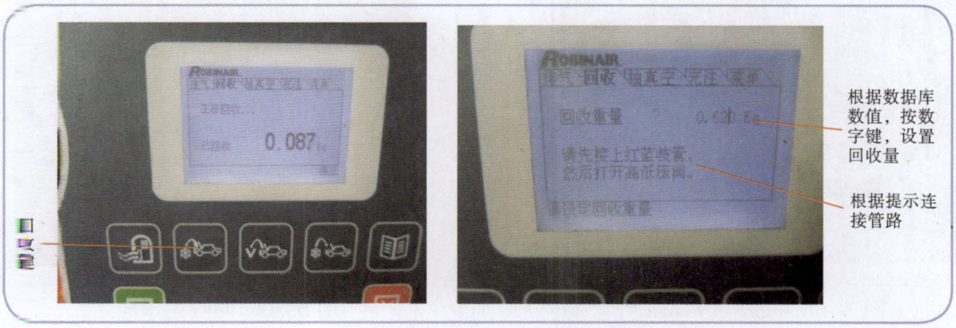

图 5-65　AC350C 制冷剂回收界面

②按菜单要求，进行管路连接，将高低压快速接头正确连接至制冷系统的检测接口，如图 5-66 所示。

◆ 注意：

顺时针拧开高低压开关时，速度应慢一些，防止冷冻机油被制冷剂带出系统。

③打开 AC350C 高低压阀门。

④按下 AC350C 操作面板上的开始 / 确认键后，空调加注机自动进行回收管路清洁。

⑤管路清洁完毕后自动进入制冷剂正在回收界面，同时屏幕上显示回收量，如图 5-67 所示。

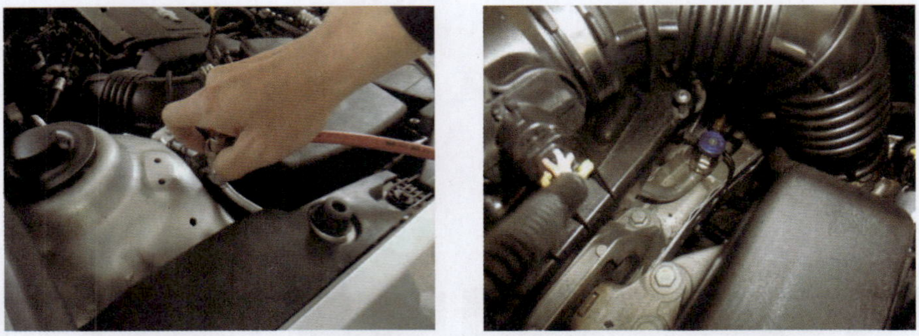

图 5-66 将接头连接到汽车空调系统中

◆**注意：**

在回收过程中，应不断地观察压力表指针（图 5-68），当压力变为负值时，压缩机在抽真空。应及时按取消键，停止回收，防止损坏回收机的压缩机。

⑥汽车空调制冷剂回收完后，AC350C 会显示制冷剂回收量及提示排出废冷冻机油的操作，如图 5-69 所示。

提示：在排出废冷冻机油前要记录废油瓶的液面刻度，如图 5-70 所示。

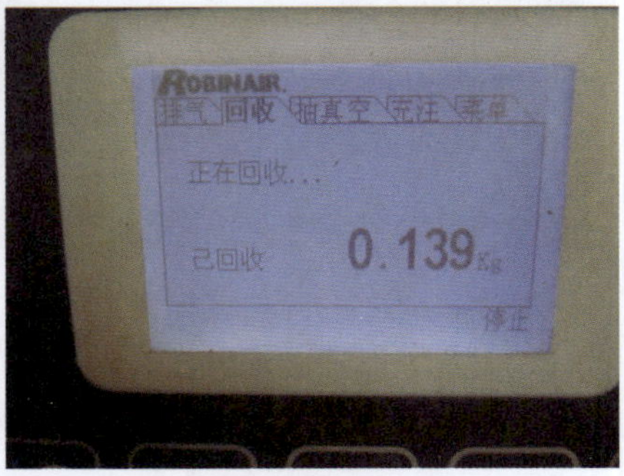

图 5-67 制冷剂正在回收界面

图 5-68 观察压力表指针

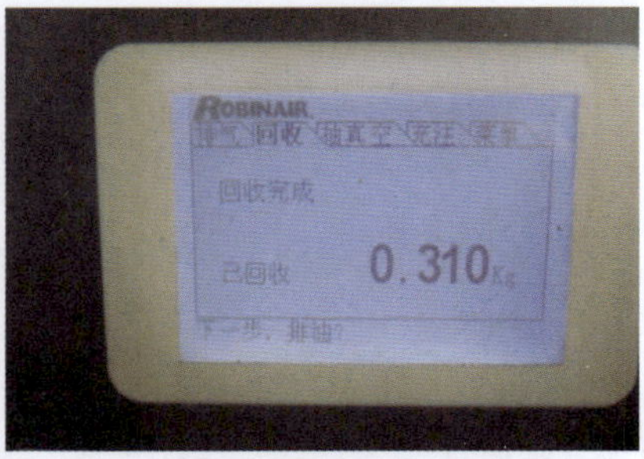

图 5-69 回收完毕界面

⑦按下操作面板上的开始 / 确认键后，空调加注机自动排出废冷冻机油，排完废冷冻机油后自动进入抽真空提示界面，如图 5-71 所示。

⑧关闭 AC350C 高低压阀门。

提示：等待一段时间，废油瓶内无气泡后，查看废油液面并记录，计算出排出的冷冻机油量（废油量），冷冻机油回收量为回收后的液面减去回收前的液面。按 AC350C 操作面板上

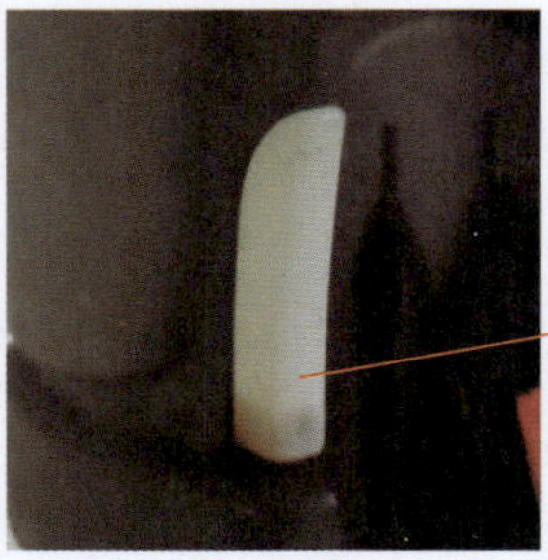

图 5-70 记录液面刻度

的退出键，直到屏幕上显示开机时的界面，记录此时工作罐回收制冷剂后的制冷剂净重，那么实际制冷剂回收量为工作罐回收制冷剂后的制冷剂净重减去工作罐回收制冷剂前的制冷剂净重。将数据记录在表 5-2 中。

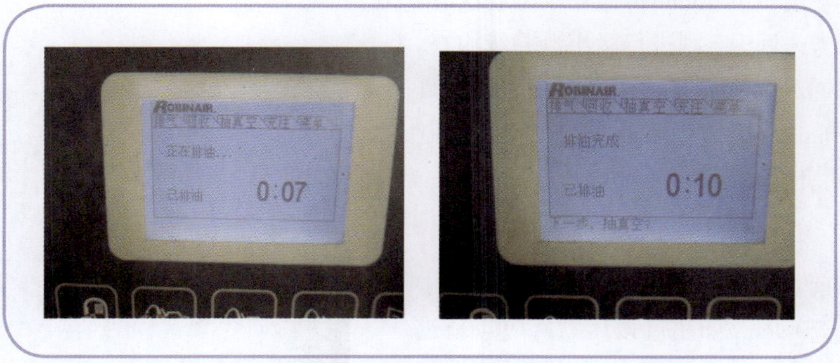

图 5-71　抽真空提示界面

表 5-2　数据记录表

名称		数值	回收量
制冷剂	回收前的罐重		
	回收后的罐重		
冷冻机油	回收前的液面		
	回收后的液面		

4. 汽车空调制冷剂的净化作业

①检测已回收到储罐中的制冷剂纯度。

提示　纯度低于 96% 进行净化作业。高于 96%，不执行净化作业。

②用 AC350C 进行制冷剂自循环来净化回收的制冷剂，直到纯度达到 96% 以上。

提示：如果一次制冷剂自循环没有达到 96% 以上的纯度，可以多进行几次制冷剂自循环操作。

5. 汽车空调制冷剂加注操作

(1) 真空检漏

①按抽真空键，仪器进行抽真空，如图 5-72 所示。

②按数字键，设定抽真空时间，如图 5-73 所示。按确认键进行抽真空。

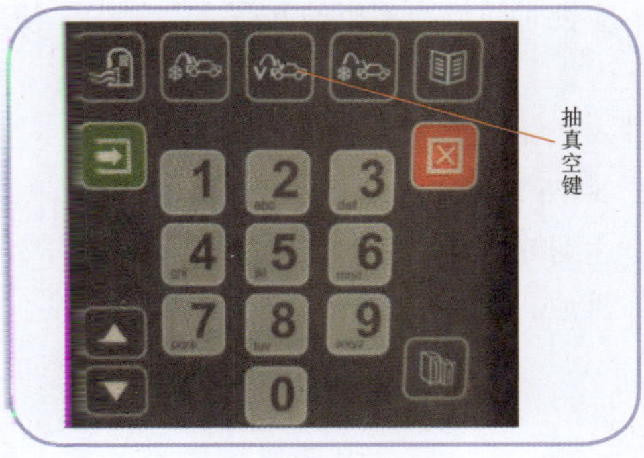

图 5-72　抽真空键

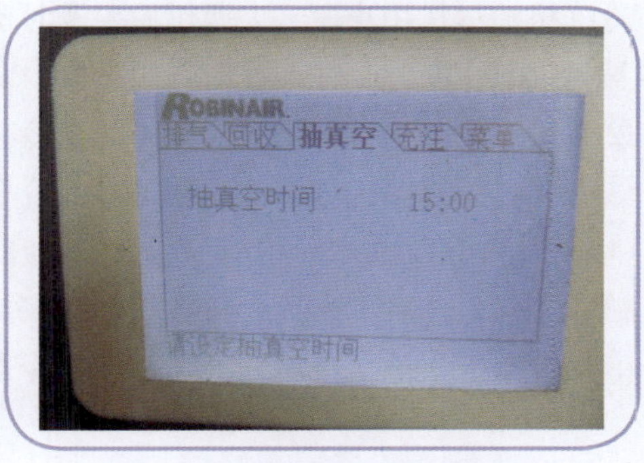

图 5-73　抽真空时间设定界面

③打开 AC350C 高低压阀门。

④抽真空至系统真空度低于 -90kPa，关闭高低压阀门。按取消键，停止抽真空。

提示：

①保持真空度至少 15min，检查压力表示值变化。

②如果压力未回升，则进行微小泄漏量检查。

③如压力回升，则继续抽真空。如累计抽真空时间超过 30min，压力仍回升，则可以判定制冷装置有泄漏，应检修制冷装置。

2）汽车空调系统抽真空

①抽真空前，检查压力表示值，制冷装置中的压力应低于 70kPa。如超过该压力，应重新进行回收操作，直到压力达到要求，以保护仪器中的真空泵，不使其因压差太大而损坏。

②按抽真空键。

③在达到要求的真空度时，应继续抽真空，持续时间应不少于 15min，以充分排除制冷装置中的水分。按数字键设定抽真空时间，如图 5–74 所示。按下 AC350C 控制面板上的高低压阀门确认键。

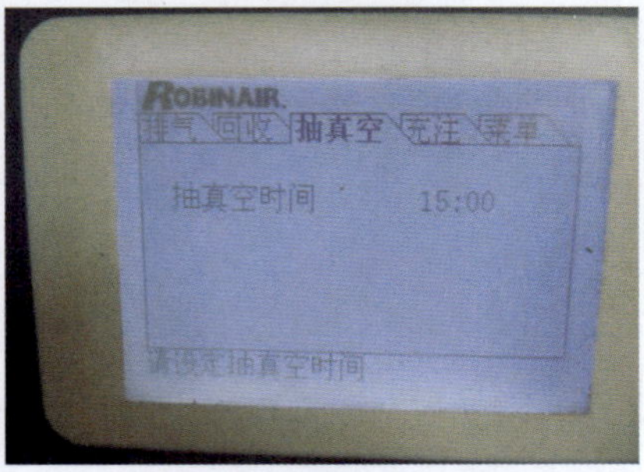

图 5–74　设定抽真空时间

④抽真空时间到后，仪器自动停止真空泵工作，并出现保压提示，如图 5–75 所示。

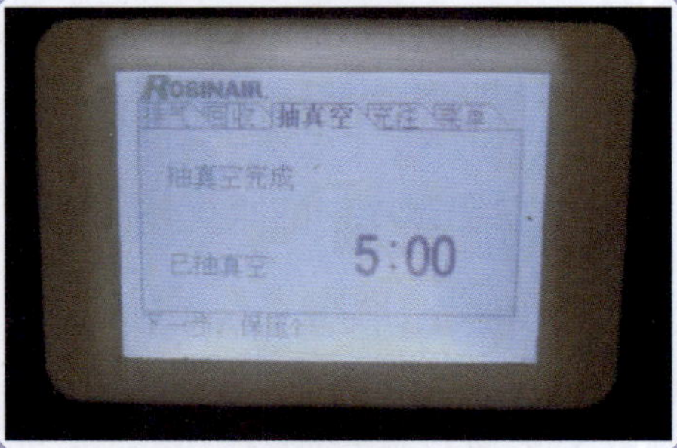

图 5–75　提示保压

提示：因前面已对汽车空调系统进行了真空检漏，在确保不漏的情况下才进行抽真空，所以操作到这步后，直接按控制面板上的退出键跳过保压，进入冷冻机油界面。

3）给空调制冷系统补充冷冻机油

①从 AC350C 上拆下注油瓶，将适量的冷冻机油加入注油瓶内，加完冷冻机油后将注油瓶装复。

◆注意：

冷冻机油尽量用小瓶，大瓶用后要及时密闭，不应长时间将冷冻机油暴露在空气中，使冷冻机油被空气氧化。装复注油瓶时必须拧紧，防止空气进入。

②采用单管加注，关闭低压阀（防止冷冻机油进入压缩机），打开高压阀。

③根据界面提示，查看注油瓶的液面位置，如图 5–76 所示。

④在加注过程中，必须一直观察注油瓶的液面，达到补充量后及时按确认键暂停加注冷冻机油，确认加注量达到要求后，按取消键结束加注冷冻机油。

⑤加注冷冻机油结束后，准备充注制冷剂。

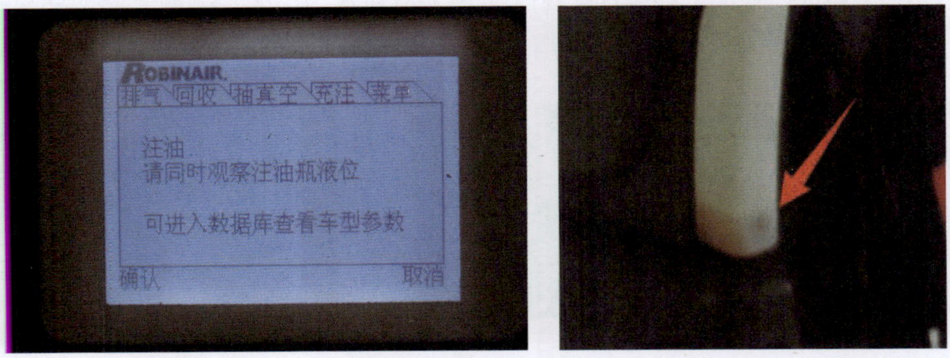

图 5-76　根据界面提示查看液面高度

（二）汽车空调制冷系统制冷剂加注

①查阅车辆使用手册，确认制冷装置中制冷剂的类型及加注量。也可以通过 AC350C 的数据库查阅车辆制冷剂的类型及加注量，如图 5-77 所示。

②检查工作罐中的制冷剂质量，当质量不足 3kg 时，应予以补充。工作罐内制冷剂达到加注量的 3 倍，即可满足加注要求。

③进入制冷剂加注界面，并通过数字键输入要加注的制冷剂质量，如图 5-78 所示。

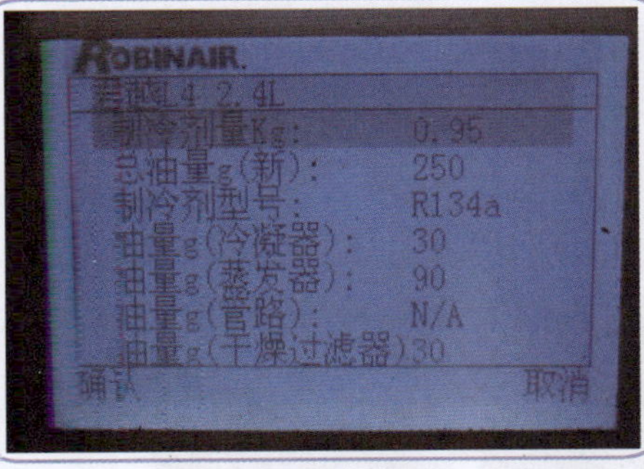

图 5-77　AC350C 数据库中的制冷剂参数

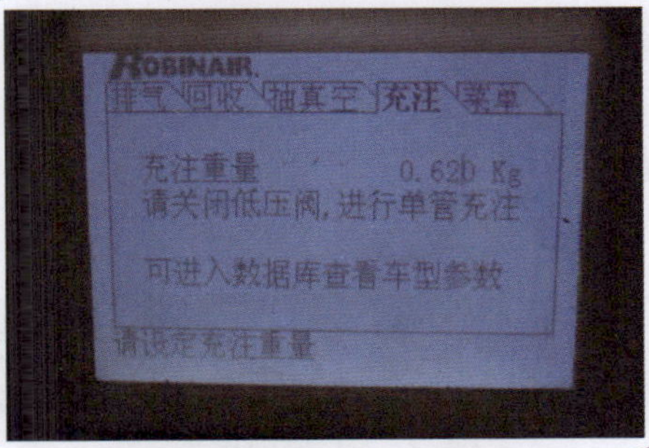

图 5-78　制冷剂加注界面

注意：

因 AC350C 采用单管加注，加注完成后，加注机的高压管路中会残留一定量的制冷剂（残留量大约为 45g），所以在加注机上实际设置的加注量应为标准加注量加上 45g。

④根据界面要求，采用单管加注，关闭压力阀（防止液态制冷剂进入压缩机），逆时针旋转低压快速接头（防止加注的制冷剂从低压检测口出来），打开高压阀（图 5-79），并按下 AC350C 控制面板上的确认键。

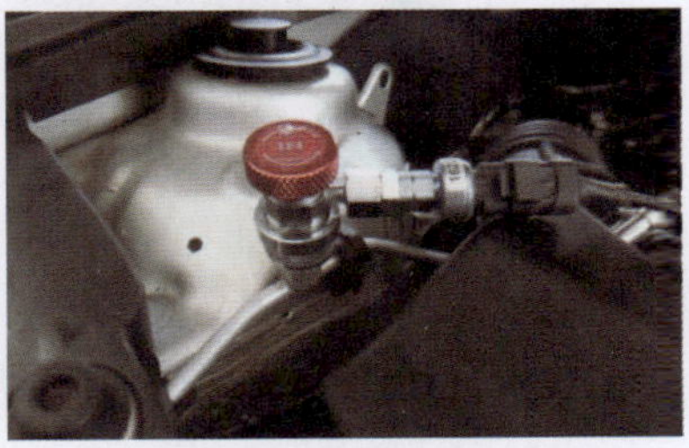

图 5-79　高压阀

⑤加注结束，根据界面提示，逆时针旋转高压快速接头，将加注管与制冷系统断开，准备对管路进行清理，如图 5-80 所示。

⑥仪器对管路进行清理后，按确认键退出，如图5-81所示。关闭阀门并取下高、低压快速接头。

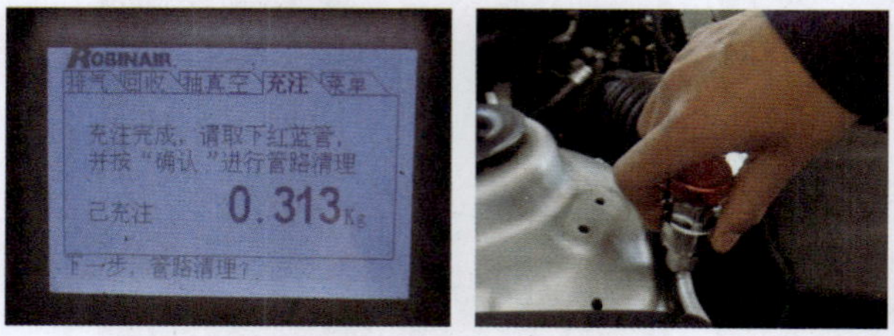

图 5-80　根据界面提示进行操作

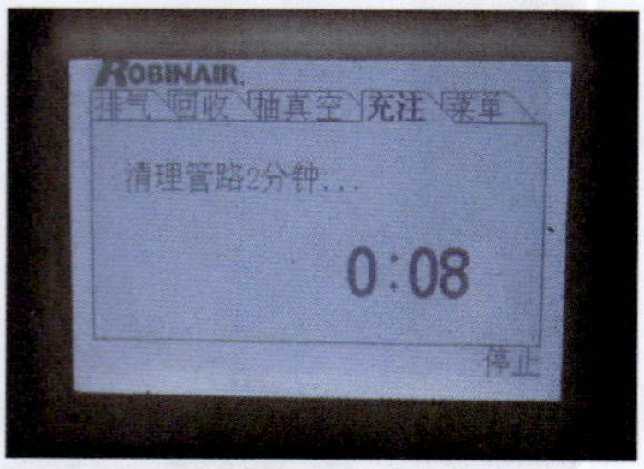

图 5-81　清理管路

五、汽车空调制冷性能检测

①将车停放在阴凉处，打开车窗、车门、发动机盖和所有空调出风口，并做好车辆的防护工作。

②起动发动机，转速稳定在1500~2000r/min。将空调控制面板设置为外循环，鼓风机风速调至最大，温度设为最低，风向设置为吹头。

◆注意：

不能在刚加注制冷剂2min内开启空调，以防液击。

③将压力表组连接到汽车空调制冷系统的高、低压加注口上，并用干湿温度计在1.5m外测环境温度及相对湿度，如图5-82所示。

图 5-82　测量空调系统压力和环境温度、相对湿度

④查看空调压力表组指示的压力，待压力稳定后，记录高、低压力值和环境温度及相对湿度，在图5-83中描绘相关点。

⑤使用带热电偶的温度计，将热电偶插入汽车空调中央出风口内5cm处测量出风口温度。

⑥当温度计数值稳定后，记录汽车空调中央出风口的温度，并根据环境温度，在图5-84中描绘相关点。

⑦如果根据检测的参数在两个性能图上描绘的交点在阴影范围内，则说明汽车空调制冷剂性

能合格。反之则不合格，如图 5-85 所示。

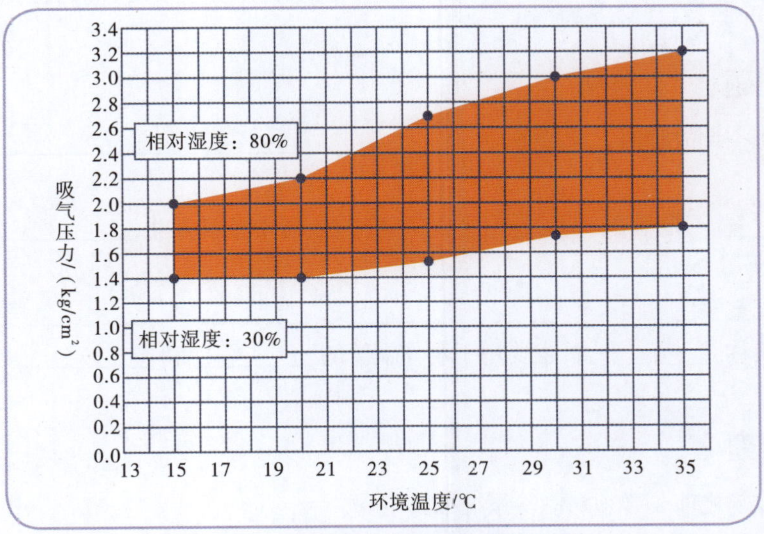

图 5-83　吸气压力与环境温度的关系

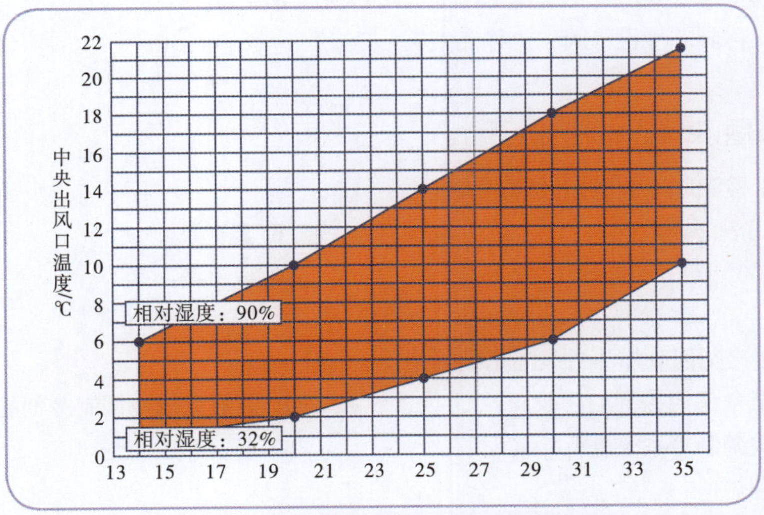

图 5-84　中央出风口温度与环境温度的关系

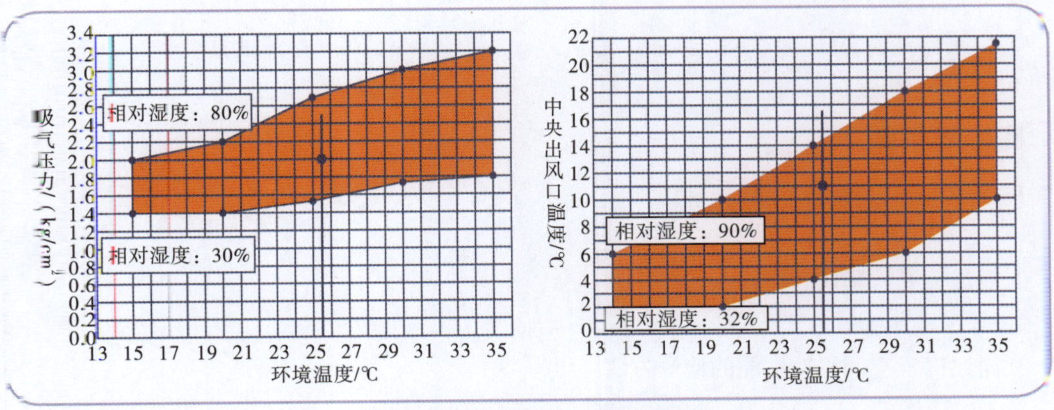

图 5-85　描绘的交点在阴影范围内

任务练习

一、填空题

1. 检修汽车空调故障时，须配备__________、____________、____________、____________等专用工具。

2. ____________是根据__________在一定的电场中极易发生____________而产生电流的原理制成的。

3. 刮片式真空泵主要由__________、__________、__________和__________等组成。

4. 扩管器又称__________，主要用于制作铜管的__________和__________。

二、判断题

1. 充注制冷剂之前，必须对制冷系统抽真空。（　　）
2. 电子检漏仪检测灵敏度高，并且使用方便、安全。（　　）
3. 刮片式真空泵主要由定子、转子、排气阀和刮片等组成。（　　）
4. 气门阀又称阀芯型检修阀，也称充气阀。（　　）

三、选择题

1. 下列用于检测制冷剂泄漏故障点的是（　　）。

A. 歧管压力表　　B. 真空泵
C. 检漏仪　　D. 以上都不是

2. 下列对制冷剂回收加注机表述正确的是（　　）。

A. 能够完成空调制冷剂的回收　　B. 能够完成空调制冷剂的充注
C. 能够对空调制冷系统进行检漏　　D. 以上都正确

3. 下列对歧管压力表描述错误的是（　　）。

A. 先低后高放排空　　B. 双阀关闭测压力
C. 单阀打开做充注　　D. 双阀打开抽真空

四、问答题

1. 简述电子检漏仪的工作原理。

2. 简述荧光检漏仪的操作步骤。

3. 简述汽车空调制冷性能的检测方法。

任务二 汽车空调系统故障诊断

任务目标

完成本学习任务后，学生在基础知识和基本技能方面应达到以下要求。

● 知识目标

（1）掌握汽车空调系统故障的诊断方法。

（2）掌握压力表的检修方法。

● 能力目标

能够独立分析空调系统故障原因并排除故障。

任务引入

汽车空调与家用建筑空调不同，经常承受振动、风吹、灰尘、长期连续运转等严酷工作条件，故其易发生故障。在处理故障时，不能盲目行事，否则，不仅处理不了故障，反而会损坏空调系统，增加新的故障。下面进入汽车空调系统故障诊断的学习。

相关知识

一、汽车空调故障诊断方法

汽车空调故障诊断是通过看、测（利用压力表、温度计、万用表、检测仪检测有关参数）等手段来进行的。同时，还应仔细向驾驶员询问故障情况，判断是操作不当，还是设备本身造成的故障。若属前者，则应向驾驶员详细介绍正确的操作方法；若属后者，就应进行综合分析，找出故障所在，查出故障原因，然后进行修理。

1. 问

“问”主要是维修人员向车主咨询使用时发现的异常现象，向车主了解故障发生时间、在哪里维修过、维修过什么项目。对于维修人员来说，这样做可避免在维修时走弯路，对维修时判断故障的原因及部位具有非常重要的参考价值。

2. 闻

“闻”是维修人员凭嗅觉快速判断空调系统电控元件是否短路烧蚀，如压缩机继电器、放大器、控制面板、鼓风机电机等。

3. 听

①起动发动机，转速稳定在 1500r/min 左右，接通 A/C 开关，听压缩机工作时是否有异响。如果听到“吱吱”的尖叫声，则是皮带过松或磨损，应调整或更换。

②如果听到抖动声，一般是压缩机固定螺栓和托架紧固螺栓松动，应及时紧固。

③用听筒或试棒探听内部是否有敲击声，一般为制冷剂“液击”或奔油（冷冻机油过多）敲缸声，应及时检修。

④停止压缩机工作时，听到压缩机内部有连续撞击声，则表明内部运动部件严重磨损，应更换压缩机总成。

4. 观察

①观察冷凝器的表面是否有碎片、杂物、油泥，必要时应清洗（注意不能用高压水冲洗，以免翅片变形）。

②观察冷凝器翅片有无变形，若有变形，应用尖嘴钳小心拨正。

③观察进风处的空调空气滤网，其过脏时，应清洗或更换。同时，检查蒸发器表面是否有泥土，如果有，要用压缩空气吹净（注意不能用水清洗）。

④观察压缩机高、低压端，低压管上应凝结水珠，但不应出现结霜。检查各接口处是否有油污，特别是压缩机的轴封、前后盖等地方。如有油污，说明制冷系统有泄漏现象，应及时检修。

⑤观察干燥瓶的视液镜，正常情况下视液镜中大体透明，否则应检修制冷系统。

5. 触摸

①当压缩机工作时，用手触摸压缩机的低、高压管路，两者应有一定的温度差。通常低压端感觉冰凉，而高压端感觉微烫。

②用手触摸干燥瓶，压缩机工作时，正常情况下干燥瓶应是热的，如果表面出现水珠，说明干燥瓶破碎阻碍制冷剂流通。若进口是热的，出口是冷的，说明内部堵塞，应更换。

③用手触摸膨胀阀进、出口处，进口处应是热的，出口处应是冰凉的，有水珠。若发现膨胀阀出口处有霜冻现象，则说明膨胀阀阀口堵塞，应清洗或更换。

二、手动空调故障诊断

1. 制冷系统

制冷系统的故障现象及其诊断见表5-3。

表5-3 制冷系统的故障现象及其诊断

故障现象		故障诊断
不能制冷	风量正常，压缩机不工作	①电磁离合器故障 ②压缩机皮带断裂或太松 ③压缩机故障
	风量正常，压缩机工作	①膨胀阀冰堵或脏堵 ②蒸发器泄漏 ③压缩机吸、排气阀损坏 ④制冷剂软管破损或松动 ⑤压缩机轴封损坏 ⑥储液器内过滤器堵塞
	鼓风机无风量	①熔丝烧断 ②鼓风机电机损坏 ③鼓风机开关损坏 ④配线松脱或断路 ⑤鼓风机变阻器损坏
只有低速时有冷气		①冷凝器堵塞 ②压缩机皮带或离合器打滑 ③压缩机内部零件磨损过量
只有高速时有冷气		①蒸发器堵塞 ②蒸发器有大量结霜 ③风道堵塞 ④蒸发器壳体漏气 ⑤鼓风机工作不正常 ⑥鼓风机电阻损坏
断断续续有冷气		①电磁离合器打滑 ②膨胀阀有冰堵或脏物堵塞 ③电路接线不良

表 5-3 制冷系统的故障现象及其诊断 续表

故障现象		故障诊断
冷凝器排风扇和蒸发器送风扇不运转	熔丝烧断	①风扇扇叶脱落或损坏 ②空气过滤网或空气进口堵死
	熔丝良好	①电路接头不良 ②电机故障
冷凝器排风扇和蒸发器送风扇运转	无风	①风扇扇叶脱落或损坏 ②空气过滤网或空气进口堵死
	风量不足	①空气过滤网堵塞 ②蒸发器结霜
压力异常	高压侧压力过高	①制冷剂太多 ②制冷系统中有空气 ③高压液管堵塞 ④膨胀阀开度过大 ⑤冷凝器堵塞 ⑥制冷剂不足
	高压侧压力过低	①系统中有脏物 ②集储器 / 干燥器堵塞 ③膨胀阀有故障 ④压缩机有故障
	低压侧压力过高	①制冷剂太多 ②制冷系统中有空气 ③膨胀阀开度太大 ④感温包松脱 ⑤压缩机有故障
	低压侧压力过低	①制冷剂不足 ②系统中有水分 ③系统中有脏物 ④膨胀阀冰堵 ⑤压缩机有故障
冷气系统噪声大	系统外部噪声	①皮带过松或过度磨损 ②压缩机安装支架松动 ③压缩机内部零件损坏 ④离合器打滑 ⑤鼓风机轴承缺油
	系统内部噪声	①鼓风机叶片断裂或与其他部件相碰 ②冷冻油太少或无油 ③制冷剂过多，工作时有噪声 ④制冷剂过少，膨胀阀发出噪声 ⑤系统内有水汽，导致膨胀阀发出噪声 ⑥高压侧压力过高，引起压缩机振动
蒸发器吹出的冷气不够冷		①制冷剂不符合要求 ②系统中有水分或空气 ③膨胀阀开度过大 ④膨胀阀冰堵 ⑤系统中有脏物 ⑥感温包未包扎好 ⑦集储器 / 干燥器堵塞 ⑧集储器 / 干燥器易熔塞熔化 ⑨系统压力不正常 ⑩压缩机皮带有故障 ⑪ 热敏电阻有故障

表 5-3　制冷系统的故障现象及其诊断　　续表

故障现象		故障诊断
冷凝器风扇不转动	熔丝烧断	①电路短路 ②短时过热
	熔丝良好	①电路接头不良 ②鼓风机电机故障 ③鼓风机叶片脱落或变形
压缩机不能起动	电路系统	①空调开关工作不正常 ②电路连接不良 ③熔丝熔断 ④地线接触不良
	制冷系统	①制冷剂量不符合要求 ②热敏电阻损坏 ③系统压力太高 ④系统内有空气
	电磁离合器	①离合器接触面有污物 ②离合器间隙过大 ③离合器线路接触不良 ④离合器线圈电压不符合要求
	压缩机	①压缩机皮带张力不符合要求 ②压缩机轴承烧坏 ③压缩机内部卡死 ④压缩机缺油
压缩机有噪声		①检查压缩机皮带张力是否符合要求 ②检查压缩机支架螺栓是否松动 ③检查制冷系统中是否有空气 ④检查压缩机内部零件是否损坏 ⑤检查压缩机皮带轮、曲轴皮带轮是否在一个平面内运转
无风或风量不足	风机运转正常	①鼓风机吸入口有障碍物 ②风管堵塞或脱开 ③蒸发器结霜
	风机异常（鼓风机本身故障）	①叶片紧固不牢 ②叶片与外壳相碰 ③叶片变形
	风机异常（送风系统零部件故障）	①接线端子脱落 ②鼓风机开关接触不良 ③电压低 ④鼓风机变速故障
风量正常	压缩机压力异常	①压缩机内部异常 ②皮带打滑 ③电磁离合器故障
	压缩机运转异常	
蒸发器不制冷		①检查制冷剂是否符合要求 ②检查蒸发器是否结霜 ③检查膨胀阀是否堵塞 ④检查制冷系统是否堵塞 ⑤检查制冷系统中是否有空气 ⑥检查制冷系统压力是否正常 ⑦检查压缩机皮带是否打滑 ⑧检查电磁离合器工作是否正常

2. 暖风系统

暖风系统的故障现象及其诊断见表 5-4。

表 5-4 暖风系统的故障现象及其诊断

故障现象	故障诊断
不供暖或供暖不足	①空调鼓风机损坏 ②加热器翅片变形 ③通风不畅 ④加热器漏风 ⑤发动机石蜡节温器失效 ⑥鼓风机继电器损坏 ⑦热水阀或真空电机损坏 ⑧混合风门真空电机损坏 ⑨加热器管子积垢堵塞 ⑩热风管道堵塞 ⑪ 冷却液不足 ⑫ 冷却水管受阻 ⑬ 加热器管子内部有空气
冷却液流失	①发动机缸盖松动 ②散热器软管破裂 ③散热器泄漏 ④散热器内部堵塞 ⑤加热器软管破裂 ⑥散热器盖故障 ⑦水泵轴封泄漏 ⑧加热器传热管泄漏 ⑨软管接头松动 ⑩节温器故障 ⑪ 密封垫泄漏
除霜热风不足	①调温风门调节不当 ②鼓风机变阻器损坏 ③发动机节温器损坏
加热器过热	①调温风门调节不当 ②鼓风机变阻器损坏 ③发动机节温器损坏
鼓风机不转	①熔丝熔断或开关接触不良 ②鼓风机变阻器断路 ③鼓风机电机烧坏
发动机过热	①散热器变瘪 ②水泵损坏 ③风扇传动皮带松弛 ④散热器损坏 ⑤发动机正时不当 ⑥温度传感器故障 ⑦风扇叶片弯曲或破损 ⑧水箱外表面积灰 ⑨仪表板水温表故障 ⑩冷却液泄漏

三、自动空调故障诊断

自动空调的复杂之处在于其控制电路，它具有自我诊断系统和失效保护功能。在维修自动空调时，首先要将客户所描述的原始资料登记入册。接着，从自我诊断系统获取第一手资料，如读取故障码，做元件动作测试或读取数值。最后，根据所获得的相关信息（包括故障现象和故障码），一一进行检查和维修。

1. 风量控制故障

风量控制故障及其诊断见表 5-5。

表 5-5　风量控制故障及其诊断

故障现象	故障诊断
无进风控制	①检查进气门位置传感器电路 ②检查微电脑控制器 ③检查进气门伺服电机电路
出风口气流无法控制	①检查功能选择键伺服电机电路 ②检查空调微电脑控制器 ③检查冷气伺服电机控制电路
鼓风机不运行	①检查点火电源电路 ②检查风机电路 ③检查继电器控制电路 ④检查空调控制电源电路 ⑤检查传感器电路 ⑥检查微电脑控制器
风量不足	①检查点火电源电路 ②检查功率晶体管电路 ③检查继电器控制电路 ④检查供暖主继电器电路 ⑤检查鼓风机电机电路 ⑥检查传感器电路 ⑦检查微电脑控制器

2. 温度控制故障

温度控制故障及其诊断见表 5-6。

表 5-6　温度控制故障及其诊断

故障现象	故障诊断
无冷风送出	①制冷剂泄漏 ②检查车内温度传感器电路 ③检查压力开关电路 ④检查点火电源电路 ⑤传动皮带折断或张力不够 ⑥检查环境温度传感器电路 ⑦检查压缩机控制电路

表 5-6 温度控制故障及其诊断 续表

故障现象	故障诊断
无冷风送出	⑧检查空调器控制电源电路 ⑨用压力表检查制冷系统 ⑩检查蒸发器温度传感器电路 ⑪检查压缩机传感器电路 ⑫检查鼓风机电机电路 ⑬检查空气混合伺服电机电路 ⑭检查微电脑控制器 ⑮检查空气混合风门位置传感器电路
无温度控制，只有冷气或暖气	①检查车内温度传感器电路 ②检查空气混合伺服电机电路 ③检查环境温度传感器电路 ④检查微电脑控制器 ⑤检查空气混合风门位置传感器电路
无暖风送出	①检查空调控制电源电路 ②检查空气混合伺服电机电路 ③检查环境温度传感器电路 ④检查冷却液温度传感器电路 ⑤检查车内温度传感器电路 ⑥检查鼓风机电机电路 ⑦检查点火电源电路 ⑧检查微电脑控制器 ⑨检查空气混合风门位置传感器电路 ⑩检查供暖继电器电路

四、使用压力表检修故障

①高压侧与低压侧压力表指示值比正常值低，通过观察窗可见气泡，图 5-86 所示为制冷剂充注不足时的压力表数值。

症状：不制冷或制冷不足。
制冷系统中见到的现象：低压与高压两侧压力低；观察孔可见气泡。
诊断：制冷剂不足。
原因：制冷系统漏气；制冷剂没有定期补足。
措施：用检漏仪检漏，并进行修理；补足制冷剂。

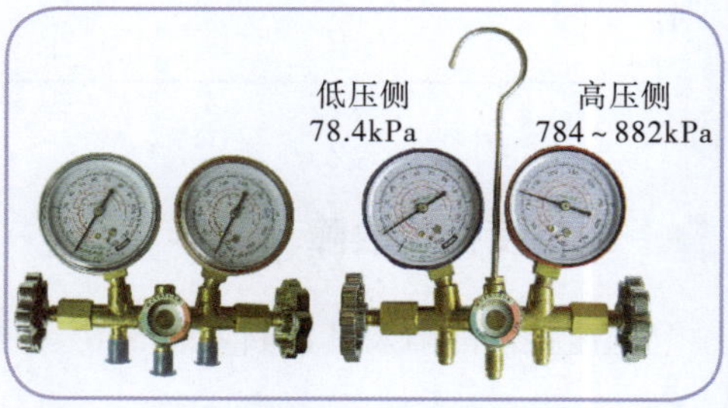

图 5-86 制冷剂充注不足时的压力表数值

②低压侧压力表指示负压，高压侧指示值比正常值低，图 5-87 所示为制冷剂不循环时的压力表数值。

症状：不制冷。
制冷系统中见到的现象：低压侧呈负压，高压侧呈低压或高压；集液器 / 储液干燥器前后管路存在温差，集液器 / 储液干燥器后管路出现冻结；膨胀阀出口管不冷。
诊断：制冷剂不循环。
原因：灰尘或污物阻塞膨胀阀或低压管路；灰尘或污物阻塞储液干燥器或高压管路；由

于膨胀阀感温包漏气，针阀完全关闭。

措施：清除灰尘或污物，清除不掉时，应更换有关部件和集液器/储液干燥器；如感温包漏气，应更换膨胀阀。

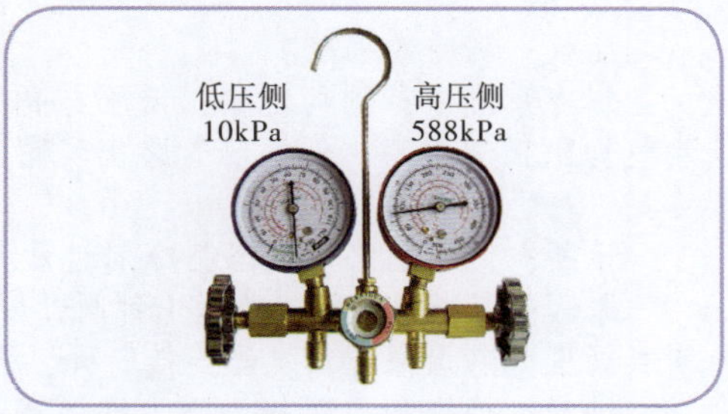

图 5-87　制冷剂不循环时的压力表数值

③在低压与高压两侧，压力表指示值均比标准值高，冷凝器排出侧不热，图 5-88 所示为制冷剂充注过量时的压力表数值。

症状：空调器制冷效果差。

制冷系统中见到的现象：低压侧与高压侧指示值都比正常值高；通常高压侧压力高时，冷凝器温度也高，但冷凝器排出侧不热；即使用水浇冷凝器，通过观察窗也看不到气泡。

诊断：制冷剂过量。

原因：制冷剂充注过量。

措施：排出多余制冷剂，使留下的制冷剂达到标准量。

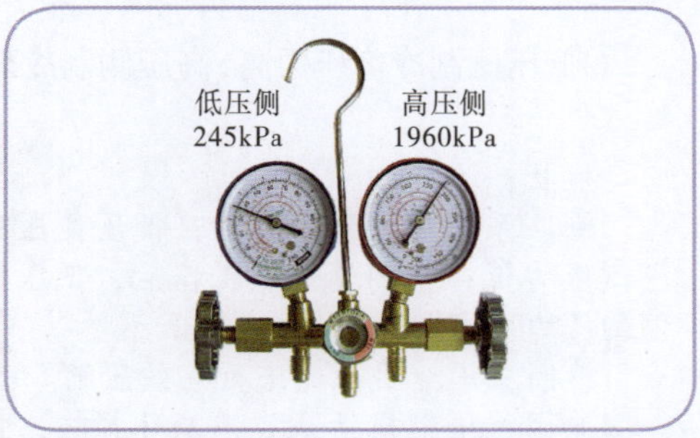

图 5-88　制冷剂充注过量时的压力表数值

④在低压与高压两侧，压力表指示值均比正常值高，但在压缩机停止工作以后，高压侧压力骤降至 196kPa，图 5-89 所示为系统中混入空气时的压力表数值。

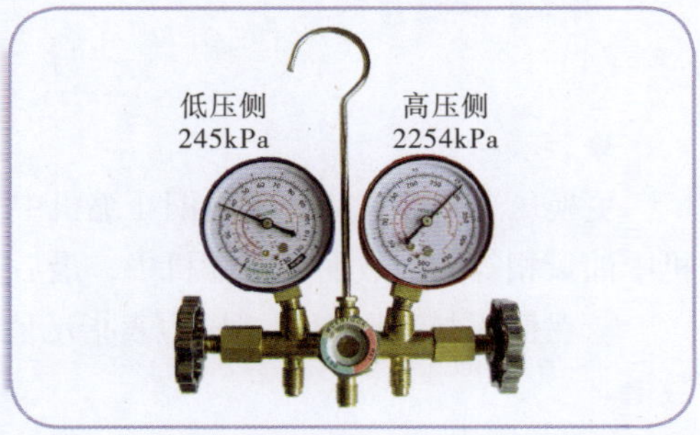

图 5-89　系统中混入空气时的压力表数值

◆注意：

压力表的指示值是在系统维修后，未抽好真空就充注制冷剂的情况下测量的。

症状：制冷效果差。

制冷系统中见到的现象：低压与高压两侧指示值都比标准值高；在空调器停止工作并放置至少 10min 后，低压侧与高压侧之间平衡的压力呈高值；压缩机停机后，高压侧压力很快降至约 196kPa，表针一直在振动；压缩机运行的同时由于高压损失，压力降至约 98kPa，如图 5-90 所示。

诊断：制冷系统中混入空气。

原因：充注时抽真空不够；抽真空后的充气过程中有空气进入制冷系统。

措施：继续抽真空；如抽真空后仍然出现上述症状，应更换集液器/储液干燥器及压缩机润滑油，并清洗制冷系统。

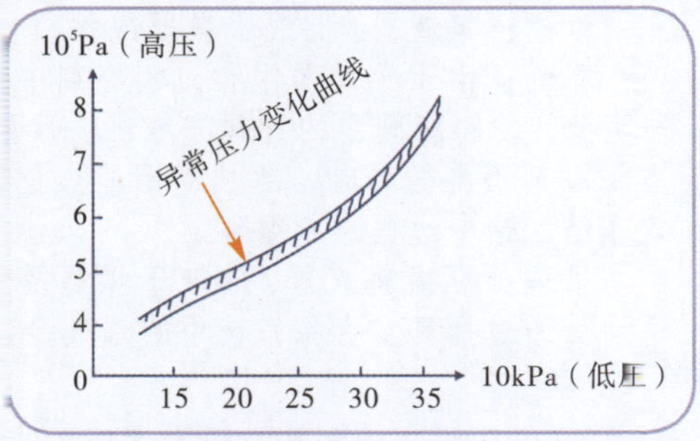

图 5-90　低压与高压之间的压力变化曲线

⑤在低压侧与高压侧，压力表指示值都比正常值高，低压侧管路形成霜冻或深度冷凝，图 5-91 所示为膨胀阀失效时的压力表数值。

症状：制冷效果差。
制冷系统中见到的现象：低压与高压两侧指示值均比正常值高；低压侧管路出现霜冻或深度冷凝。
诊断：低压管路中液态制冷剂过量。
原因：膨胀阀故障或失效（针阀开度过大）；膨胀阀压力感温塞与蒸发器连接断开。
措施：检查和重新接好压力感温塞；若压力感温塞无断开故障，应更换膨胀阀。

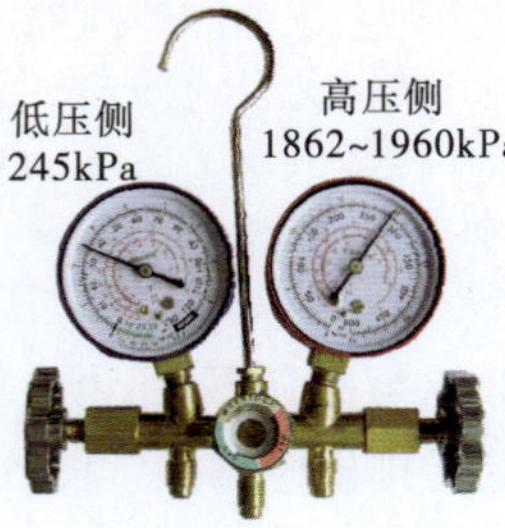

图 5–91　膨胀阀失效时的压力表数值

⑥低压侧制冷剂压力高，高压侧制冷剂压力低，图 5–92 所示为压缩机出故障时的压力表数值。

症状：不制冷。
制冷系统中见到的现象：低压侧压力高，高压侧压力低；空调器停止工作后，低压侧与高压侧的压力立即趋于平衡。
诊断：压缩机不能进行有效压缩。
原因：压缩机活塞或活塞环损坏，或者阀门损坏。
措施：更换压缩机。

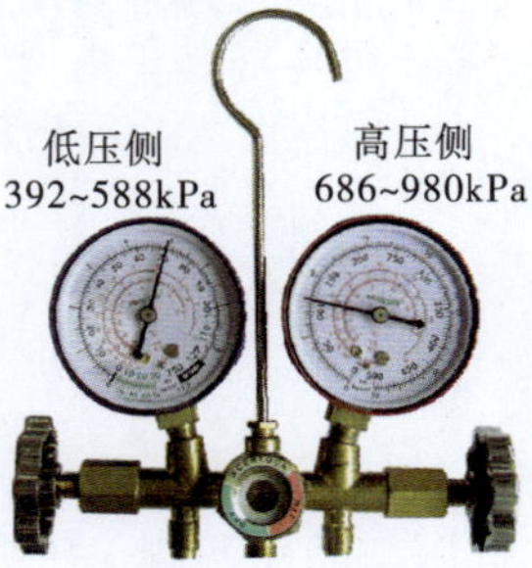

图 5–92　压缩机出故障时的压力表数值

◆注意：

更换压缩机时，应先测量旧压缩机中的润滑油量，然后将新压缩机中的油取出，将与旧压缩机中油量相等的油放回新压缩机中，最后安装新压缩机。

⑦在低压与高压两侧，压力表指示值波动，如图 5–93 所示为制冷系统中有湿气时的压力表数值。

症状：空调器有时制冷，有时不制冷。
制冷系统中见到的现象：低压侧有时呈负压，低压及高压两侧压力周期性波动。
诊断：集液器 / 储液干燥器饱和。
原因：由于干燥器饱和，制冷剂中的湿气不能去除，使膨胀阀中的针阀冻结，从而引起堵塞，当制冷剂不再循环时，冰被周围的热量解冻并再次冻结，这一过程不断循环。
措施：更换集液器 / 储液干燥器及压缩机润滑油，通过抽真空去除系统中的湿气。

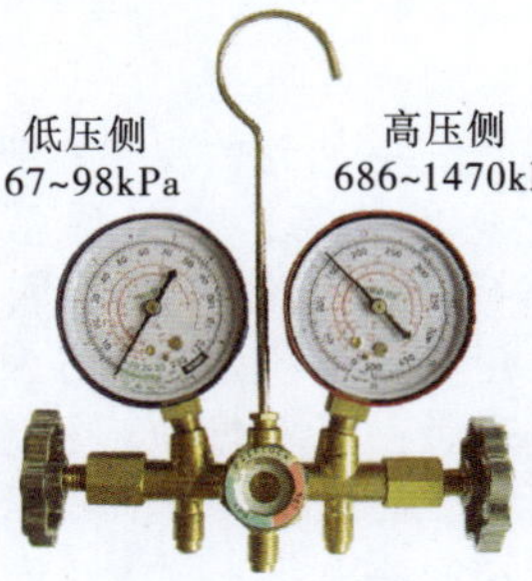

图 5–93　制冷系统中有湿气时的压力表数值

⑧在低压与高压两侧，压力表指示值均低，图 5–94 所示为制冷系统不良时的压力表数值。

症状：冷气不足。
制冷系统中见到的现象：低压与高压两侧压力均低，从集液器 / 储液干燥器至制冷组件的管子有霜。
诊断：集液器 / 储液干燥器堵塞。

原因：集液器 / 储液干燥器中的脏物阻碍制冷剂流动。

措施：更换集液器 / 储液干燥器。

用压力表进行故障分析与排除见表 5-7。

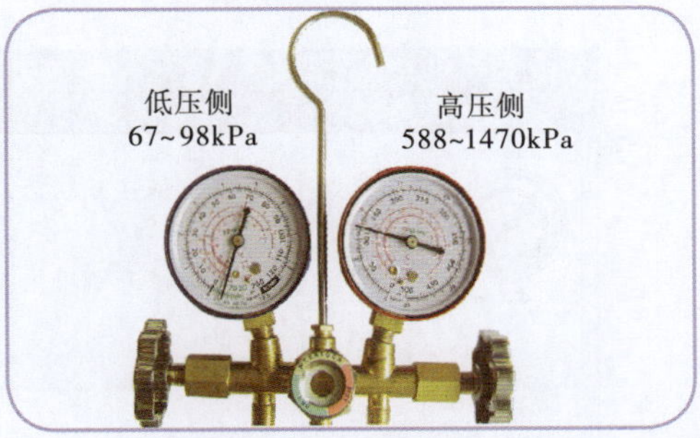

图 5-94 制冷系统不良时的压力表数值

表 5-7 用压力表进行故障分析与排除

故障现象	状 况	可能的原因	诊 断	排除方法
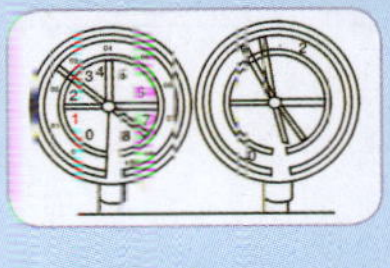 先制冷，然后不制冷	运行时低压端压力时而真空，时而正常	进入制冷系统的水分在膨胀阀处冻结，使循环过程暂时停止，并且在冻结融化后一段时间内，循环过程又恢复正常	①干燥瓶中的干燥剂处于饱和状态 ②制冷系统中的湿气在膨胀阀处冻结，从而阻止制冷剂循环	①更换干燥瓶 ②反复抽真空，排出空气，以除去循环中的湿气 ③充入适量的新制冷剂
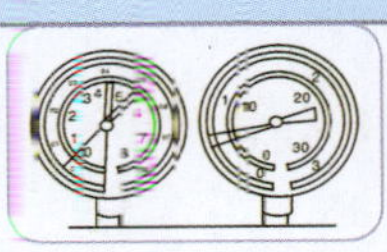 制冷不足	①高、低压两端压力均偏低 ②从观察窗可连续看到气泡 ③制冷不足	制冷系统泄漏	①系统中制冷剂不足 ②制冷剂泄漏	①用检漏仪检漏并修理 ②抽真空并重新充注制冷剂
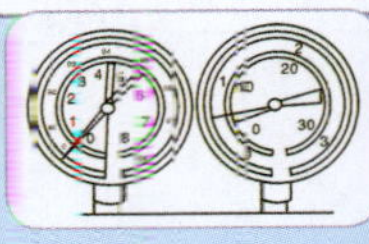 制冷不足	①高、低压两端压力均偏低 ②集液器 / 储液干燥器与制冷装置之间的管路结霜	集液器 / 储液干燥器中的杂物阻碍制冷剂的流动	储液罐堵塞	①更换储液罐 ②抽真空并重新充注制冷剂
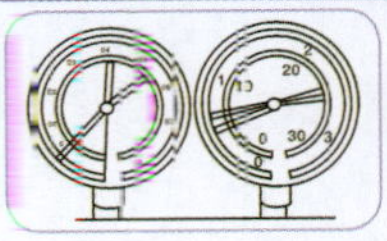 不制冷或有时断续制冷	①低压端出现真空示值，高压端出现很低的压力示值 ②集液器 / 储液干燥器或膨胀阀的前后管结霜或见到露珠	①系统中的湿气或杂物阻碍制冷剂的流动 ②膨胀阀热敏管漏气，妨碍制冷	制冷剂不循环	①检查膨胀阀热敏管和蒸发器压力调节器 ②清洗或更换膨胀阀，更换干燥瓶 ③抽真空并加制冷剂
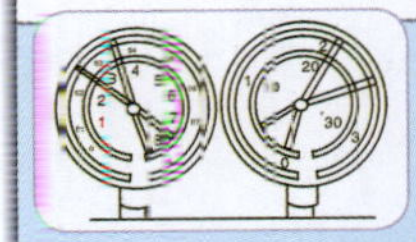 制冷不足	①低、高压端压力均过高 ②即使降低发动机转速，从观察窗也见不到气泡	①系统中制冷剂过量 ②冷凝器散热不良（冷凝器散热片堵塞或风扇电机故障）	①检查冷凝器散热 ②检查风扇电机 ③检查制冷剂量是否过多	①清洗冷凝器 ②修理或更换风扇或线路 ③放出多余制冷剂
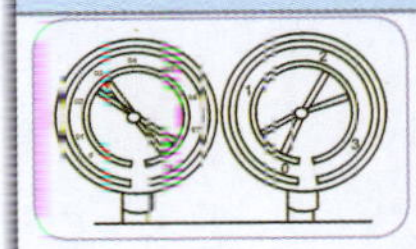 制冷不足	①低、高压端压力均过高 ②高压表针来回摆动 ③观察窗中有气泡	空气进入系统	空气进入系统	①抽真空 ②重新加注制冷剂

表 5-7　用压力表进行故障分析与排除

故障现象	状　况	可能的原因	诊　断	排除方法
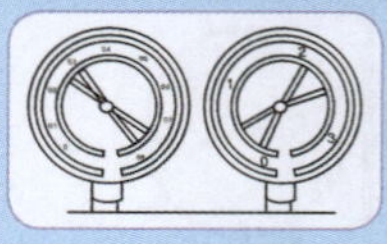 制冷不足	①高、低压端压力均过高 ②低压端管路上出现大量露珠	膨胀阀有故障或热敏管安装不当	①低压管路中制冷剂过多 ②膨胀阀开度过大	①检查热敏管 ②检查膨胀阀，如有故障应更换
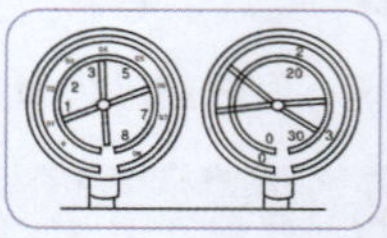 不制冷	①低压端压力太高 ②高压端压力太低	压缩机漏气	①压缩机故障 ②压缩机气门漏气或断裂	修理、更换压缩机

任务练习

一、填空题

1. 冷冻油的加注有两种方法：一种是＿＿＿＿＿＿；另一种是＿＿＿＿＿＿。

2. 自动空调具有＿＿＿＿＿＿和＿＿＿＿＿＿。

3. 用手触摸＿＿＿＿＿＿进、出口处，＿＿＿＿＿＿处是热的，＿＿＿＿＿＿是冰凉的，有＿＿＿＿＿＿。

二、判断

1. 通常低压开关是闭合的。（　　）

2. 膨胀阀出口处有霜冻现象说明膨胀阀阀口堵塞。（　　）

3. 压缩机皮带打滑可能会引起压缩机运转异常。（　　）

三、选择题

1. 下列可能引起空调系统不制冷的是（　　）。

A. 发动机转速过高　　B. 发动机水温过高

C. 蒸发器泄漏　　D. 冷却风扇一直处于高速运转

2. 下列可能造成压缩机不工作的是（　　）。

A. 缺少制冷剂　　B. 空调系统中有水分

C. 冷凝器泄漏　　D. 压缩机内部卡死

3. 下列不能造成压缩机运转异常的是（　　）。

A. 蒸发器结霜　　B. 皮带打滑

C. 电磁离合器故障　　　　　　　　D. 压缩机内部异常

四、问答题

1. 如果空调压缩机不能正常运转，应从哪些方面检查？

2. 空调系统不供暖或供暖不足的故障原因有哪些？

3. 触摸诊断主要检查的是哪些地方？

附录 A 参考答案

项目一 汽车空调系统基础知识

任务一

一、填空题

1. 温标、摄氏、℃、热力学、K、华氏、℉
2. 蒸发温度、临界温度
3. 汽化、饱和液体、饱和蒸气、湿饱和蒸气
4. 气态、液态
5. 压缩机、低温低压、高温高压
6. 散热过程、高温高压、液体、放出

二、判断题

√、×、√、√、√

三、选择题

A、D、C、B

四、问答题

（略）

任务二

一、填空题

1. 温度、湿度、气流速度、空气洁净度、除霜
2. 制冷系统、暖风系统、通风系统、空气净化系统、控制系统
3. 压缩机、冷凝器、储液干燥器、膨胀阀、蒸发器、高低压管路
4. 鼓风机、空气进气口、配气出风口、送风管道

二、判断题

√、√、×、×

三、选择题

C、D、A

四、问答题

（略）

任务三

一、填空题

1. 制冷剂、媒介

2. 制冷性能、化学、热稳定性、安全性能
3.R12、R134a
4. 冷却不足、压缩机过热、排气压力、制冷系数、压缩机
二、判断题
√、×、√、×、√
三、选择题
D、A、C
四、问答题
（略）

项目二　汽车空调制冷系统

任务一
一、填空题
1. 往复单向活塞、单向斜盘式、摇摆斜盘式
2. 下止点、上止点、关闭、制冷剂气体
3. 摇板式压缩机、斜板式压缩机
4. 圆形、椭圆形
二、判断题
×、√、×
三、选择题
D、C、A
四、问答题
（略）

任务二
一、填空题
1. 膨胀阀、孔管
2. 温度控制式膨胀阀、热力膨胀阀
3. 膨胀阀、集液器
二、判断题
√、×、×
三、选择题
A、B、C
四、问答题
（略）

任务三
一、填空题

1. 冷凝器、蒸发器
2. 蒸发器、冷凝器、结构形状、不相等
3. 压缩机、高温高压、散热降温、液态高压

二、判断题

×、×、√、×、×

三、选择题

B、C、A

四、问答题

（略）

任务四

一、填空题

1. 储液干燥器、干燥、过滤
2. 储液干燥器、膨胀阀、串联、冷凝器
3. 节流孔管系统、储液干燥器、低压侧

二、判断题

×、×、×

三、选择题

D、A、C、D

四、问答题

（略）

项目三　汽车空调暖风、配气与通风系统

任务一

一、填空题

1. 空调暖风系统、蒸发器
2. 热水暖风系统、冷却系统、水泵、热水循环
3. 鼓风机、空气、加热器芯

二、判断题

×、×、√

三、选择题

D、A、B

四、问答题

（略）

任务二

一、填空题

1. 新鲜空气入口、车内循环空气入口、新鲜 / 车内循环空气风门、鼓风机、电动机

2. 新鲜 / 车内循环空气风门、位置
3. 加热器、空气蒸发器、混合风门
4. 高 / 低风门、除霜 / 空调风门

二、判断题

×、√、×

三、选择题

D、C、A

四、问答题

（略）

任务三

一、填空题

1. 换气、打开通风口、进行通风、鼓风机、强制通风
2. 消耗动力、行驶阻力
3. 车室外空气、车室内循环空气

二、判断题

√、×、√、√、×

三、选择题

C、D、C

四、问答题

（略）

项目四 汽车空调自动控制系统

任务一

一、填空题

1. 鼓风机电路、变阻器、鼓风机开关、电阻值、转速
2. 摇板、斜板、恒定不变、有效行程

二、判断题

√、√、×

三、选择题

D、D

四、问答题

（略）

任务二

一、填空题

1. 负荷过大、过载、转速过低、失速、熄火
2. 过热开关、热力熔断器、制冷剂温度开关

3. 压缩机缸体、高压管出口
二、判断题
√、√、×、×
三、选择题
C、A、C
四、问答题
（略）

任务三
一、填空题
1. 给定的温度、控制温度、控制方式、状态、时间
2. 半自动、全自动
3.ECU、故障码、存储、指示
4. 伺服电动机、鼓风机、压缩机电磁离合器
5. 空调控制器、输入装置
二、判断题
√、√、×
三、选择题
A、C、D
四、问答题
（略）

项目五 汽车空调系统检测与故障诊断

任务一
一、填空题
1. 歧管压力表、制冷剂检漏仪、真空泵、制冷剂注入阀
2. 电子检漏仪、卤素原子、电离
3. 定子、转子、排气阀、刮片
4. 胀管器、喇叭口、圆柱形口
二、判断题
√、√、×、×
三、选择题
C、D、A
四、问答题
（略）

任务二
一、填空题

1. 直接加入法、真空吸入法

2. 自我诊断系统、失效保护功能

3. 膨胀阀、进口、出口、水珠

二、判断题

√、√、√

三、选择题

C、D、A

四、问答题

（略）